Rúḥíyyih Rabbani
Dein Leben – Deine Wahl

Bahá'í-Verlag

Dein Leben
Deine Wahl

Rúḥíyyih Rabbani

Bahá'í-Verlag

An dieser Stelle möchte ich mich für die freundliche Unterstützung meiner Freunde, Dr. Stanwood Cobb aus Chevy Chase, Maryland, und Mr. und Mrs. David Hofman aus Oxford, England, erkenntlich zeigen, ohne deren Rat und Ermutigung dieses Buch nicht geschrieben worden wäre.

Bibliografische Information der Deutschen Bibliothek
Die Deutsche Bibliothek verzeichnet diese Publikation in der Deutschen Nationalbibliografie; detaillierte bibliografische Daten sind im Internet über http://dnb.ddb.de abrufbar.

Titel des englischen Originals: *Prescription for Living*
© by Rúḥíyyih Rabbani 1950
Deutsche Ausgabe mit Genehmigung des George Ronald Verlags, London, Frankfurt 1960

© Bahá'í Verlag GmbH, Hofheim-Langenhain
verlagsleitung@bahai-verlag.de
www.bahai-verlag.de

4. leicht veränderte Auflage 2014, Version 20140107-02

ISBN 978-3-87037-534-8
Titelnummer RA1-007-02-S-DE

Gewidmet May Bolles Maxwell, die mir das Leben schenkte,
oder besser, der geliebten Mutter meiner Seele.

Inhalt

Vorwort

Die auf diesen Seiten geäußerten Gedanken sind wie Strohhalme in den Wind gestellt, damit andere erkennen mögen, in welcher Richtung er weht. Sie erheben keinen Anspruch, erschöpfend zu sein oder gar den aufgeworfenen bedeutsamen Fragen zu genügen. Sie wurden vom Verfasser aus der tiefen Überzeugung heraus aufgezeichnet, dass trotz der augenscheinlichen Hoffnungslosigkeit unserer gegenwärtigen Lage auf diesem Planeten und trotz der trüben Aussichten die Hoffnung besteht, dass wir, wenn wir wollen, den Strom des Übels, der uns zu überfluten droht, ablenken können. Diese ernste Lage entstand nach dem fürchterlichsten Krieg, den der Mensch je geführt hat und der uns vor genügend ungelöste Probleme stellt, um zehn andere Kriege zu entfesseln. Dies ereignete sich in einer Zeit, in der der Krieg so zerstörend geworden ist, dass eine weitere Probe davon wahrscheinlich das Ende der westlichen Zivilisation, wie wir sie kennen, bedeuten würde.

Ist es denkbar, dass es Wege gibt, alles zu erreichen, dass wir z. B. die Entfernung durch das Flugzeug überbrücken, die Zeit durch Radar und Radio überwinden, für jeden durch die maschinelle Massenproduktion die Möglichkeit zur Muße schaffen und sogar in den Atomkern eindringen, um seine gewaltigen Kräfte für den Aufbau oder die Zerstörung zu gewinnen, und dass es doch keine Möglichkeit geben sollte, die Menschen zu erleuchteten, guten und glücklichen Wesen zu machen?

Gab es jemals eine elendere Welt als heute? Wo sehen wir Frieden, Gerechtigkeit oder jene so sehr ersehnten und erstrebten Wohltaten: Frieden der Seele und ein glückliches Herz? Wir haben Vergnügungen und einen wilden Wirbel der Zerstreuung und Unterhaltung, alles, um uns zu beschäftigen und zu verhüten, dass jene Gedanken wirklich und beständig vor dem Bewusstsein jedes Menschen stehen: dass wir nämlich bitter unglücklich sind, dass wir am Rand des Abgrundes stehen und keinen Weg in die Zukunft finden können!

4 Dennoch glaube ich, dass es eine Verheißung für die Zukunft gibt, ein vollkommenes, brauchbares Muster zur Gestaltung eines glücklichen Lebens des Einzelnen und der geeinten Welt. Die einzigen Werkzeuge, mit denen wir zu arbeiten haben, sind wir selbst. Wir haben alle die Probleme geschaffen, die uns heute entgegenstehen, wir haben die Angelegenheiten aller Menschen in so große Verwirrung gebracht, und wir haben diese beiden vernichtenden Kriege des zwanzigsten Jahrhunderts ausgefochten. Deshalb müssen wir als menschliche Wesen auch diejenigen sein, die die Lage retten. Keine fremde Macht wird oder kann diese Aufgabe für uns vollbringen.

5 Wir müssen uns selbst fragen, was uns gefehlt und was uns zu dem gegenwärtigen Zustand geführt hat. Worin haben wir versagt? Können wir wirklich, jeder Einzelne von uns, die wir so unbedeutend als Individuen neben der ungefügen Masse der Weltbewohner erscheinen, etwas unternehmen, das einen Einfluss auf den Verlauf der kommenden Ereignisse ausüben wird? Die Antwort lautet: Ja, wir können! Der Mensch ist das Edelste, das die Natur hervorgebracht hat. Alles Gute und Böse, alle Kraft zum Aufbau und zur Zerstörung liegen in ihm. Er ist der Schlüssel zum Himmel und zur Hölle; je nachdem, wie er seine Kräfte und Fähigkeiten leitet, werden die Ereignisse gestaltet. Wir brauchen nur zu vergleichen, was Abraham Lincoln für sein Land leistete und was Adolf Hitler für seines vollbrachte, um zu sehen, wie wahr dies ist und welche Unterschiede in der Weltgeschichte und ihrer Entwicklung *ein* Mann verursachen kann.

6 Da die Krisis in unseren Handlungen augenscheinlich drängend ist, können und werden wir durch den Sturm hindurchgehen und als gereinigte und bessere Menschen daraus hervortreten. Wie lange aber unser Kampf dauern muss, wie bald wir es der Gegenwart ermöglichen, die Zukunft zu gebären, wie rasch die Wohltaten der kommenden Zeiten alle Menschen erreichen werden – diese Dinge liegen in unserer Hand – deiner, meiner, in der Hand jedes Einzelnen.

7 Die Entwicklung, die uns von einem engherzigen, unbeholfenen, unklar denkenden, affenähnlichen Menschen fortschreiten sah, endet nicht plötzlich und lässt uns in unserem gegenwärtigen Zustand. Dies

würde ein Zerrbild unserer Kenntnis der Naturgesetze bedeuten. Die Entwicklung führt uns im Gegenteil voran zu noch ungeahnten Höhen des Menschseins. Aber wie schnell oder wie langsam wir unser Ziel erreichen, hängt voll und ganz von uns ab.

Diese Zeilen sollen nur das geben, was ihr Titel *Dein Leben – Deine Wahl* besagt: Wie du dich entscheidest, so wird sich dein Leben gestalten. Wenn jemand krank wird, nimmt er Arznei. Jeder einzelne von uns ist ein Glied der kranken Gattung Mensch, und wir leben in einer äußerst ungesunden Umgebung – der Gesellschaft. Es gibt Gesetze, die wir ›innere Hygiene‹ nennen können und die, wenn sie beachtet werden, uns helfen, unsere sittliche und geistige Gesundheit wiederzugewinnen. Indem sie die Bestandteile der Gesellschaft ändern, ermöglichen sie, unser Zusammenleben in jeder Beziehung glücklicher und schöner zu gestalten. Diese Gesetze behandle ich hier.

Alles ist heute so groß geworden und wird in einem solchen Übermaße betrieben, dass daraus ein Gefühl der Unfähigkeit entsteht. Wir werden von der Hochflut der Ereignisse mit solcher Geschwindigkeit dahingerissen, dass es als sinnlose Energieverschwendung erscheint, das Ergebnis durch eine gewaltsame persönliche Anstrengung aufzuhalten. Ich glaube, dass die meisten Menschen in der Welt die gegenwärtige Tendenz der Politik mit äußerster Beunruhigung betrachten. Sie sehen, dass alles, was sie durch den Krieg ausgefochten glaubten, wieder aufflammt. Sie hofften und träumten von einer Zusammenarbeit nach dem Kriege, die sich aus der bitteren Erfahrung unserer Leiden und so vielem Sterben ergeben würde; stattdessen sehen sie, wie sich neue Machtblöcke bilden, wie andere Missverständnisse über Nacht aufkommen, um in den Schlagzeilen der Morgenzeitungen zu erscheinen. Die Wissenschaft hat die Welt klein werden lassen, und der Durchschnittsmensch fühlt sich von seinem Bruder bedrängt, gleich ob Freund oder Feind. Wir sind alle eng aufeinander gerückt. Wir wissen, dass wir gute Nachbarn sein sollten, selbst gegenüber unseren früheren Feinden, und wenn es nur aus Selbsterhaltungstrieb und keinen höheren Beweggründen heraus geschieht. Aber dieses Handeln scheint uns nicht möglich zu sein, denn die Mauern des Hasses und Missverständnisses wachsen stündlich höher. Wohin sollen wir uns wenden?

Ein Teil der Antwort ist: Wende dich dir zu! Ich weiß, dies ist keineswegs die ganze Antwort, aber sie ist wesentlich und eine absolute, grundlegende Notwendigkeit für jede zukünftige Beständigkeit in der Welt. Wir müssen lernen, Mensch zu sein und die Kunst zu leben, die wir ständig seit etwa hundert Jahren verlieren, wieder zu gewinnen. Heute können wir beinahe sagen, wenn wir unsere Welt unpersönlich betrachten, dass sie von Tieren und einer seltsamen Art Taugenichtsen, die sich ›Menschen‹ nennen, bewohnt wird. Wir entsprechen unseren Erwartungen nicht, denn wir drohen mit dem Glanz unseres Verstandes und dem Mutwillen unseres Charakters unsere eigene Art zu zerstören. Wir sind nicht das, was uns als Königen der Schöpfung gebührt und geziemt. Heute sind wir nur jämmerliche Taugenichtse. Wir müssen herausfinden, warum wir so geworden sind, und müssen unsere Kräfte wieder in die richtigen Bahnen lenken, bevor es zu spät ist.

1. Der Fehler liegt in uns

Heute sind die Menschen von ihrem Dasein und der Welt, in der sie leben, tief enttäuscht. In welcher Umgebung sie sind, welche Arbeit sie verrichten, wie hoch ihr Einkommen und welcher Art ihre Erholung ist – überall hört man Klagen. Wenn sie nicht der wirtschaftlichen Lage die Schuld zuschieben, dann der politischen. Wenn die Kirche nicht der Sündenbock ist, dann muss irgendeine Klasse die Last des Vorwurfs für die unglückliche Situation tragen, in der wir, die Menschheit, uns befinden. Es scheint uns niemals einzufallen, dass das Übel vielleicht viel näher liegt – vielleicht tatsächlich in uns selbst?

Wir sind die reichste Generation, die je gelebt hat. Nie stand ein Mensch auf dieser Erde und schaute zum Himmel auf, der mehr besaß als wir: Die Herrschaft über das Meer und die Luft. Das Zusammenwirken der Dinge liegt in unserer Hand, und täglich gewinnen wir mehr Herrschaft über die Natur. Wir durchmessen die blauen Himmelsgefilde, erfüllen den Äther mit unsichtbaren Melodien, schauen in das Herz des Atoms, und selbst das Licht machen wir uns dienstbar. Dennoch sind wir tief unzufrieden und unglücklich. Ein Krebsgeschwür in unserer Brust scheint die Früchte unseres Denkens zu verderben und beraubt uns des Friedens unseres Gemütes, der Ausgewogenheit unserer Gefühle und unserer Lebenskraft, sowohl in uns selbst als auch in unseren Mitmenschen.

Wir haben eine gewaltige Zivilisation aufgebaut – die westliche Zivilisation –, die sich rasch bis in die entferntesten Gebiete der östlichen Welt ausdehnt. Dennoch droht dieses ungeheure Gefüge, mit dem Fortschritt, den es verkörpert, und seinen Vorteilen und Erleichterungen

1

uns zu zerstören. Heute wirft es den Schatten eines Frankenstein[a] über uns; unsere eigene Schöpfung macht uns zu ihren Sklaven und kann uns und sich zerstören. Tut dies die großartige Zivilisation, weil sie, gleich Frankenstein, seelenlos ist? Oder haben wir, weil wir so viel Denken und Mühen auf die Beherrschung der Materie und die Erforschung der Naturgesetze und die Dienstbarmachung ihrer Kräfte aufgewendet haben, gänzlich vergessen, dass auch wir Menschen bestimmten Entwicklungsgesetzen unterworfen sind? Haben wir unterlassen, über unsere eigene Natur und unsere wahre Beziehung zum All, in dem wir uns befinden und das wir so eifrig ausbeuten, nachzudenken?

4   Irgendwo ist etwas grundsätzlich falsch, denn wir, die wir alles haben, besitzen nichts. Wir haben weder das Gefühl der inneren Sicherheit, das unsere Großeltern kannten, noch die geistige Überzeugung der Menschen im sogenannten ›finsteren Mittelalter‹. Niemals wurden in der Weltgeschichte edlere Gedanken ausgesprochen und wunderbarere Pläne ausgearbeitet als heute. Aber es gab auch keine Zeit, in der das Menschenleben weniger galt, in der der Mensch in größerer Gefahr war, einen qualvollen Tod zu erleiden oder ein armseliges, unsicheres und leeres Leben führen zu müssen, und in der alle Maßstäbe nichtiger und wertloser schienen als heute.

5   Diese wundervolle Welt ist eine Hölle geworden, und wenn wir es noch nicht wissen, so nur deshalb, weil wir es nicht wissen wollen. Wir halten uns selbst zum Narren. Wenn 200.000 Zivilisten durch den Lichtblitz einer einzigen Atombombe ›ausradiert‹ werden können, wenn über Nacht bevölkerte Städte rauchende Ruinen werden, wenn eine schwangere Frau Pilotin eines Kampfflugzeuges sein kann, wenn ein 17jähriges Mädchen als Guerilla-Heldin für die Tötung von 150 Feinden verehrt und ein 10jähriger Junge für seine Sabotagearbeit mit hohen Orden belohnt wird, dann wird es Zeit, uns zu fragen, ob man das, was wir heute um uns sehen, noch Leben nennen kann, und wohin es uns führt.

6   Die Natur scheint, im Vergleich zu uns, außerordentlich gut.

---

a) Gestalt aus dem gleichnamigen Roman von Mary Shelley aus dem Jahr 1818, in dem beschrieben wird, wie ein Wissenschaftler einen künstlichen Menschen schafft und wie dieses Geschöpf ihm entgleitet. Der Roman thematisiert die menschliche Vernunft, die sich in Selbstüberschätzung zu Gott erheben will. – A.d.H.

Selbst im Hagelsturm, in Schnee und Regen, im sengenden Strahl der tropischen Sonne und im dampfenden Dschungel sind Sinn und Zweck im Vergleich zu unserer ungeordneten, verworrenen und unnatürlichen Lebensweise. Es scheint unglaublich, dass bei Nacht die Sterne so ruhig vom Himmel auf die Zerstörung von Tausenden von Leben und Heimen herableuchten, dass die Vögel singen und in den Zweigen zwitschern, wo eben noch die Kanonen donnerten oder die Sirenen schrillten. Es ist, als lebten wir in einem bösen Traum, aus dem wir plötzlich erwachen und die Welt in Frieden und in Harmonie mit dem großen Lebensrhythmus der Natur finden müssten. Unsere Erde dreht sich weiter auf ihrer ewigen Bahn, ein Glied in der Kette des kosmischen Planes. Alles wird von Gesetzen beherrscht und in ein großes Ganzes miteinbezogen. In der Welt des Menschen aber sehen wir nur Chaos, Zwietracht und offenen Widerspruch, grenzenlosen Wohlstand, aber falsch verwendet und verschwendet, unbeschränkte Macht, aber missbraucht und fehlgeleitet, und eine ungeheure Organisation, die aber nur für die Zerstörung und Gewaltherrschaft arbeitet.

Noch scheint es uns nicht klar geworden zu sein, dass es sich um eine innere und keine äußerliche Krankheit handelt. Das Menschengeschlecht klammert sich an Patentheilmittel; einer glaubt, das Mittel heiße Demokratie, ein anderer ist überzeugt, dass es der Kommunismus sei, ein dritter meint, dass nur der Nationalsozialismus die Probleme lösen könne. Eine Gruppe besteht darauf, dass die einzige Notwendigkeit eine wirtschaftliche Neuordnung sei, eine andere betont den sozialen Aspekt, wieder eine andere die Erziehung usw. Obgleich alle kriegführenden Nationen mehr oder weniger religiös waren und jede Gott um Hilfe anrief, verhütete die Religion niemals den Krieg, noch war es ihr in ihrer gegenwärtigen Form möglich, mehr zu tun, als die einzelnen gläubigen Seelen zu stärken, damit sie ihr Schicksal mit einem gewissen Gleichmut und mit Ergebung trügen.

Trotz der verbreiteten idealistischen Anschauungen, dass alle Menschen Brüder seien und zusammenarbeiten müssten, um ein System internationaler Gleichstellung aufzubauen, sehen wir die menschliche Gesellschaft in einer schlimmeren Lage als je zuvor. Nicht den geringsten Anlass zur Unruhe aber bietet die Härte, die in die Menschenherzen eingezogen ist, eine Art bitterer, blasierter Zynismus, der trotz unserer warmen Gefühle des Mitleids, der Sympathie und Großmut besteht. Glaubt die Mehrzahl der Menschen heute wirklich, dass es möglich sei, den Frieden ewig zu wahren; dass »Leben, Freiheit und Streben nach Glück« der Lohn aller sein kann; dass die Völker der Welt aufhören, einander zu hassen; dass die Menschheit im höchsten Sinne religiös werden kann und soll? Bemühen sie sich, für diese Ziele zu arbeiten? Die Antwort lautet unzweifelhaft »nein«, sie sind nicht im Geringsten von diesen Notwendigkeiten überzeugt, und sie haben nicht die Absicht, sich dafür anzustrengen und einen Anfang zu machen. Immer noch hält die Menschheit nach *dem* Ausschau, der den neuen Weg als erster beschreitet.

Wer ist dieser Eine, dieser Bahnbrecher, der nur die Interessen der Menschheit verfolgt? Physisch gesehen ist es klar, dass er ein Mensch sein muss. Aber es ist nicht der Körper allein, der uns Verantwortung und Hoffnung zugleich ist, sondern es ist jenes ›Etwas‹, das uns zum Menschen macht, und um das es geht. Wie also soll sich der Mensch verhalten? Heute gibt es in der Welt viele Missverhältnisse. Die Menschen leben nicht in Übereinstimmung mit den Gesetzen, die das Dasein bestimmen. Sie sind innerlich krank, entstellt, unterernährt und unentwickelt: das Ergebnis davon ist Chaos. Was sanft sein sollte, ist rau, was gerade sein sollte, krumm, was ruhig sein sollte, bebt vor Erregung und Erschütterung. Alles stellt sich gegen uns, bekämpft uns, und alle Werte verwirren sich, weil wir nicht Herr über uns selbst sind. Tatsächlich sind wir noch weniger als das – nämlich vollkommen Fremde uns selbst gegenüber.

Der einfachste zivilisierte Mensch weiß, dass Gesetze beachtet werden müssen, wenn ein Flugzeug durch die Luft fliegen soll, dass Krankheiten durch lebende Bazillen von Mensch zu Mensch übertragen werden können, dass das Radio kein Wunder, sondern eine kluge Verknüpfung von Tatsachen ist. Viele haben etwas über Vitamine gehört, schätzen die Fortschritte der Hygiene und können eine komplizierte Maschine bedienen, wenn es ihnen beigebracht wird. Wie viele Menschen aber wissen etwas über sich selbst als menschliche Wesen? Wie viele sind glücklich – nicht belustigt, zerstreut oder beschäftigt, sondern tief innerlich glücklich? Wir wissen, dass ein Mes-

4

ser schneidet, dass Feuer brennt und dass ein Sturz aus großer Höhe alles zerschmettert; doch im Inneren von Kopf bis Fuß zerschlagen, gehen wir durchs Leben ohne zu ahnen, wie wir uns selbst schaden, welche Fähigkeiten in uns durch Mangel an Betätigung verkümmern, und welche unsichtbaren Organe für das Leben verstümmelt werden. Die Menschheit eilt von Wundermittel zu Wundermittel. Unlängst war der Krieg das Allheilmittel. Alles was notwendig war, war ihn zu gewinnen, den Frieden festzulegen, und schnellstens würde alles wieder aufwärtsgehen. Alle guten Deutschen und alle guten Engländer hatten in dieser Sache die gleiche Meinung, der einzige Unterschied bestand darin, wer gewinnen sollte. Im Augenblick richten sich unsere Hoffnungen auf die Vereinten Nationen, und dies nicht sehr vertrauensvoll, denn nach allem Geschehenen sehen wir jetzt nur zu klar, dass der Krieg alles andere als ein Allheilmittel war.

Nationen und Einzelmenschen richten ihren Blick auf Patentrezepte. China denkt ohne Zweifel, dass seine Hauptprobleme gelöst seien, wenn es über den Bürgerkrieg hinwegkommt. Russland wünscht seine ausgeweiteten Grenzen zu sichern, Polen will seine Einheit als souveräner Staat wiederherstellen usw. Der zurückgekehrte Soldat hat sein Allheilmittel bereits vor Augen: wenn er die Stelle wiedererhält, die er hatte, oder die, die er jetzt wünscht; wenn er sein Mädchen heiraten oder einen Hof kaufen, ein Haus bauen oder an einem bestimmten Platz leben kann usw., dann wird das Leben wieder lebenswert sein. Auch die Minderheiten haben ihre speziellen Wünsche und Vorstellungen: Wenn die Indonesier die Fremden loswerden könnten, wenn die Schwarzen in den Vereinigten Staaten wirtschaftliche Gleichberechtigung erhalten würden, wenn die Koreaner ihre Unabhängigkeit erhalten könnten – eine endlose, endlose Reihe von Patentarzneien und Allheilmitteln. Aber das größte Problem ist das kleine Päckchen Persönlichkeit, das jeder in sich trägt, unverstanden, misshandelt, unerforscht und doch die Quelle unserer persönlichen und der meisten unserer nationalen und internationalen Krankheiten.

Wenn ein intelligenter, unabhängiger Beobachter unseren Planeten besuchen könnte, würde er wahrscheinlich sofort und mit Heftigkeit von der hektischen Aktivität auf dieser Erde berührt sein. Einzelwesen und Gruppen eilen immer schneller. Nicht nur physisch durch

5

mechanische Hilfsmittel, sondern auch geistig und seelisch. Die Behauptung, dass es keinen entspannten zivilisierten Menschen in der Welt gibt, ist sicher richtig. Es ist, als sei eine furchtbare, auflösende Kraft am Werke, die uns von unserer eigenen Mitte entfernt. Arbeit und Zerstreuung zeigen das Tempo unseres Lebens an. Wir strahlen unsere Kräfte nach außen aus, aber nur sehr wenige von uns scheinen sich für eine Gemeinschaft in Frieden, Beständigkeit und Glück tatkräftig einzusetzen. Ein Beispiel für diese große Verschwendung unserer Energien ist, dass fast jeder andere Gruppen, Nationen, Klassen oder Rassen tadelt und kritisiert. Selbstkritik hört man fast nie, und wenn, dann ist es mehr eine höfliche Redewendung und keine innere Überzeugung. Selbst die großen Nationen sind moralisch nicht stark genug, um heute aufzustehen und zu sagen: »Es ist zu einem großen Teil mein Fehler! Wenn ich mehr auf das Wohl des Ganzen geachtet hätte, wenn ich die internationalen Beziehungen uneigennütziger gestaltet hätte, wenn ich ein gesünderes inneres Lebensbild geschaffen hätte, wären andere Mächte wohl gefolgt; es wäre dann nicht nötig gewesen, diesen furchtbaren sechsjährigen Krieg durchzukämpfen, sondern wir hätten an dem Beratungstisch zusammengesessen.« Das gleiche gilt auch für Gruppen. Weder die kapitalanhäufenden noch die arbeitenden Klassen erforschen ihr eigenes Gewissen und bestätigen ihre Unzulänglichkeit, weder der Weiße noch der Schwarze, weder diese politische Richtung noch jene tun dies. Alles, ohne Ausnahme, wird dem anderen zugeschoben. Was für größere Gruppen gilt, ist auch die Regel für Einzelmenschen. Wir überprüfen nie uns selbst, wir haben uns nicht in der Hand – vor allem, weil wir nichts über uns selbst wissen.

Diese Seiten sollen zeigen, dass der Mensch nie eine dauerhafte Besserung in der menschlichen Gesellschaft herbeiführen kann, wenn er nicht anfängt, mehr über seine eigene wirkliche Natur nachzudenken, einen Teil seiner Energien nach innen zu richten, sich selbst zu erforschen, sich um seine eigene Persönlichkeit zu kümmern und sie beherrschen zu lernen. Wir haben wunderbare Entwürfe für den Bau der Gesellschaft, aber der Bau will trotz aller Anstrengung nicht stehen. Er gibt fortgesetzt nach, erst hier, dann da, weil die Fundamente und Bausteine die Belastung nicht aushalten.

Wir sind wie ein Mensch, der ein Olympiakämpfer sein möchte, 14
aber gleichzeitig trinkt, raucht, spät zu Bett geht und niemals trainiert.
Wir sind sehr eigensinnig und kindisch, wenn wir dann fortgesetzt behaupten, dass der Grund, weshalb wir uns nicht als Olympiasieger
qualifizieren, darin liegt, dass uns unsere Sportkameraden keine
Chance geben und nicht darin, dass wir ein falsches Leben führen.

Es ist angenehm, über große Reformpläne nachzudenken, über 15
soziale Sicherheit, demokratische Lebensweise für ein bisher nieder-
gehaltenes, versklavtes Volk, eine internationale Bank und ein Nah-
rungsmittelkartell – das sind Dinge, die für Millionen von Menschen
Gültigkeit haben. Aber das innere Leben von mehr als zwei Milliar-
den Einzelmenschen zu reformieren! – das scheint so absurd, dass es
töricht wäre, unsere Zeit mit Nachdenken darüber zu vergeuden. Aber
hier kommt man wieder auf den Einzelnen zurück. Die Geschichte
wird zwar nicht von drei oder vier Menschen, aber doch von einer
kleinen Zahl geschrieben. Ob es uns angenehm ist, es einzusehen oder
nicht, die Tatsache bleibt, dass ein einziger Mensch oder eine bloße
Handvoll die Massen leitet. Es ist nicht notwendig, über Nacht Millionen oder Tausende zu ändern, Hunderte genügen. Der Grund ist die
außerordentliche Gelehrigkeit des Menschen. Alles Leben ist anpassungsfähig, geschmeidig und sinnvoll, doch der Mensch ist das emp-
findsamste und empfänglichste aller Geschöpfe. Er spricht nicht nur
auf starke Reize an, wenn er zum Beispiel plötzlich aus der Wildnis in
das Maschinenzeitalter der Großstadt verpflanzt wird, sondern er
spricht auch auf feine Kräfte an. Er erkennt Güte, Bildung und Harmonie, selbst wenn er nur wenig besser als ein gefühlloses Exemplar
der menschlichen Gattung ist. Das mag nicht die Kraft haben, ihn zu
ändern, wenn er ein Erwachsener ist, aber bis zu einem gewissen Grad
wird er es wahrnehmen.

Würde man eine Gruppe von, sagen wir, amerikanischen Klein- 16
kindern völlig isoliert aufziehen, und würde ihr Erzieher sie lehren,
dass sie eine besondere Bergeidechsenart seien, die nur Pidgin-Englisch spräche, mit ihren Füßen äße und anderen solchen Unsinn, so
würden sie sich ohne Zweifel fließend in Pidgin-Englisch ausdrücken
und mit ihren Füßen sehr geschickt essen können – wenn sie niemals
andere Menschen sähen oder hörten. Dies besagt, dass die Welt nicht

über Nacht reformiert werden kann; aber einzelne tapfere Bahnbrecher, die lernen, gemäß ihren eigenen, fast unerschöpflichen menschlichen Möglichkeiten zu leben, könnten unzweifelhaft das Vorbild hervorbringen, das anderen als Muster dienen würde und dem leicht zu folgen wäre. Der Kampf um einen neuen Lebensweg ist halb gewonnen, wenn wir beweisen, dass gewisse Dinge getan werden können und dass sie keine Theorie, sondern bewährte Methode sind.

17 Wenn über 400 Millionen Chinesen so außerordentliche Fortschritte in wenigen Jahrzehnten gemacht haben, wie sie es tatsächlich taten, so liegt das nicht an einem grundsätzlichen Wandel der einzelnen Menschen dieser großen Nation, sondern an zwei oder drei glänzenden Führern und einer Handvoll ihnen ergebener Studenten. Sie entdeckten neue Wege, Aufgaben zu lösen, und wurden zum Wegbereiter eines der ältesten und volkreichsten Länder der Erde. Wenn China, zum größten Teil ungelehrt, wenig industrialisiert und mit einem sehr niedrigen Lebensstandard für den Durchschnittsmenschen – so niedrig, dass er ihn kaum vor dem Verhungern bewahren kann – solch ein Wunder im 20. Jahrhundert vollbracht hat, könnte dann nicht eine Handvoll erleuchteter Pioniere in einem Land, das solche Möglichkeiten wie z. B. die Vereinigten Staaten bietet, ein noch größeres Wunder hervorbringen? Eines, das vielleicht der Wegbereiter für eine Weltreformation sein würde?

18 Damit kein Missverständnis entsteht: die hier dargelegten Ideen sollen kein Ersatz für irgendeine Art der Gemeinschaftsarbeit sein. Sie verneinen auf keinen Fall die zahllosen, notwendigen und lobenswerten Bemühungen der Regierungen, Gesellschaften und sogar einzelner Menschen, große Pläne für die Besserung der Nationen zu verwirklichen und die wirtschaftlichen, sozialen und nationalen Probleme zu lösen. Sie sollen als Anregung für das Schwungrad zu jener großen einigenden Töpferscheibe des gemeinsamen Lebens dienen und zur Tat aufrufen, um unserer schrecklichen auseinanderstrebenden Tätigkeit entgegenzuwirken. Sie sollen einen Überblick – wie schwach und unvollkommen er auch sein mag – über einige der inneren menschlichen Notwendigkeiten geben und als ein Vorschlag zu einer Art geistiger Hygiene, wenn wir so wollen, dienen.

2. Die Doppelnatur des Menschen

Grob gesprochen, gibt es heute zwei Vorstellungen von der Natur des Menschen; die eine, dass er ein ›Übertier‹ ist – dies wegen seiner außerordentlichen geistigen Entwicklung – die andere, dass er ein Wesen ist, das sich insofern von allen anderen Geschöpfen unterscheidet, als es eine über den Tod erhabene Persönlichkeit besitzt.

Wenn wir die Geschichte betrachten, sehen wir, dass der Mensch stets an etwas glaubte, das größer als er selbst ist, und darüber hinaus, dass er in einem gewissen Sinne diesem größeren, geistigen Wesen ähnlich ist. Nicht nur das: Ein in der Geschichte immer wiederkehrendes Phänomen ist die Religion. Jede menschliche Rasse auf der Welt hatte in irgendeiner Form Religion; der Instinkt dafür ist bei allen Rassen zu finden. Wenn wir uns der Geschichte zuwenden, sehen wir, wie eine Religion entstand. Ein Mann erhob sich unter seinesgleichen und beanspruchte, eine direkte, persönliche Botschaft von ›Gott‹ für alle zu haben. Seine Lehren schlugen Wurzel, sie verbreiteten sich wie ein Lauffeuer, sie erneuerten die Gesellschaft, rotteten alte Glaubensformen aus, erbauten Tempel, führten neue Gesetze ein und errichteten eine neue Kultur. Alle lebenden Weltreligionen haben diese gemeinsamen Kennzeichen und mehr als das: Sie haben den gleichen grundsätzlichen Lehrsatz: *ein* Gott, Der den Menschen als Sein Ebenbild erschuf, die Verwirklichung der Goldenen Regel [a] und eine Anzahl Gesetze.

Über Religion werde ich später sprechen. Hier kommt es darauf an, dass der Mensch durch etwas in sich selbst, durch die Gründer der großen Religionen und die Lehrer und Reformer beinahe ausnahmslos glaubte, dass er einzigartig und verschieden von anderen lebenden

---

[a] »Was du nicht willst, das man dir tu', das füg' auch keinem andern zu.« (oder nach *Neues Testament*, Matthäus 22.39: *»Liebe deinen Nächsten, wie dich selbst«* – A.d.H.)

9

Geschöpfen sei und dass *eine* Seite dieser Einzigartigkeit sei, dass er als Seele oder Geist nach dem Tode weiterlebt. Trotz des Wirrwarrs von materiellen und atheistischen Anschauungen der heutigen Zivilisation denkt der Mensch noch das gleiche. Wenn er dies in der Vergangenheit glaubte, in der die Materie so körperlich schien, und man sich die Seele als etwas Vergängliches vorstellte, um wie viel mehr sollte er es heute glauben, da es sich zeigt, dass die Materie aus einer Anzahl von unendlich kleinen Spannungen und aus einem Stoff besteht, dem nach früheren Begriffen der Stoffcharakter fehlt? Wenn irgendetwas den Menschen von der Existenz der Seele überzeugen kann, dann ist es das Wesen unseres wunderbaren Universums, das uns nun die Wissenschaft zum ersten Mal offenbart. Ein so wundervoller Organismus – so von Gesetzen beherrscht, so herrlich geordnet, in so mannigfaltiger Form – kann niemals ein Zufall sein, so wenig eine Schweizer Uhr ein Zufall ist. Ein Schöpfer muss da sein. Diese Folgerung bestätigt, was die Propheten uns seit dem Anfang der Zeiten in einfachsten Ausdrücken, aber genau in den Kern der Sache treffend, gesagt haben: »Du bist Gottes Kind; Er zieht dich groß; du wirst zu Ihm zurückkehren.«

4 Wenn wir die Tatsache annehmen, dass wir eine unbekannte Größe sind, weil wir ein X in unserer Zusammensetzung haben, das kein anderes lebendes Wesen hat, können wir dann nicht einsehen, dass ein großer Teil der Schwierigkeiten in unserer heutigen Welt – die dabei durch die Aussicht auf ein auskömmliches Leben für die ganze Menschheit erhellt wird – daher kommt, dass wir über dieses X überhaupt nichts wissen, außer dass es wie alles andere in der Welt von Gesetzen regiert wird und dass wir, da wir diese Gesetze nicht kennen, diese fortgesetzt brechen?

5 Der Mensch ist etwas Wunderbares. So wundervoll ein Spiralnebel, so vollkommen ein Kristall oder so bezaubernd der Kern eines Atoms ist – sie sind nicht so Ehrfurcht gebietend oder herrlich wie der Mensch. Das geordnete Zusammenwirken seines Körpers, das Labyrinth seines Verstandes, die Tonleiter seiner Gefühle machen ihn in der Tat zum König der Natur. Er hat eine schier unbegrenzte Fähigkeit zur Vervollkommnung. Obgleich der Sturzbomber ein Wunder menschlicher Erfindungsgabe ist, ist er eine nicht halb so überraschen-

de Schöpfung wie der Mensch, der ihn in Überschallgeschwindigkeit zur Erde führt. Die menschliche Rasse scheint unbegrenzte Möglichkeiten zu besitzen. Sie kann einen Märtyrer hervorbringen, der ruhig, glücklich, ja, was uns fast unglaublich erscheint, dankbar in der Hoffnung auf größere Dinge in den Tod geht, und ebenso kann sie einen Unmenschen hervorbringen, der durch seine Grausamkeit, seinen Sadismus, seine verbrecherische Zerstörungswut jeden sich selbst achtenden Wolf oder Tiger beschämt. Sie kann aus ihren Tiefen einen Beethoven, einen Shakespeare, einen Darwin, einen Rembrandt – oder auch, zum Unglück der Menschheit, einen Nero oder einen Hitler gebären. Sie bringt ebenso gut zahllose Helden und Heldinnen hervor ebenso wie eine Menge von Verbrechern. Daraus können wir schließen, dass der Mensch ungeheure Gaben und Kräfte besitzt. Wir dürfen auch, wenn wir nur nach dem Geleisteten urteilen, als sicher annehmen, dass ihm nichts unmöglich wäre, wenn er sich nicht nur etwas zum Ziel setzte, sondern darauf ausginge, die Gesetze zu ergründen, die ihm alles ermöglichen würden.

Wenn wir unsere Zeit betrachten, was sehen wir? Gewisse offensichtliche Übel zeichnen sich klar ab, und gewisse negative ›Werte‹ lassen sich fast ebenso gut definieren. Wir sehen, dass Hass und Abneigung stärker als Liebe und Mitleid sind, Vorurteil und Intoleranz stärker als Toleranz und Verständigung, dass Gleichgültigkeit gegenüber den Leiden anderer, Selbstsucht, Lüge, Unehrenhaftigkeit, sexuelle Ausschweifung, Trunkenheit, Süchtigkeit, Verbrechen und Ehescheidung anwachsen.

Wir wollen immer im Auge behalten, dass wir uns mit den Problemen des Einzelmenschen und nicht mit denen der Regierungen und sozialen Bewegungen befassen. Dies alles sind augenfällige Übel. Weniger auffallend sind der wachsende Zynismus, Hoffnungslosigkeit, Zweifel am Wert der guten Tat, weil die Mehrheit der Menschen sich keineswegs bemüht, Gutes zu tun, das Gefühl, dass der Kampf des Einzelnen umsonst ist und dass es leichter ist, mit dem Strom zu schwimmen! Unter negativen ›Werten‹ können wir alle jene Haltungen und Bemühungen fassen, die sich nur auf bestimmte Gruppen beschränken. So denkt z. B. das Christentum nur daran, innere, absondernde Reformen durchzuführen; die Mehrheiten suchen auf Kosten der Minderheiten ihren Vorteil; eine Rassengruppe sucht rücksichtslos gegenüber anderen Gruppen ihre Lage zu verbessern.

8 Die Regierung hilft dem Menschen durch Reformen und neue Programme. Die Medizin bemüht sich, die schwere Bürde der Krankheiten von ihm zu nehmen, die Psychologie hilft ihm, die Funktionen seines Geistes besser zu verstehen und bisher schwierige Probleme zu überwinden. Dennoch ist der Mensch dadurch innerlich weder frei noch glücklich oder beruhigt. Was nützen ihm der Fortschritt, die Annehmlichkeiten des Lebens und alle diese Reformen, wenn sein Herz nicht leicht und vertrauensvoll ist?

9 Der Mensch muss auf einen festen Punkt ausgerichtet sein. Zurzeit ist sein Kompass auf sich ständig verändernde Punkte gerichtet. Wenn er den Punkt erreicht, auf den er zusteuerte, erkennt er, dass es nicht die Stelle ist, die er zu erreichen trachtete. Die Freude und die Erfüllung seiner Erwartungen entgehen ihm. Weder Erfolg noch Wohlstand, Ehe oder Kinder bringen dem Durchschnittsmenschen das, was er sich davon erhoffte: ein hohes, beständiges Gefühl der Zufriedenheit. Er müht sich Jahre, oft ein Leben lang, um einen bestimmten günstigen Punkt zu erreichen, und wenn er ihn erreicht hat, erkennt er, dass es sinnlos war, und er ist tief unzufrieden. Aber anstatt zu sagen, »der Fehler muss irgendwo in mir liegen«, schiebt er die Schuld auf seinen Weg und glaubt, er habe eine Abzweigung übersehen. Wir denken immer, das uns Nächstliegende sei das allein Erstrebenswerte. Selten oder nie öffnen wir die Tür zu unserem Selbst und sehen, was wir wirklich besitzen, was wir zu seiner Ordnung und Reinigung vornehmen müssen und welche wunderbaren Werkzeuge uns an die Hand gegeben sind, um im Leben tiefe Befriedigung zu finden.

10 Es gibt Menschen, die zwanzig oder dreißig Jahre lang einen Arm in die Luft streckten, bis er verkümmert war und nicht mehr herabgenommen werden konnte. Ein Mann überquerte die Niagara-Fälle auf einem Seil; manche Leute können Tische, Stühle und andere Dinge auf ihrer Nasenspitze balancieren. Es gibt Chirurgen, die peinlich genaue Operationen an der Hirnhaut, den Augen, am Herzen oder an den Nerven ausführen. Physiker und Mathematiker vollbringen gedankliche Kunststücke, die fast unmöglich erscheinen. Wie führen die Menschen diese bemerkenswerten und schwierigen Dinge aus: durch Wil-

lenskraft, Übung und Anstrengung. Der gelehrige Mensch vermag nahezu alles zu tun. Unter Schlaflosigkeit leidende Menschen lernen zu schlafen; Trunkenbolde und Rauschgiftsüchtige werden geheilt; Stotterer sprechen einwandfrei – wie machen sie das: durch Beharrlichkeit, Geduld und Übung. Nahezu alles kann vom Menschen geleistet werden. Sollte es dann der Menschheit unmöglich sein, glücklich zu werden und sich selbst zu meistern? Das klingt unwahrscheinlich. Die ganze Natur gibt einen gewissen Zustand des Friedens und der Freude als Ausgleich für die Strenge der Erziehung, die sie ihren Kindern angedeihen lässt. Alles in der Welt füllt irgendwie und irgendwo seinen Platz aus. Ebenso müssen die Menschen ihren Platz haben, den sie ausfüllen können, an dem sie wachsen und von dem sie ihren Anteil am Glück erhalten. Aber sie können sich in die Lebensumstände, in die sie gestellt sind, nicht einordnen, bevor sie nicht mit sich selbst ins reine gekommen sind und die Gesetze erkannt haben, die ihr inneres Leben bestimmen.

Hier ist nicht der Ort, die nachfolgenden Behauptungen zu prüfen oder sie in langen Ausführungen darzutun. Sie erheben den Anspruch auf selbstverständliche Wahrheiten, auf die bestimmte Schlussfolgerungen aufgebaut sind und die gewisse Handlungsweisen empfehlen.

Der Mensch hat eine doppelte Natur, die kein anderes Wesen besitzt. Dieser Dualismus ergibt sich aus der Tatsache, dass er Körper und Seele besitzt. Sein Körper gehört dem Tierreich an, mit allen Wünschen und vielen Instinkten des Tieres. Er lebt nur einmal wie jede andere körperliche Erscheinung auf diesem Planeten; er wird geboren, wächst, stirbt und vergeht. Er kennt Hunger, Leidenschaft, Furcht, Liebe, Zorn, Freude usw., zwar auf seine eigene Art, aber wie jedes andere Tier auch. Die Seele des Menschen ist eine Gabe Gottes: eine geistige Wirklichkeit, die durch die Funktionen seines Verstandes mit dem Körper verbunden ist; sie besitzt Individualität, Bewusstsein, bestimmte höhere Verstandesfähigkeiten und etwas, was wir geistige Kraft nennen mögen, die das Tier nicht kennt. Seine Seele wird erschaffen, wenn sein Körper in Erscheinung tritt, d. h. im Augenblick der Zeugung. Solange Leben im Körper ist, ist die Seele mit ihm verbunden; sie beeinflusst ihn mit ihren Fähigkeiten und zieht aus den Erfahrungen seines irdischen Lebens Nutzen. Wenn der Körper stirbt,

stirbt die Seele nicht; sie wird nur frei und lebt ihr Eigenleben weiter als Persönlichkeit von Karl Schulz und Klara Mayer, ihrer selbst und anderer bewusst. Die Seele ist der Reiter, der Körper das Pferd. Bevor der Reiter sein Ross nicht meistert und sich nicht mit ihm eins fühlt, wird er entweder dauernd mit ihm kämpfen, oder es geht mit ihm durch. So hängen die meisten von uns heute wie der finstere Tod auf dem davonstürmenden Selbst. Wir wissen nichts über Pferde, wir sind vollauf damit beschäftigt, dass wir nicht herabfallen und dass möglichst andere nichts von unserer misslichen Lage merken – wir sind alle keine geübten Reiter, und wir brauchen alle einen guten, strengen Kurs im Reiten.

13 Lasst uns die beiden Seiten unseres Selbstes ein wenig betrachten: Der Körper hat seine Bedürfnisse, folglich muss auch die Seele solche haben. Der Körper als empfindender Mechanismus ist, wie die Tiere, vor allem damit beschäftigt, die Notwendigkeiten und Bequemlichkeiten zu erhalten, nach denen er verlangt, und den großen Trieb der Natur zu erfüllen – sich fortzupflanzen, damit die Gattung nicht ausstirbt. Gleichzeitig ist diesem Körper durch die Beeinflussung von Geist und Seele eine Freiheit eigen, die dem Tier fremd ist. Der Mensch lebt, wie er möchte, das Tier wie es muss. Der Mensch erfreut sich seiner Funktionen (und missbraucht sie), wie es kein Tier kann: die Sexualität z. B. ist für die Menschen etwas ganz anderes geworden als für das Tier; sie kann mit den selbstlosesten, zärtlichsten und schönsten Liebesgefühlen verbunden sein; oder sie kann zu Verderbtheiten, Missbräuchen und bloßen Befriedigungen erniedrigt werden, was dem wilden Tier fremd ist. Das Essen ist zu einer Kunst, zu einer Art Vergnügen und zu einem gesellschaftlichen Treffpunkt geworden: einige Menschen machen sich damit krank, andere bauen dadurch ihre Gesundheit auf. Mit anderen Worten: Selbst die tierische Hälfte in uns erfreut sich einer Freiheit des Handelns, die den anderen Lebewesen fremd ist.

14 Was sind nun die Bedürfnisse unserer anderen Hälfte, die ewig lebt? Der Körper kennt seinen Weg. Er weiß, er muss wachsen, möglichst gut gebaut und stark sein, seine Wünsche erfüllen und zum Staub zurückkehren. Die meisten von uns, die sich ihres wahren inneren Selbstes zu wenig bewusst sind und dessen Nöten viel zu wenig

Aufmerksamkeit schenken, halten niemals ein, um sich zu fragen, ob auch die Seele das Lebensnotwendige erhält, ob sie sich guter Gesundheit erfreut und hoffnungsvoll in die Zukunft blickt. Dieser dauernde Zustand inneren Hungerns und innerer Vernachlässigung hält den Menschen davon ab, wirklich glücklich zu sein. Deshalb sehen wir Menschen, die – vom materialistischen Standpunkt aus gesehen – alles haben, Gesundheit, Wohlstand, Muße und Familie, und die doch fieberhaft von einer Zerstreuung zur anderen stürzen und niemals ruhig oder zufrieden sind. Die Menschen laufen vor dem Leben und diesem unbefriedigten Etwas in sich davon, vor dieser verhungerten, unglücklichen Seele. Wenn sie wirklich einmal einhalten, um über diesen wesentlichsten Teil ihres Selbstes nachzudenken, werden viele Menschen ungeduldig. Sie schauen voller Groll darauf und sagen: »Ja, ich weiß, wenn ich auf dich hören würde, hätte ich vom Leben überhaupt nichts.«

Sicherlich ist das eine törichte und unreife Art, die Probleme unseres Selbstes zu behandeln. Alles in der Natur läuft harmonisch und nach bestimmten Gesetzen ab. Warum sollte nicht vollkommene Harmonie zwischen Seele und Körper möglich sein? Warum sollten wir nicht den Nöten beider gerecht werden können, Freude dadurch gewinnen und vor allem Frieden des Gemüts?

Unser Bewusstsein, unser Gemüt und unsere Fähigkeit zu lieben sind die feinsten Eigenschaften, die wir besitzen. Lasst sie uns als ein Spiegel ansehen. Wenn wir den Spiegel zur Erde richten, wird er die dunkle Erde widerspiegeln, wenn wir ihn der Sonne zukehren, dann wird er so voll blendenden Lichtes sein, dass wir alles damit entzünden könnten, was brennbar ist. Oder wir können diese Fähigkeiten mit einem Kompass, nach dem wir unseren Kurs steuern, vergleichen. Worauf sollen wir ihn richten? Nach einem unverrückbaren, höheren Wert, der sich niemals ändert, einem geistigen Polarstern? Oder sollen wir jeder Laune folgen, zuerst diesem irdischen Ziel und dann einem anderen; dieses Jahr ein neuer Wagen, nächstes Jahr ein Sommerhaus usw.?

Bevor wir die Wege zur wahren Beachtung unseres inneren Selbstes betrachten, müssen wir uns fragen, was der Zweck unserer Seele ist. Niemand außer den Offenbarern hat jemals auf diese Frage Ant-

15

wort gegeben, und Sie sagten uns, dass Gott uns erschaffen hat, Ihn zu erkennen, Seinem Weg zu folgen, Ihn zu lieben und an Seiner Unsterblichkeit teilzunehmen. Was diese Unsterblichkeit bedeutet, können wir nicht voll begreifen, solange wir auf dieser Erde sind, so wenig wie ein Kind im Mutterleib erfasst, was von dem Tag seiner Geburt an vor ihm liegt. Gott ist der Schöpfer. Er hat die Schöpfung so gestaltet, dass sie im Verlaufe eines langen, wundervollen und äußerst üppigen Ablaufs eine Frucht hervorbringt: Wir sind diese Frucht. Auf dieser Erde werden wir wie das Kind im Mutterleib für die nächste Welt vorbereitet. Zuerst werden wir in unserer zeitweiligen Zelle (dieser Erde) geformt, und wie das Kind entwickeln wir zwei Arten von Leben: eines, das wir gleich brauchen, und ein anderes, das für unsere körperlichen Notwendigkeiten eigentlich unnötig erscheint. Ebenso muss es sinnlos erscheinen, dass ein Kind in seiner vorgeburtlichen pechschwarzen Hülle, die mit Flüssigkeit angefüllt ist und in der es zu einem Ball gekrümmt liegt, Augen und Lungen entwickelt, ist doch weder Licht noch Luft da, dass ihm Füße und Hände wachsen, ohne dass sie benutzt werden können, oder dass es Zunge und Ohren besitzt, wenn es weder sprechen noch hören kann. Und doch wissen wir, dass der Mensch ein Krüppel wird, wenn das Wachstum des Fußes im Mutterleib gehemmt wird, und dass es ohne Augen nie sehen würde usw. Gerade das, was dem Kind, wenn es darüber nachdenken könnte, vollkommen nutzlos und unnötig erschiene, ist die Grundlage seines späteren Lebens. So ist es auch im Großen und Ganzen mit unserer Seele auf dieser Erde; sie ist hier auf dem ersten Abschnitt ihrer Reise, um gewisse Fähigkeiten zu entwickeln. Wenn ihr dies nicht gelingt, fehlt es ihr am Wesentlichen, wenn sie in die andere Welt geboren wird, d. h. an dem Tag, an dem sie vom Körper Abschied nehmen und in ein neues und ewiges Leben eintreten wird.

Wir brauchen uns nur zu fragen, was die wichtigsten Wesenszüge des Menschen sind, die das Tier nicht besitzt, um eine Ahnung zu bekommen, welche Fähigkeiten wir hier entwickeln sollen, und zwar nicht nur zur gegenwärtigen Befriedigung, sondern zu unserer ewigen Freude. Der Mensch hat die Fähigkeit der Liebe zu seinen Mitmenschen, zu einem Prinzip, zu Schönheit, Wissen und vor allem zu seinem Schöpfer, die dem Tier absolut unbekannt ist. Deshalb ist Liebe

16

eine der kostbarsten Fähigkeiten seiner Seele. Er muss sie durch Übung auf dieser Erde entwickeln. Er ist zu einem tiefen Verstehen und Wissen befähigt, und er muss die Kräfte seines Denkens hier entwickeln, damit er in dieser und der nächsten Welt ein immer größeres Verständnis seiner Bedeutung, des lebendigen Wirkens und des Schöpfungsplanes gewinnen kann. Er hat die Fähigkeit zu einer großen Spanne zarter Gefühle: Mitgefühl, Mitleid, Großmut, Duldsamkeit, Verzeihung; er muss diese schönen menschlichen Kräfte auf dieser Erde üben, damit sie auch für den zukünftigen Gebrauch stark werden. Der Mensch kann sich selbst aufopfern, Ausdauer auf dem Pfade der Pflicht, der Liebe und Rechtschaffenheit erzeigen; diese müssen ebenfalls durch Anwendung in diesem Leben gestärkt werden. Manche Menschen besitzen ein unaussprechlich strahlendes Wesen. Sie scheinen eine Freude, ein Vertrauen und eine Sicherheit über den Sinn ihres Lebens und die Existenz des Einen, Der sie ins Leben rief, zu haben, was sie auszeichnet und andere zur Bewunderung nötigt und Neid erregt. Diese natürliche Freudigkeit und dieses Vertrauen sind Eigenschaften der Seele. Sie können und sollten hier gepflegt werden. Eine andere dieser unschätzbaren Kräfte ist der Glaube, die Fähigkeit zu glauben: diese Überzeugung des Herzens, die der rein geistigen Überzeugung des Verstandes entgegengestellt ist, die auf Vernunft und Erforschung beruht, kann neben der Macht der Liebe den größten Einfluss auf die menschliche Entwicklung ausüben. Auch sie sollte hier gepflegt werden.

Die uralte Ermahnung *»Erkenne dich selbst«* a) ist der Schlüssel des Lebens. Da wir an der Unsterblichkeit Gottes teilnehmen, besitzen wir fast unendliche Möglichkeiten, uns zu entwickeln. Die wahre Welt und die wahren Wunder sind in uns. Wenn wir die Gedichte von Shelley lesen, wenn wir den Schlussfolgerungen und Äußerungen eines Physikers folgen, wenn wir ein gewaltiges Luftschiff fest seine Bahn ziehen sehen, denken wir, welch wunderbare Vollkommenheiten diese verkörpern! Selten aber besinnen wir uns, dass alle diese Dinge aus dem Saatbeet irgendeiner menschlichen Seele gewachsen sind und dass wir in unserem Inneren einen ungeheuren Kräftevorrat besit-

19

---

a) Dieser Satz stand unter anderem über dem Eingang zum Orakel von Delphi – A.d.H.

zen, der darauf wartet, ausgenutzt und in neue schöpferische Kanäle geleitet zu werden.

20 Kein Tier kann sündigen. Es geht seinen Weg und tut das, was ihm sein Instinkt befiehlt. Nie ist es frei, so wenig wie ein Baum oder Stein frei ist. Aber wir sind relativ – nicht absolut – frei, weil wir die Fähigkeit der Wahl besitzen. Unsere Wahl mag durch unsere Umgebung eingeschränkt sein, aber innerhalb eines gewissen Bereiches sind wir frei, unsere Handlungen zu bestimmen. Dies ist die wirkliche Herrlichkeit des Menschen. Es ist das Geschenk seiner Seele. Es gäbe keinen Unterschied, wenn der Mensch nur eine Seele ohne die Freiheit der Entscheidung hätte. Er wäre wie ein anderes Wesen, das sich nach festen Gesetzen entwickelt. Es war nicht Gottes Wunsch, einen Automaten zu erschaffen, der an Ihn glauben und Ihn durch Zwang lieben sollte; Er wünschte, um Seinetwillen aus freier Entscheidung geliebt zu werden, denn das ist die Freude, die die Liebe verleiht. So gab Er Seiner Schöpfung, dem Menschen, einen eigenen Willen, damit er seinen Charakter ändern könne, seine Seele veredeln, sich an den Früchten seiner eigenen Anstrengungen erfreuen und sich im Sonnenschein der Liebe wärmen könne und von seinem Gott geliebt werde.

21 Unser Wille ist der Hebel, mit dem wir unseren Kompass entweder nach der wahren Nordrichtung oder nach einer vorübergehenden Laune einstellen können; wir können den großen Spiegel unserer Seele aufwärts drehen, damit er die beständigen Strahlungen der bewegenden Kraft des Universums (Gott) auffängt, oder wir können ihn abwärts wenden zu dem, was uns eine dunkle Welt und die Stufe unseres Körpers bedeutet. Wenn wir ihn nach oben richten, werden wir gütig und Herr unseres Selbstes, wir sind von Frieden, Vertrauen, Glück und einer Kraft, Gutes zu tun und aufbauend zu wirken, durchdrungen, was uns erst zum menschlichen Wesen erhebt. Wenn wir ihn nach unten richten, werden wir schlimmer als das wildeste Tier; unser Hass, verstärkt durch unsere Offenheit, wird schrecklich. Unsere Erniedrigung kennt keine Grenzen. Unsere Habgier, Wollust und kaltblütiges Morden erstaunen oft uns selbst.

22 Wenn wir unseren Spiegel abwärts drehen, werden wir natürlicherweise unglücklich und unzufrieden, weil unser eigentliches Wesen, unsere Persönlichkeit, unsere bewusste Seele missbraucht wird.

Die Seele wird gelehrt, Dinge zu tun, die im Gegensatz zu ihrer wahren menschlichen Natur stehen. Sie ist weitgehend in der gleichen Lage wie der Junge, der gerne ein Olympiakämpfer wäre, der aber fortgesetzt verärgert ist, weil er keiner ist, und ohne Unterlass das tut, was ihn daran hindert, einer zu werden.

Dies ist alles in der Theorie sehr schön, aber die Frage ist, was kann tatsächlich getan werden? Nehmen wir an, alles dies sei so; wie fangen wir es dann an, auf den richtigen Weg zu kommen? Warum tun wir überhaupt etwas in dieser Welt (ausgenommen das, wozu wir gezwungen sind, wie Essen, Schlafen, unseren Lebensunterhalt erwerben usw.)? Wir tun etwas, weil es unser Wunsch ist. Wir gehen zum Tanzen, anstatt ein Buch zu lesen, weil wir es nun einmal vorziehen. Wir essen Dinge, von denen uns der Arzt gesagt hat, dass sie den langsamen Tod für uns bedeuten, weil wir dieses Vergnügen nicht entbehren wollen, wenn wir auch schließlich daran sterben! Niemand kann einen anderen Menschen dazu bringen, seine eigene innere Lage zu betrachten und etwas für sie zu tun. Wenn er nicht selbst dazu den Wunsch hat, oder wenn er trotz des Wunsches nicht die Kraft hat, sich zusammenzureißen und sich mit sich selbst auseinanderzusetzen, kann es niemand auf der Erde für ihn tun. Es ist eine reine Frage des freien Willens. Es ist eine Sache zwischen dir und deinem Selbst. Der Mensch, der dich am meisten liebt und der willens ist, für dich zu sterben, kann dir dies nicht abnehmen.

Das unangenehmste von all den unangenehmen Dingen, die wir in diesem Leben tun, ist wohl mit sich selbst zu Rate zu gehen, die Brille der Selbstachtung und des törichten Eigendünkels abzusetzen und sich seinen eigenen Charakter sehr genau anzusehen. Es ist so viel netter, Illusionen zu hegen, es ist so viel schöner, zum Spielplatz des Vergessens davonzulaufen, und es ist so viel bequemer, eine Entschuldigung zu finden und zu sagen, »Schön, aber ich habe heute keine Zeit dazu« oder, »Es könnte mich beunruhigen, und ich kann es mir nicht gestatten, gerade jetzt beunruhigt zu sein«. Aber die Schwierigkeit ist dennoch in uns da, und wir täten gut daran, sie zu meistern. Der erste Schmerz beim Zahnziehen mag schlimm sein, aber wenn der Zahn einmal heraus ist, wird auch der Schmerz vergehen. Außerdem wird sich noch etwas Wunderbares ereignen: das unterbewusste, müde und nagende Gefühl der Unruhe und des Kampfes wird uns verlassen; wir werden nicht mehr fortgesetzt den Augen unseres Gewissens ausweichen müssen, weil wir einmal auf das hörten, was es uns schon so lange sagen wollte. Wir werden das Gefühl der Kraft haben, weil uns eine mutige Handlung unsere eigene Kraft bewusst werden lässt.

25 Aber noch ist etwas viel Tieferes und Ermutigenderes vorhanden, das die Anfangsversuche, Kenntnis unseres wahren Selbstes zu erhalten, unterstützt, etwas, das uns den Sieg sichert. Dieses Etwas ist ein Kennzeichen der Materie, wenn man es so nennen will. Angenommen, irgendetwas – eine Zelle oder ein Same – beginnt einfach, es vervielfacht sich, und es werden zwei daraus; der nächste Schritt ergibt nicht drei, sondern zwei mal zwei, also vier; zu vier kommen nicht zwei, sondern vier hinzu; aus acht werden sechzehn, aus sechzehn zweiunddreißig, aus zweiunddreißig vierundsechzig und aus vierundsechzig einhundertundachtundzwanzig. Nach sieben Schritten kommen wir von eins zu einhundertundachtundzwanzig, weil das Leben nach dem Gesetz der geometrischen Reihe vorwärtsschreitet und nicht nach dem der einfachen Addition. Wenn es nur der Fortschritt durch Addition wäre, hätten wir nach sieben Übergängen nur acht Einheiten statt einhundertundachtundzwanzig. Mit anderen Worten, jeder Schritt ist nicht eine langsame Vorwärtsquälerei, sondern er ist mit einem riesigen Aufschwung und einer ungeheuren Vervielfachung der Kräfte und Fähigkeiten verbunden. Es mag nicht leicht sein, diese Stufen zu erklimmen, aber die Fortschritte, die durch jede einzelne gemacht werden, sind so groß, dass sie unsere Anstrengung voll aufwiegen.

26 Alles Wachstum ist ein Wunder: dass ein Samenkorn durch die Ausstrahlung einer Wolke glühender Gase in einer Entfernung von Millionen von Kilometern sich zu einem mächtigen Baume entwickelt; dass ein fast unsichtbares Ei nach neun Monaten als ein sehendes, hörendes, atmendes, sich bewegendes und mit der Fähigkeit des Denkens begabtes Menschlein erscheint – dies alles zeigt die Stärke der Lebenskräfte. Die Seele ist genauso lebendig und lebensvoll und kann ebenso erstaunlich reagieren wie das Samenkorn oder das Ei, wenn es den Kräften ausgesetzt wird, die ihr Wachstum begünstigen.

27 Unter der Voraussetzung, dass nicht nur die materielle, sondern auch die geistige Welt durch Gesetze beherrscht wird, müssen wir uns

fragen, was die Erfordernisse des geistigen Wachstums sind. Die erste Notwendigkeit ist, Sonnenlicht zu erhalten. Was ist das für ein Sonnenlicht? Es ist die Liebe Gottes. Wenn wir Gott mit einer Sonne vergleichen, sind die Strahlen, die sie aussendet, Seine Liebe. Das Leben gedeiht im Licht, es wandelt Licht in Energie um, und es baut sich selbst mit der Kraft des Lichtes auf. Die Liebe Gottes ist das notwendige Licht für die Seele. In ihm dehnt sie sich aus, wächst und wird stark und gestaltet sich. – Das ›Warum‹ ist etwas, was für immer von unserem Wissen ausgeschlossen bleibt. Wir wissen nicht, warum Gott ist. Wir wissen nicht, warum das Universum so ist, wie es sich uns darbietet. Wir wissen nicht einmal, was Gott Seinem Wesen nach ist, noch was die Materie in Wirklichkeit ist oder nicht einmal etwas über unser eigenes Selbst. Doch über das ›Wie‹ wissen wir etwas: z. B. wie wir auf diese Welt gelangt sind, hat uns das Studium der Entwicklungsgesetze offenbaren können, wie wir in dieser Welt wirken müssen, um den größten Nutzen daraus zu erzielen, lehrt uns ebenfalls die Wissenschaft. Wie wir unser inneres Selbst entwickeln können, ist gleicherweise ein Wissen, das uns offensteht. Die Blätter öffnen ihre kleinen grünen Hände, um die größtmögliche Menge Lichtes zu empfangen, wenn sie dieses benötigen. Die Tiere gehen vom Schatten in die Sonne, um das Gute, das sie verleiht, zu genießen. Obgleich wir den Tieren und Pflanzen so überlegen sind, scheint uns der Instinkt der einen und der Pferdeverstand der anderen zu fehlen. Wir suchen nicht das geistige Sonnenlicht auf, im Gegenteil, wir ziehen die Rollläden herunter – seien es nun die der Sinnlichkeit, des Zweifels oder des bloßen Eigensinns – und lassen unsere unglücklichen Seelen verhungern.

Einige Dinge in dieser Welt bestehen durch das Nichtvorhandensein anderer. Zum Beispiel: Schatten ist da, wo das Licht fehlt; Kälte gibt es, weil die Wärme nicht vorhanden ist. Es gibt den Tod, weil das Leben aufgehört hat; und weil die Liebe verschwunden ist, wurde ihr Platz durch den Hass eingenommen. Wenn die Menschen verwirrt, unglücklich und unzufrieden sind (wie sie es augenscheinlich sind), dann nur deshalb, weil sie sich selbst von der Kraft abgeschnitten haben, die ihnen allein Gewissheit, Freude und Zufriedenheit bringen kann. Das ist die Kraft der Liebe, die ihr Schöpfer unausgesetzt über sie ausgießt, und von der sie sich selbst beständig ausschließen.

3. Der Weg zum Glück

Die Ordnung des Innenlebens des Einzelnen hängt von gewissen wesentlichen Anforderungen ab, die erfüllt werden müssen. Er muss lernen, Gott zu lieben. Er muss lernen, an Gott und an seine eigene Seele zu glauben. Er muss lernen zu beten. Er muss lernen, richtig zu leben. Warum muss er dies tun? Nicht, weil es ihm jemand sagt, oder weil er das Fegefeuer fürchtet, nicht einmal, weil er diese Ideale an sich für gut hält! Er sollte es vielmehr tun, weil er überzeugt ist, dass diese Anforderungen auf Gesetzen beruhen, die so groß und tief sind wie das Gesetz der Schwerkraft oder die Gesetze, die die Tätigkeit der Atome und Sterne bestimmen.

Warum sollten wir Gott lieben? Wir sagen oft, dass die Pflanze die Sonne liebt, und wir meinen damit, dass jede ihrer kleinen grünen Zellen eifrig Energie speichert, wenn sie in die Sonne gestellt wird. Mit anderen Worten: sie reagiert auf das, was für sie gut ist. Ähnlich reagieren wir in unserem Inneren auf das Sonnenlicht der Liebe Gottes, wenn wir unsere Läden aufstoßen und die Strahlen auf uns scheinen lassen. Unsere Reaktion kann und sollte nur eine bewusste und vernünftige sein. Keine noch so große Liebe auf dieser Erde ist vollkommen selbstlos; selbst die Liebe einer Mutter zu ihrem Kind ist nicht uneigennützig und losgelöst, wie selbstaufopfernd sie auch sein mag. Nur *ein* Wesen liebt uns ohne Gedanken der Gegenliebe, und das ist unser Schöpfer. Warum ist dies so? Aus zwei Gründen: Erstens, so wie es die Natur der Sonne ist, Kraft, Licht und Wärme auszustrahlen, so ist es die Natur Gottes, uns zu lieben. Und zweitens, so wie die Sonne das, was sie bestrahlt, nicht braucht, so braucht auch Gott uns nicht. Er ist vollkommen unabhängig. Ob auf diesem Planeten Leben existiert oder nicht, kann die Sonne wenig beeinflussen, ob wir unseren Schöpfer lieben oder nicht, kann Ihn nicht berühren, denn Er ist nicht im Geringsten von unserer Liebe abhängig. Wir dagegen hängen von der Seinen ab. Was zeigt uns die höchste und uneigennützigste Liebe, mit der wir vertraut sind? Eine Mutter liebt ihr Kind; ihr einziger Wunsch ist, es in seiner Entwicklung zu unterstützen, es vor allem Leid zu schützen, es mit ihrer Hilfe aufwachsen zu sehen, es glücklich zu machen und die in ihm schlummernden Fähigkeiten zur vollen Entfaltung kommen zu lassen. Obgleich diese menschliche Liebe unvollkommen ist, ist sie dennoch die höchste und beste, die wir kennen. Gottes Liebe zu uns hat die gleiche Eigenschaft: sie wünscht unser Bestes und ist immer zur Hilfe bereit – aber sie ist vollkommen und zeigt nicht die leiseste Spur der Eigennützigkeit. Könnten wir doch erkennen, dass wir, bildlich gesprochen, fortwährend in ein blendendes Licht der Güte getaucht sind, dass Tag und Nacht die liebreichen und machtvollen Strahlen der Liebe Gottes auf uns fallen und dass wir nur die von uns errichtete Isolierung entfernen und das Licht in uns eindringen und unsere Seele nähren lassen müssen. Ist es möglich, dass wir auf diese Kraft nicht reagieren? Können wir weniger empfinden als die Pflanze, die sich nach dem Sonnenlicht streckt? Können wir Dasjenige, Das uns liebt, weniger lieben als das Wolfsjunge oder das Küken, die beide ihre Mutter lieben?

Was ist Glaube? Nichts hat für unser Leben größere Bedeutung als der Glaube, aber dennoch ist uns eine genaue Definition dieses Begriffes verwehrt. Vielleicht kann der Glaube am besten an seinen Früchten erkannt werden. Glaube und Vertrauen sind ungeheure Mächte. Manchmal sind sie auf bewusstes Denken, manchmal auf eine fremde eingegebene Überzeugung gegründet. Immer ist der Glaube auf einem dieser Faktoren aufgebaut. So kennt z. B. der Wissenschaftler bestimmte Tatsachen, die bereits zur Genüge bewiesen wurden. Dennoch glaubt er, dass es darüber hinaus weitere Tatsachen und andere Gesetze und Funktionen gibt, die bisher noch nicht erforscht und bewiesen wurden. Dieser Glaube befähigt ihn, voranzuschreiten und das Unbekannte bekannt zu machen. Seine Überzeugung ist die Kraft, die ihn zu einer neuen Entdeckung vorwärtstreibt. Daneben gibt es die eingegebene Überzeugung, die ebenfalls starke Kräfte besitzt: ein Mensch hat noch nie eine bestimmte Handlung durchgeführt; noch nie hat er gehört, dass irgendjemand sie vollbracht hätte, und vielleicht war sie früher tatsächlich noch nicht ausgeführt worden; dennoch ist er sich dessen sicher und glaubt mit Herzensüberzeugung, dass sie vollbracht werden kann – und er hat tatsächlich Erfolg! Weder Wissen noch Erfahrung führten ihn, er hatte nur den Glauben, dass es möglich sei, und dieser Glaube war so stark, dass er ihn befähigte, zum Ziel zu gelangen. In dem Augenblick, in dem wir glauben, etwas tun zu können, wird uns Kraft dazu gegeben; in dem Augenblick aber, in dem wir glauben, dass wir etwas nicht vollbringen können, haben wir bereits die halbe Schlacht verloren, und die zur Ausführung notwendige Kraft scheint uns genommen zu werden.

Die Psychiater kennen die Macht des Glaubens, und ihre erste Pflicht als Arzt ist, dem Patienten die Überzeugung einzuflößen, dass er etwas leisten kann. Heilungen durch den Glauben sind meist auf der gleichen Grundlage aufgebaut: Der Patient ist völlig von der Überzeugung erfüllt, dass eine bestimmte Handlung ihn heilen wird, und oft genug heilt sie ihn wie ein Wunder. Augenscheinlich ist der Glaube eine alles durchdringende, umbildende Kraft. Dennoch ist der Glaube an sich eine begrenzte Macht. Aber angenommen, du richtest diesen Glauben auf eine unerschöpfliche Machtquelle; angenommen, du hast einen Freund, der alles tun kann, dessen Möglichkeiten unbegrenzt sind, der willens ist, sich für dich einzusetzen, und dir manchmal Zutritt zu seinen Schätzen gestattet: Obgleich du nur ein Vermittler bist, würdest du doch der Träger ungeheurer Kräfte werden.

Diesen Freund haben wir alle. Er ist Gott, und Er wird uns Zugang zu Seiner Kraft geben – natürlich nur bis zu einem gewissen Grade – wenn wir Glauben an diese Kraft und an Ihn haben. Das ist auch in der Bibel gemeint, wenn es heißt: »*Wenn du auch einen Glauben so klein wie ein Senfkorn besitzest ... so sollst du doch zu diesem Berge sagen ... du sollst emporgehoben und ins Meer geworfen sein, und es wird geschehen.*« [1] Das sind keine nebelhaften schönen Ansichten, sondern Tatsachen, die auf großen geistigen Gesetzen beruhen. Der Glaube ist ein Magnet, der Kraft anzieht, wie ein Kristall oder Glas Sonnenlicht auffängt. Wenn wir uns innerlich Gott zuwenden und an Seine endlose Macht glauben, daran, dass Er uns nicht nur helfen *kann*, sondern auch *will*, tun wir etwas Gesetzmäßiges: wir legen eine Leitung, durch die Kraft, Heilung, Eingebung und was es auch sein mag, in uns fließen kann. Ohne Mühen und ohne Mittel haben wir nie Erfolg. Geistig wie physisch ist es der gleiche Lebensweg: wenn wir etwas wünschen, sei es Wasser, Sonne oder Luft, müssen wir uns in die Lage bringen, sie erhalten zu können. Wenn wir von Gott Hilfe wollen, müssen wir nicht nur glauben, dass Er uns helfen *kann*, sondern dass Er uns helfen *will*, mehr noch, dass es tatsächlich Seine Natur ist, uns zu helfen.

6 Welchen Sinn hat das Gebet?

7 Es ist auffallend, wie wenige Menschen beten. Sie mögen gute, ja religiöse Menschen sein, aber sie beten nicht. Sie sehen den Grund dafür nicht ein, und oft empfinden sie es als unnatürlich, wenn sie es versuchen. Selbst wenn sie an Gott glauben, bitten sie Ihn um nichts. Sie geben sich damit zufrieden, dass Er entweder ihre Nöte kennt und ihnen entspricht oder dass es nicht nötig ist, Ihn um etwas zu bitten; man braucht nur die Hand auszustrecken und sich zu nehmen, was man will. Warum sollte dies so sein? Warum sollte uns Gott jeden unserer inneren Wünsche erfüllen, selbst wenn wir uns weigern, uns Ihm zu nähern? Warum sollten wir etwas ohne jegliche Anstrengung erhalten? Wir sind keine Steine, wir sind Organismen, wir sind die höchst entwickelten Wesen auf dieser Erde. Die lebendige Materie erhält alles durch den Prozess der Tätigkeit und Assimilation, nicht wie Wasser, das in eine Tasse gegossen wird, sondern wie eine ausgestreckte Hand, die sich nimmt, was sie wünscht, und wie eine Pflanze, deren kräftige kleine Saugwurzeln sich in die Erde bohren und Feuchtigkeit und Nahrung aufsaugen. Obgleich wir die Fähigkeit des Greifens und Nehmens besitzen, gibt es viele Dinge, die wir haben möchten und nicht erhalten, die wir aber dennoch mit fremder Hilfe erlangen können. Wir dürfen nie so stolz und dumm sein, diese Hilfe nicht zu erbitten. Wir haben keinen Grund, anzunehmen, dass alle unsere geistigen Erfordernisse uns kostenlos und ohne Bestellung geliefert werden.

8 Es gibt noch einen Grund für die Notwendigkeit des Gebets, der weit wichtiger als die bloße Bitte um das Gewünschte ist. Der Spiegel unserer Seele wird stets staubig und trübe, auch wenn wir ihn nach oben und nicht nach unten gerichtet haben. Allein das Gebet kann ihn reinigen. Dies scheint zunächst ein eigenartiger Gedanke zu sein;

wenn man aber darüber nachdenkt, ist es keineswegs mehr seltsam. Was tun wir, wenn wir beten? Wir denken an Jemanden, Der größer ist als wir, an unseren Vater, Freund, Gott oder man mag Ihn nennen, wie man will. Wir erkennen, dass Er alle Macht besitzt, weil Er uns und das Weltall erschaffen hat. Wir erinnern uns, dass Er uns liebt und dass Er uns helfen kann, wenn Er will. Ganz gleich, ob unser Gebet um Hilfe oder eine Gunst bittet oder Ihm nur sagen will, wie herrlich wir Seine Wege finden, oder ob es Ihm unseren Dank aussprechen will, immer richtet uns das Gebet auf den unveränderlichen und ewigen Polarstern, nach dem wir unseren Kurs ausrichten sollten. Wenn unsere Kompassnadel schwankt, gibt er uns erneut die Richtung an, er zeigt uns, was vor uns liegt und sammelt unsere Aufmerksamkeit, wenn auch nur für einen kurzen Augenblick, auf die ewigen Werte anstatt auf die wechselhaften Größen unseres täglichen Lebens.

Notgedrungen entfernt das Gebet den Staub des Alltagslebens. Selbst wenn wir nur die beiden Worte »O Gott« sagen und an ihre Bedeutung denken, können wir nicht mehr so in unsere Probleme verstrickt, so durch das Hin und Her unseres Berufes oder durch unsere Freuden und Sorgen abgelenkt werden wie zuvor. Wenn jemand beten will, sagt er gewöhnlich mehr als nur »O Gott«. Z. B. zwei Menschen lieben einander. Ihre Liebe ist etwas Wunderbares, sie trägt sie über sich selbst hinaus und gibt ihnen ein Glück, das sie früher nie empfanden, sie öffnet ihnen die Tür zu einer neuen Welt, schöner und edler als jede ihnen bisher bekannte. Allmählich aber finden sie ihre Liebe nicht mehr so schön. Sie sehen im anderen Fehler, sie hören vielleicht auf die Einflüsterungen dritter, und ihre Liebe wird durch eine Unmenge unbedeutender Kleinigkeiten geschwächt. Wenn sie diese Tatsache nicht erkennen und sich nicht bemühen, das Große trotz der vielen Nichtigkeiten nicht aus dem Auge zu verlieren, dann wird sie die Liebe verlassen, und was noch schlimmer ist, sie werden glauben, dass sie nie wirklich Liebe füreinander empfunden haben. Das Leben auf dieser Erde scheint zu Verwirrung und Verstrickung zu neigen, wenn man nicht vorsichtig und behutsam ist und sich fortwährend die großen Werte gegenüber der Masse der kleinen vor Augen hält. Genauso ist es mit unserer Liebe zu Gott. Der leuchtende Spiegel unseres Herzens, die Seele – denn sicherlich muss das, was wir ›Herz‹ nennen, der Sitz aller freundlichen, warmen und schönen Gefühle, mit ›Seele‹ gleichbedeutend sein – wird durch den Staub des Lebens verdunkelt. Endlos türmen sich Kleinigkeiten auf, unbedeutende Gedanken, Taten, Gefühle und Sorgen, bis sich die Sonne nicht mehr widerspiegeln kann, bis wir schließlich vergessen, dass es je einen Spiegel oder eine Sonne gegeben hat. Das Gebet wischt den Lebensstaub von diesem inneren Spiegel, und wenn das Licht der Wahrheit und der wirklichen ewigen Werte darauf scheint, sehen wir unseren Weg deutlicher vor uns liegen. Die Schwierigkeiten, die uns zu ersticken drohen, werden wieder im richtigen Verhältnis gesehen, und wir erkennen, was wesentlich und was unwesentlich ist, ja mehr noch, wir können die unendlichen Quellen, die uns unser ›Freund‹ zur Verfügung stellt, anzapfen und daraus neue Kräfte und Vertrauen zur Bewältigung unserer Lebensaufgaben schöpfen.

10 Wenn die Menschen erkennen würden, dass ihr Innenleben Gesetzen unterworfen ist, würden sie weder weiterhin in der Verwirrung, in der sie sich gegenwärtig befinden, bleiben, noch würden sie, wie es so oft der Fall ist, das Geheimnis des Betens finden, um es im gleichen Augenblick wieder zu verlieren. Unter dem furchtbaren Druck der Gefahr oder im heftigen geistigen oder körperlichen Schmerz beteten viele Menschen während des letzten Weltkrieges, die entweder noch nie gebetet oder dies seit ihrer Kindheit nicht mehr getan hatten. Sie beteten nicht nur, sondern sie bezeugten auch, dass sie sofort Hilfe erhalten hatten. Plötzlich in ihrer Verzweiflung, weil sie keinen Strohhalm in ihrer misslichen Lage mehr erblickten, an den sie sich klammern konnten, versuchten sie Denjenigen zu erreichen, von Dem sie wohl gehört, Den sie aber nie angerufen hatten, und Den man ›Gott‹ nennt. Zu ihrer Erleichterung und ihrem eigenen Erstaunen sahen sie, dass auf ihren Hilferuf hin tatsächlich Hilfe gegeben wurde. Aber sie erkannten wohl nicht, dass immer während ihres Lebens, durch die Eigenschaften ihres eigenen und des göttlichen Wesens, die Hilfe nahe war; sie hatten sie nur niemals erbeten. Viele von ihnen werden nun, da der Druck der schrecklichen Ereignisse von ihnen genommen wurde, aufhören zu beten, bis sie wieder einmal in der Zukunft gezwungen werden, zu diesem Mittel zu greifen. Sie wenden ihren Spiegel entweder nach unten und verlöschen das Licht, oder sie vergessen,

28

ihn sauber zu halten, so dass sich das Licht nicht mehr darin spiegeln kann. Meist werden sie dies nicht vorsätzlich tun, sondern einfach, weil ihnen alles zu unklar vorschwebt und die Ereignisse des täglichen Lebens so dringend und bedeutsam sind. Die ungeheure auseinanderstrebende Kraft in unserem überzivilisierten Leben, das so gehetzt und voller Ablenkungen und Probleme ist, wird die Menschen wiederum – wenn sie sich nicht bemühen, es zu verhindern – von dieser neuen inneren Kraft trennen, die sie eben erst entdeckt oder wiederentdeckt hatten.

Wenn wir einmal darüber nachdenken, erkennen wir, dass wir in unseren Gebeten sehr selbstisch und unhöflich sind. Nahezu alle sind ›Gib mir!‹-Gebete: »Gib mir dies, gib mir jenes!« und »Nimm dies von mir und tue jenes für mich!« Selten sagen wir »Ich danke Dir!« und noch seltener stimmen wir Seinen Lobpreis an für all das Schöne in der Welt: das klare Wasser, den leuchtenden Himmel, die Sterne, die Wälder und die Lebensfreude, dass wir gesund und nicht missgestaltet sind, dass wir satt, beschützt und nicht hungrig sind und frieren, dass wir lieben und geliebt werden. – Wie viele von uns danken jemals Gott? Wir sollten Ihm nicht nur Preis und Dank spenden, weil es sich geziemt, sondern auch weil es uns von neuem vor Augen hält, was wir Ihm alles verdanken. Dies hilft uns aus unserer nörgeligen, habgierigen Verfassung, in der wir nur schimpfen und diejenigen beneiden, die mehr besitzen als wir.

Die, die entweder nicht beten können oder es auf die falsche Weise tun, müssen das Beten lernen. Wenn wir nur geistesabwesend einige Redensarten murmeln und dies beten nennen, so werden wir keine Hilfe empfangen – warum auch. Überall muss das Trägheitsmoment überwunden werden, ob es nun vor dem Gehen die Mühe des Aufstehens oder die Gedankenkonzentration vor dem Denken oder die Anstrengung, um etwa einen Wagen in Bewegung zu setzen, ist. Wenn wir beten, müssen wir etwas in das Gebet legen, Ernsthaftigkeit, Dringlichkeit, Gefühl oder Beharrlichkeit, um auf die Sendestation, die wir anstreben, ›eingeblendet‹ zu werden. Immer ist sie da, aber wir müssen uns zu ihr durchringen. Wenn wir daran glauben, ist der Erfolg unbegrenzt, weil alle Überzeugung wie ein Magnet oder ein automatischer Klangregler wirkt. Wenn wir nicht glauben, müssen wir es

29

Schritt für Schritt lernen. Versuche es wie mit jeder neuen Kunst zu machen: bleibe beharrlich bis du irgendeine Antwort erhältst, dann öffnest du dir einen Weg durch die eigenen Hemmungen, durch die Probleme und Unsicherheit und kommst zu Gott. Du wirst Erfolg haben, weil du damit die Gesetze, die deine Seele regieren, erfüllst. Die Seele muss bewusst und mit aller Kraft auf ihren Schöpfer abgestimmt werden, damit sie sich immer geistiger Gesundheit erfreuen kann.

13 Was verstehen wir unter ›richtigem‹ Leben? Alles in der Welt folgt einem Muster, d. h. es entwickelt sich alles in einem genauen Verhältnis zu den einzelnen Teilen, die es ausmachen. Von den Atomen bis zur Nebula besteht eine Harmonie, ein System und eine Klarheit der Dinge, die das wahre Wesen jeden Seins ausmachen. Die Dinge sind dann harmonisch, wenn das ihnen eigene Gleichgewicht nicht gestört wird. Die Gesundheit der lebenden Organismen beruht darauf, dass jeder Bestandteil im richtigen Verhältnis zum anderen steht; stört man das Gleichgewicht, und entwickelt man mehr vom einen als vom anderen, so ist das Ergebnis Krankheit und Missbildung. Nimmt man ein X-Chromosom vom Kern weg und setzt dafür ein Y-Chromosom ein, so erhält man ein männliches und kein weibliches Wesen. Alles wird damit verändert, der gesamte Ablauf des Lebens, Gefühle, Beschäftigung, Gewohnheiten, Körperfunktionen, Stimme, Figur – alles wird durch diese geringfügige Veränderung umgestaltet. Daher ist Ausgewogenheit etwas Wesentliches in unserem Leben, sei sie nun anatomisch, biologisch oder geistig.

14 Unser Wissen um die Bedürfnisse und die Behandlung unseres Körpers hat sich im 19. und 20. Jahrhundert mehr entwickelt als in den vergangenen Jahrtausenden. Erst in den letzten Jahrzehnten hat das Wissen um die Funktionen unseres Verstandes zur Entwicklung der psychiatrischen Wissenschaft geführt. Wir erkennen nun, warum wir bestimmte Dinge tun und wie unser Geist arbeitet. Heute brauchen zivilisierte Menschen nicht mehr belehrt zu werden, dass mangelhafte Gesundheitspflege, Ungeziefer, unreines Wasser, Überbevölkerung und Unterernährung zu Krankheiten führen. Sie wissen dies aus eigener Erfahrung nur zu gut. Allmählich beginnt auch ein immer zunehmender Prozentsatz an Menschen über Wege nachzusinnen, wie man die Gesellschaft nach den von der Psychologie anempfohlenen

Methoden verbessert: Gefängnisreformen, Heilung durch Arbeit, Jugendgerichte, die Wiederbeschäftigung der Kriegsverletzten – all dies beweist, dass wir willens sind, diese Welt nach bestimmten Regeln zu bessern, von denen wir wissen, dass sie funktionieren und die als Regeln der Gesundheit und des Denkens bezeichnet werden können.

Wir Menschen brauchen ein tieferes Wissen um die geistigen Lebensregeln. Wir müssen erkennen lernen, was für unsere innere Entwicklung gut ist und was wir zur Gesundung nicht nur des Körpers und des Geistes, sondern auch der Seele tun müssen. Wir wissen gut, dass keine Theorie und kein Gebäude, seien sie aus logisch-mathematischen Schlüssen oder aus Stein und Mörtel zusammengefügt, auf einem schwankenden Grund stehen können. Entweder etwas ist genau und richtig und entspricht den Erfordernissen, oder es ist falsch und kann nichts tragen; entweder das Fundament und die Wände eines Hauses sind fest und stark genug, um das Dach zu tragen, oder alles bricht zusammen. Das gleiche trifft auf unseren Charakter zu. Der erste wesentliche Bestandteil ist Wahrhaftigkeit. Lüge, Täuschung und Heuchelei sind schlechte Bausteine, sie sind es deshalb, weil sie unwahr sind und dem Licht der Prüfung nicht standhalten können. Aber die Wahrheit ist ein schön quadratischer Baustein, der aus jeder Prüfung vollkommen hervorgeht. Die Natur baut sich auf Wahrheit auf, und sie kann nie getäuscht werden. Sie nimmt nur das an, was sich in den ihm zukommenden Platz harmonisch einfügt und das Gleichgewicht bewahrt. Trug und Ersatzmittel werden von ihr zurückgewiesen. Der Mensch allein hat als ein relativ freies Wesen das königliche Vorzugsrecht der Wahl, er kann frei entscheiden, ob er ein Lügner oder ein Verfechter der Wahrheit sein will – wenn er aber in sein Leben die Lüge verwebt, wird er unweigerlich krumme, verworrene und falsche Wege gehen. Wenn er fortwährend falsche Dinge für die guten, dauernden und wahren Werte setzt, wird das Kleid seines Charakters voller Fehler und schwacher Stellen sein.

Die Lüge täuscht nicht nur andere, sie täuscht allmählich auch den Lügner selbst. Durch den falschen Gebrauch werden die leuchtenden Sinnesfunktionen der Tiere und des Menschen, die beide befähigen, zwischen Gut und Böse zu unterscheiden, geschwächt, und schließlich hören sie auf. Wir können nicht lügen und zugleich wir selbst sein, denn durch die Lüge führen wir etwas Falsches in unser Sein ein, etwas Totes wird in unseren lebenden Körper verwoben. Aber tote Bestandteile sind für unseren Körper sehr gefährlich, weil sie ihn zersetzen. In gleicher Weise zerfressen die Lügen langsam das sittliche Verhalten. Von der Lüge bis zur betrügerischen Tat, um sich fremdes Gut anzueignen, ist kein weiter Schritt. Wenn das Denken erst soweit gekommen ist, dass es nicht mehr weiß, ob etwas auf Tatsachen aufgebaut ist oder nicht, dann kann es sich leicht so weit verirren, dass die Grenze von ›Mein‹ und ›Dein‹ verwischt wird. Wahrhaftigkeit ist der Felsen, auf den wir unseren Charakter gründen müssen, dann kann kein Orkan dieses starke Gebäude zerstören. Dieses weite, geschäftige All, das immer in Bewegung ist, sich immer weiter ausdehnt und fortentwickelt, ist tatsächlich vorhanden, alle Werte darin sind wahr, und es bleibt kein Platz für das Falsche. Kann das menschliche Leben gesund und kräftig sein, wenn es voller Lücken ist, denn die Lüge ist eine Lücke, d. h. das Fehlen von etwas Wirklichem, einer Tatsache: der Wahrheit.

17 Die Lüge wird durch Faulheit, Eitelkeit, Gier und Feigheit gestärkt. Wenn die Leute sagen: »Es ist viel freundlicher, nicht die Wahrheit zu sagen«, so entschuldigen oder täuschen sie sich nur selbst damit. Auf lange Sicht ist es immer besser, die Wahrheit zu sagen, denn dann weiß jeder, wie es um ihn steht, und was er zu tun und zu lassen hat. (Die einzige Ausnahme macht der Arzt, von dem man nicht um der Wahrhaftigkeit willen erwarten kann, dass er die Wahrheit sagt, die den Patienten töten oder von der Heilung zurückhalten könnte.) Eine kleine Lüge, ein unbedachtes Wort können die Quelle vielen Missverstehens und Elendes sein. Sie zerstören das Vertrauen, denn wenn ein Mensch einmal gelogen hat, wer könnte garantieren, dass er es nicht ein zweites Mal oder immer tut? Wenn er einen Menschen belügt, wird er es nicht auch bei einem anderen tun? Gibt es in ihm noch etwas, auf das man sein Vertrauen gründen könnte?

18 Zur Wahrhaftigkeit muss sich ein anderer wesentlicher Bestandteil eines gesunden Charakters gesellen: Ehrlichkeit. Beide gehören nicht notwendigerweise zusammen. In dieser Welt gibt es ehrliche Lügner und wahrheitsliebende Diebe. Wenn wir ehrlich sein wollen, dürfen wir weder das Geld anderer stehlen noch gewisse unverletzli-

che Regeln missachten. Wenn man die Frau seines Freundes verführt, kann man sich schlecht als ehrenwerten Mann bezeichnen, man beraubt ihn eines Wertes, den er mehr als Geld oder vielleicht sogar mehr als sein eigenes Leben schätzt, und wenn man ihn nicht der Liebe beraubt, so nimmt man ihm doch die Ehre. Heute gibt es in der Welt ein langes graues Band, das wir Schein-Redlichkeit nennen können; es ist weder das weiße Band der Ehrlichkeit noch das schwarze des Diebstahls, es ist vielmehr eine weitgehende Vermischung beider, was man auch mit Bestechung, unverdienten Vorrechten, Betrug oder, wie es im täglichen Sprachgebrauch heißt, ›der Wahrheit etwas nachhelfen‹ bezeichnen kann. Um die Verderbtheit, die man unter diese Begriffe fassen kann, zu zeigen, müsste man ein dickes Buch schreiben. Ob man sich in eine Position einkauft, sich eine Gunst sichert, durch Bestechung einen Auftrag in sein Geschäft fließen lässt, ob man sich bei einem anderen durch ein Geschenk einschmeichelt und diesen damit verpflichtet, einem eine Gunst zu erweisen, oder jemandem Schmiergelder zahlt, der darauf aufmerksam machte, dass mit mehr Geschenken mehr zu machen sei – oder um es anders auszudrücken: Bestechung im wahrsten Sinne des Wortes – nie kann dies redlich sein, weil es in neun von zehn Fällen bedeutet, dass man sich etwas verschafft, worauf ein anderer ein größeres Anrecht gehabt hätte. Selbst wenn man beim zehnten Fall erhält, was einem zusteht; aber wenn man diese Methoden anwendet, so ist man doch unehrlich. Es mag deinem Bankkonto guttun, für den Charakter aber ist es schädlich: man kommt dadurch vielleicht mit mehr irdischen Gütern durch das Leben, aber bestimmt nicht mit mehr Achtung vor seiner eigenen Anständigkeit. Da wir alles Geld und Gut zurücklassen müssen, wenn wir sterben, so ist es besser, uns beizeiten um das zu kümmern, was wir mitnehmen können, und was uns für immer gehört: unser eigener Charakter.

Ein anderer wesentlicher Charakterzug ist Aufrichtigkeit. Wir können wahrheitsliebende und redliche Menschen sein, und dennoch brauchen wir keinen aufrichtigen Charakter zu besitzen. Der aufrichtige Mensch zeichnet sich durch etwas Strahlendes und Zuverlässiges aus, etwas, von dem wir unwillkürlich wünschten, es gäbe mehr davon in dieser Welt: ein Mensch, dessen Worte gut sind, dem man vertrauen darf, der nichts Gemeines und Geheimes tun würde, wäre die Versuchung auch noch so groß.

20 Ein weiterer, lobenswerter, aber viel zu seltener Charakterzug ist die Zuverlässigkeit. Es ist erstaunlich, wie wenige Menschen tun, was sie sagen, die sich an ihr Versprechen halten oder pünktlich und genau ihren Verpflichtungen als Glied der menschlichen Gemeinschaft nachkommen. Zuverlässigkeit schließt nicht nur Stärke ein, sondern sie bringt sie hervor. Alle Gedanken, Stunden und Kräfte werden in *einen* Kanal gelenkt, alles auf *einen* bestimmten Punkt gerichtet – sei es nun, dass wir eine Verabredung oder ein Ziel, wie Französisch zu lernen, haben – auf dieses Ziel arbeiten wir hin, bis wir es erreicht haben. Das vermittelt uns das Gefühl der Erfüllung, des Selbstvertrauens und der Selbstachtung: »Ich sagte nicht nur, dass ich es tun würde, sondern ich habe auch den Zeitplan eingehalten und es vollständig und gründlich durchgeführt!« Die innere Belohnung für den einzelnen ist ein Gefühl der Stärke und Zufriedenheit. Von seiner Umwelt empfängt er dafür nicht nur größere Achtung und Bewunderung, sondern auch Dankbarkeit und einen reicheren Lebensstrom. Wenn er sich zum Ziel setzt, Französisch zu lernen, und es wahr macht, werden seine Fähigkeiten vergrößert, seine Aufnahmefähigkeit nimmt zu und sein Geist weitet sich. Wenn er in seinem Geschäftsgebaren Zuverlässigkeit gezeigt hat, so hat er einen Aktivposten auf seiner Seite, der nicht hoch genug in Rechnung gestellt werden kann. Wenn er in seinen persönlichen Angelegenheiten Pünktlichkeit, Verantwortlichkeit und Verlässlichkeit aufweist, so bedeutet er eine Bereicherung für seine Freunde und Verwandten und ist ein Hort der Stärke für seine Familie.

21 Dies alles sind die gediegenen und obersten Erfordernisse des Charakters. Sie können auch als ›kalte‹ Tugenden bezeichnet werden, denn sie sind, obgleich wesentlich, doch für die Bildung eines edlen menschlichen Wesens unzureichend. Hierfür bedarf es noch der ›warmen‹ Tugenden. Die erste ist Güte. Wenn wir die anderen mit dem Licht vergleichen, so ist sie der Regen, der erfrischt und Leben spendet und alles unterschiedslos reinigt und segnet. Der bisher gezeichnete Mensch ist wahrheitsliebend, ehrlich, aufrichtig und zuverlässig, aber er kann auch hartherzig, kalt, gleichgültig gegenüber den Leiden

anderer, geizig, unfreundlich und tadelnswert im Denken sein. Er ist wie eine Marmorstatue: vollkommen, aber leblos. Wärme muss sein Herz und seine Adern durchpulsen, sein Körper muss die Farbe des Lebens tragen, sein Puls muss schlagen und seine Glieder sich bewegen, sonst fehlt Güte.

Schon das bloße Wort ›Güte‹ klingt unseren Ohren angenehm, denn es ist so viel Gutes darin einbegriffen. Es erleichtert unsere Last und erhellt unser dunkles Leben, denn es setzt sich aus vielen edlen Bestandteilen zusammen: einmal ist es die Verkörperung des Mitleids oder des Mitgefühls, dann wieder der Liebe oder Gerechtigkeit – Güte kann aus so vielen Quellen unserer Seele entspringen. Manchmal sind wir gütig, weil wir glücklich sind oder weil unser Herz gebrochen ist, manchmal weil wir es für unsere Pflicht halten oder weil wir die Güte als unser größtes Vorrecht ansehen. Güte offenbart sich auf tausenderlei Weise. So mag es Güte sein, irgendetwas zu unterlassen, nicht über die Albernheit des anderen, die Torheit der Jugend oder die feierliche Lächerlichkeit der kindlichen Handlung oder Sprache zu lachen oder die Missgestalt oder Verlegenheit eines weniger Glücklichen zu bemerken. Ein anderes Mal ist es Güte zu loben, zu ermutigen und tapfer zu sein. Manchmal können wir durch ein Lächeln, durch ein Wort oder eine Tat Güte erzeigen. Wir können sicher sein, dass das kleinste Stückchen Güte, das wir in dieser Welt spenden, ganz gleich wie groß die Wohltaten, die es auslöst, sein mögen, uns selbst mehr hilft als irgendeinem andern. Unsere Güte löst in uns geistige Fermente – um einen Ausdruck aus der Medizin zu gebrauchen –, die uns helfen, unser eigenes hartes Wesen zu durchdringen. Unsere Selbstsucht und Habgier, unsere Vorurteile und Hemmungen werden günstig beeinflusst durch die Güte, die wir anderen erzeigen.

Zur Güte müssen jene zarten Tugenden hinzugefügt werden, die den Menschen am meisten adeln: Mitgefühl, Mitleid, Verständnis, Vergebung und Großmut. Wir tun alle mehr oder weniger das Falsche, sei es im großen oder im kleinen, weil wir unvollkommen sind. Das Falsche schließt die Notwendigkeit der Bestrafung ein. Um die Strafe zu vermeiden oder zu verhindern, brauchen wir Vergebung. Daher heißt es auch im Vaterunser: »*Vergib uns unsere Schuld, wie wir vergeben unseren Schuldigern.*«[2] Wenn wir auf Vergebung von Gott, dem himmlischen Vater, hoffen, müssen wir die Ernsthaftigkeit unserer Hoffnung dadurch beweisen, dass wir unseren Peinigern und Schuldnern auf dieser Erde vergeben. Schon im bloßen Wort ›Vergebung‹ liegt die Gnadenhandlung beschlossen. Wenn wir barmherzig sind, wird Gott uns gnädig sein, weil Er sieht, dass wir in Liebe und Geduld miteinander verkehren. Er wird mit unserer geistigen Entwicklung zufrieden sein und uns belohnen, indem Er bei unseren Fehlern und Irrtümern Nachsicht und Geduld übt.

Wenn wir anderen helfen wollen, müssen wir uns bemühen, ihre Lage zu verstehen und ihre Schwierigkeiten, Schwächen und Beweggründe zu begreifen. Intoleranz wird keine Probleme lösen; wir müssen vielmehr wie ein kluger Arzt auf die Symptome achten, um die Krankheit feststellen zu können. Wie wenig Verständnis zeigen heute die Menschen im Umgang mit anderen. Es ist, als sei eine Seuche der Herzensverhärtung (von der Verhärtung des Geistes ganz zu schweigen) ausgebrochen. Die Nationen versuchen keineswegs, die Probleme anderer zu verstehen; das gleiche gilt für die Rassen und verschiedenen Klassen. Sie sind viel zu beschäftigt, sich gegenseitig zu tadeln, um einhalten zu können und auf die Leidensgeschichte des anderen zu hören. Die gleiche Untugend finden wir auch im Leben des Einzelnen. Anstatt einander offenherzig zu begegnen, haben wir alle entweder einen fertigen Plan, um den anderen auszunützen, oder wir sind so gegen ihn voreingenommen, dass wir uns weigern, auch nur ein Wort von ihm anzuhören. Diese lächerliche geistige Einstellung finden wir in allen unseren Beziehungen: die Eltern zu ihren Kindern und umgekehrt, der Arbeitgeber zu seinen Angestellten und umgekehrt, die Armen zu den Reichen und die Reichen zu den Armen usf. bis ins Unendliche. Es ist das genaue Gegenteil einer wissenschaftlichen Annäherung an das Leben. Der Wissenschaftler kann es sich nicht leisten, Vorurteile zu hegen, denn wenn er sie hat, kommt er von der richtigen Fährte ab, er verfehlt das Wesentliche und vergeudet seine wertvolle Zeit, indem er einer Illusion nachjagt. Er muss stets aufgeschlossen sein und sich für die Tatsachen, die ihm durch das Problem an die Hand gegeben sind, interessieren. Warum sollten nicht auch wir es untereinander in der gleichen erleuchteten, unparteiischen und verstehenden Weise versuchen? Dann erst können wir zum wahren Problem vorstoßen und einander wirklich helfen. Einige Menschen scheinen weder Mitleid noch Mitgefühl zu besitzen (wobei ich an normale Menschen, nicht an Verbrecher denke), ja, sie sind noch stolz darauf, dass sie ohne diese Zeichen der ›Schwäche‹ auskommen. Sie haben die Einstellung, dass es einzig und allein die Schuld des anderen sei, und dass er mit seinem Leiden nur für seine Sünden, seine Dummheit und Torheit zahle. Mit anderen Worten: jene Menschen sind von der schlimmsten Krankheit, der Selbstgerechtigkeit, befallen. Wir alle haben schon diese unverbesserlichen Menschen getroffen, manchmal sind sie Atheisten, manchmal fanatische Frömmler. Aber sie alle sind äußerst unglücklich, weil ihr Geist den Zustand der Stagnation erreicht hat. Wenn sie nicht an Mitgefühl und Mitleid anderen gegenüber glauben, so bedeutet dies natürlich auch, dass sie glauben, selbst auf diese Tugenden verzichten zu können. Niemand aber kann dieses Risiko auf sich nehmen. Niemand weiß, ob er nicht eines Tages doch so tief sinkt, um das Mitleid anderer in Anspruch nehmen zu müssen, oder ob er nicht unerwartet vom Schicksal geschlagen wird, so dass er den Trost des Mitgefühls seiner Mitmenschen braucht. In dem Augenblick, in dem ein Mensch glaubt, er komme ohne Mitleid oder Mitgefühl aus, braucht er beides, weil er die Tür zu seiner eigenen Entwicklung zugeschlagen hat. Wenn er nicht einmal genug Vorstellungskraft besitzt, um zu erkennen, dass ihn irgendetwas befallen oder er plötzlich von seinen luftigen Höhen herabgerissen werden kann, dann ist er wirklich in Gefahr, weil er nicht mehr auf diese achtet. Gefahr und Leben aber gehen Hand in Hand – innere und äußere Gefahren. Wenn wir nicht vorwärtsschreiten, gehen wir wahrscheinlich rückwärts. Ein selbstzufriedener Mensch glaubt, dass er allen nötigen Fortschritt gemacht habe, deshalb hat er bereits begonnen zurückzugleiten: dies aber bedeutet Scheitern, und nun braucht er Mitleid und Mitgefühl, damit sich sein verwundeter Geist wieder aufrichten kann.

Großzügigkeit ist eine andere Tugend des Menschen, die er erstreben sollte. Seltsamerweise sind meist die Armen großzügiger als die Reichen. Da sie selbst wenig besitzen, wissen sie, dass schon Geringes Freude bereiten kann; da sie mehr leiden, erkennen sie eher, wie andere leiden, und sie geben ihr Scherflein, um das Elend zu lindern. Geben ist ein schönes Gefühl, vor allem wenn wir es pflegen.

Dadurch erkennen wir oft, dass der materielle Wert, den wir dahingegeben haben, um jemand anderem zu helfen oder ihm eine Freude zu machen, durch ein viel befriedigenderes geistiges Gut ersetzt wurde. Das Herz wird dadurch erleichtert und erhoben, und wie die Natur den luftleeren Raum sofort wieder auffüllt, so ist es auch mit unserer Gabe: wenn sie eine wirkliche Gabe und kein Geschenk von der Sorte: »Ich habe deine Hand gewaschen, jetzt wasche du meine« war, dann wird sie uns als Zufriedenheit, Reife oder Besserung unseres eigenen Charakters zurückgezahlt.

26 Wenn wir sehen, was für die charakterliche Gesundheit notwendig ist, dürfen wir auch zwei andere wichtige Faktoren nicht unbeachtet lassen. Der eine ist Höflichkeit, der andere der vorsichtige Gebrauch unserer Zunge. Es wurde einmal gesagt, dass Manieren die kleinen Freundlichkeiten unseres Lebens seien. Alle Dinge werden schöner, wenn sie noch den letzten Schliff erhalten; Edelsteine werden zuerst geschliffen und dann poliert, Möbel werden gehobelt und später gebeizt und lackiert, Kleider werden zugeschnitten, genäht und anschließend hübsch eingesäumt und verziert, das Haus wird gebaut, und dann wird das Fachwerk noch gestrichen. Unserem Charakter gibt Höflichkeit diesen letzten Schliff, sie verschönt und glättet unser Verhältnis zu anderen und gestaltet alles angenehmer. Keiner liebt raue Kanten oder sieht gern ein schön gearbeitetes Stück ohne die vollendende Meisterhand. So ist es auch beim Menschen. Ein schöner, anständiger und freundlicher Charakter kann dennoch unhöflich, rücksichtslos in kleinen Dingen und ungeschlacht sein. Es wäre so viel angenehmer – das fühlen wir alle – wenn dieser Mensch seine rauen Ecken, die uns auf die Nerven gehen und die uns aufregen, abschleifen würde, in seiner Entwicklung voranginge und seine eigene Persönlichkeit stärker bearbeiten würde.

27 Heute gibt es vor allem unter jungen Menschen eine sehr seltsame Einstellung. Sie glauben, dass Rohheit, Unverschämtheit und ein saloppes Gebaren modern und ein Zeichen von Überlegenheit sei. Und doch würden sich diese jungen Menschen weder für modern noch überlegen halten, wenn sie nach dem Essen ihre öligen Finger an ihren Kleidern abwischten, ihr Haar wie eine schmutzige, verfilzte Masse voll kleiner Einwohner ließen oder auf den Teppich im Zimmer

38

spuckten. Schon die bloße Vorstellung empört unser Gemüt, und sie nur zu erwähnen, ist schon scheußlich; und doch hören alle gern auf zweifelhafte Geschichten und sind grob, unhöflich und rücksichtslos. Wie eigenartig mutet es uns heute an, dass früher Menschen, selbst von hoher Abkunft, mit den Fingern aßen, selten badeten und sogar noch seltener ihre großartigen Pelze und Samtgewänder reinigten und dabei mit Ungeziefer aller Art herumliefen. Trotzdem waren sie galant, höflich und achteten das Alter, die Schwachen und Gebrochenen. Dies sind Eigenschaften, die unter ihren Nachkommen, die sich so sehr der Fortschritte der Zivilisation rühmen, sehr selten gefunden werden.

Es würde sich lohnen, nicht nur einige unserer alltäglichen Handlungen, die anderen das Leben erschweren und uns unbeliebt machen, festzuhalten, sondern auch die, die einen wirklichen Mangel in unseren menschlichen Gefühlen aufzeigen. Schwingst du große Reden? Musst du immer das letzte Wort haben? Wenn ja, siehst du nicht, dass es ein Zeichen deines stagnierenden Charakters ist? Du machst keine Fortschritte, du trittst nur Wasser. Wenn du dich und deine Ansichten für so wertvoll hältst, dass du fortwährend auf dem gleichen Gesprächsgegenstand herumkauen musst, dann empfängst du nichts von anderen, dann hörst du auf, wissbegierig, aufgeweckt und lebhaft zu sein, und du wirst zum ermüdendsten menschlichen Wesen – du bist ein unerträglicher Schwätzer. Du kannst in Wirklichkeit ganz nett sein, gib dir selbst die Gelegenheit und höre auf, andere durch deine Ichbezogenheit zu reizen.

Gehörst du auch zu jenen Alten, die bei jeder Gelegenheit abschätzig und ungeduldig über die Meinung junger Leute schimpfen, die glauben, dass es keinem unter 30 vergönnt sei, irgendeinen wesentlichen Beitrag zur Gesellschaft oder deinem Geist zu leisten? Warst du vielleicht niemals jung? Seit wann ist Weisheit gleichbedeutend mit Alter? Sei ein wenig bescheidener! Denke daran, dass alle Staatsmänner und Politiker, die die Welt fehlgeleitet haben, meist über 30 Jahre alt waren!

Gehörst du auch zu jenen forschen Jungen, die glauben, dass alle über 30 – ja schon über 25 – verknöchert sind und dass es sich nicht lohnt, ihnen zuzuhören? Meinst du auch, dass deine Gefühle, deine

39

ultra-modernen Ansichten, deine Interessen das alleinige Kennzeichen des Fortschritts seien und alles andere eine Verkörperung der Vergreisung? Denke ein wenig nach. In wenigen Jahren wirst du genauso alt sein. Glaubst du, dass dich dann auch deine ganze Intelligenz verlassen wird und dass du dich von der Gesellschaft als ein nutzloses Wrack zurückziehen solltest, oder hoffst du, dass dein gegenwärtiger Glanz auch noch einige Zeit zunehmen werde? Sei nicht so arrogant! Wenn du die Tugenden der Jugend besitzt: Mut, Aufgewecktheit, Aufgeschlossenheit und einen weniger reaktionären Geist, so musst du zugeben, dass auch das Alter sein Gutes hat: Erfahrung, Ausgewogenheit, Toleranz und Vorsicht. Die Welt braucht beides. Versuche nicht so oft deiner Großmutter beizubringen, wie man Eier isst!

Neigst du dazu zu verspotten und zu schmälern, was du nicht besitzt? Wenn ja, ist es ein Zeichen von Minderwertigkeitskomplexen. Wenn du höfliche Leute als Angeber, geschmackvoll gekleidete Menschen als irdisch gesinnt und rücksichtsvolle Menschen als ›Speichellecker‹ abtust, dann bist du wahrscheinlich unhöflich, nachlässig gekleidet und rücksichtslos. Wie wäre es mit einem Wandel? Nichts hindert dich daran, diese Tugenden zu erwerben, die deinen Charakter um Anmut, Charme und Wärme bereichern und dich anderen teuer machen. Wenn du in jemand anderem etwas Gutes siehst, eigne es dir an, denn diese wunderbaren Eigenschaften kosten nichts. Arbeite an dir und runde deinen Charakter ab! Die Natur ist die große ausgleichende Macht, lerne von ihr. Wenn dir etwas fehlt, oder du in irgendeiner Hinsicht gehemmt bist, überwinde es. Wenn du ein schlechtes Elternhaus hattest oder in niedriger Umgebung aufgewachsen bist, fördere deine Anlagen, denn einige besitzt du bestimmt, und mache aus deinem ursprünglichen Nachteil etwas Positives. Wenn du hässlich oder hausbacken bist, dann sei geistreich, intelligent, gutgelaunt, mitfühlend und verbindlich. Wenn du ein Krüppel bist, vergiss es, und lass deine anderen guten Eigenschaften so leuchten, dass sie deine Missgestalt einzig und allein zum Unterscheidungsmerkmal, ja zum Grund der Bewunderung werden lassen. Einer der edelsten Menschen, die ich kannte, war ein kleiner Buckliger. Nicht nur sein Rücken und seine Schultern waren missgestaltet, sondern er besaß auch das Ge-

40

sicht eines Buckligen. Er war so vergnügt, anziehend und intelligent, dass ihn jeder liebte. Der Beweis dafür war seine große, gut gebaute Frau, seine zwei sehr hübschen Kinder und die Tatsache, dass er später, als diese Kinder erwachsen und er ein Mann über 50 war, eine zweite sehr nette Frau heiratete. Er hatte alle seine geistigen und seelischen Gaben so gepflegt, dass sein missgestalter Körper, ohne ihn zu benachteiligen, allen teuer war. Man hätte ihn sich nicht anders vorstellen können und niemand hätte ihn in anderer Gestalt sehen mögen.

Saure Gesichter! Wer sieht gerne saure Gesichter? Böse Gesinnung? Zorn? Sicherlich liebst du diese Eigenschaften nicht; aber dann solltest du auch deine Mitmenschen davor bewahren, diese Züge in deinem Gesicht täglich sehen zu müssen. Die Menschen schauen böse drein, weil sie krank, unzufrieden oder aufgebracht sind. Aber dagegen gibt es Mittel. Wenn du krank bist, versuche dir zu helfen und darüber hinwegzukommen – inzwischen schadet dir die kleine extra Kraftanstrengung, den unfreundlichen Ausdruck deines Gesichtes zu beseitigen, bestimmt nichts, sie tut dir nur gut. Wenn du nämlich versuchst, ein wenig freundlicher auszusehen, wirst du vielleicht auch ein bisschen vergnügter. Denke daran, dass uns das Leben meist nur das auszahlt, was wir in es hineingesteckt haben. Außer den wenigen Menschen, die auf dich um deiner selbst willen schauen, wirst du niemanden finden, der gern dein unfreundliches Gesicht betrachtet. Das beste Mittel gegen die Unzufriedenheit ist Dankbarkeit. Um Dankbarkeit zu fühlen, denk an die, die noch schlechter daran sind als du – es gibt viele davon. Die Kur bei einem zornigen Blick ist schwieriger. Wenn du zornig bist, bist du es gewöhnlich durch und durch und keinen Vernunftgründen zugänglich. Vielleicht solltest du versuchen, über dich selbst zu lachen. Wenn du von Natur aus rechtlich denkend bist, so musst du zugeben, dass es nicht gerecht und schön ist, das Gift deines Zornes durch deine wütenden Blicke auf die, die nicht im geringsten etwas damit zu tun haben, auszuschütten. Heute leben wir in einer sehr gejagten, müden und besorgten Welt. Wenn unsere Augen auf ein ruhiges und lächelndes Gesicht fallen, werden wir selbst besänftigt, wenn auch wenig. Nun versuche du dein Leben und das deiner Mitmenschen durch einen anständigen und menschlichen Gesichtsausdruck zu erleichtern.

41

33 Ich selbst kenne ein gutes Beispiel für die Überheblichkeit und freche Unverschämtheit, derer wir uns so gern im Verkehr untereinander schuldig machen. Als ich einmal in fremden Ländern reiste, traf ich einen buntgekleideten Wilden, der unter einem Baum mit seinen Bekannten eine Art Dame spielte. Ich ruhte nicht eher, bis ich jemanden gefunden hatte, der ihn dazu brachte, aufzustehen und in das Sonnenlicht zu gehen, damit ich ihn fotografieren konnte. Zuerst weigerte er sich, nach langem Reden stand er endlich gutmütig auf, ich fotografierte ihn und ging mit meiner wertvollen Trophäe davon. Als ich das entwickelte Bild ein wenig später mit Freude betrachtete, erkannte ich plötzlich, wie ungemein überheblich und unfreundlich ich gewesen war. Was hätte ich wohl getan, wenn ich im Garten (nicht im Zoo oder Zirkus) zusammen mit einigen Freunden gesessen hätte und wir ruhig und ganz für uns ein Spiel gespielt hätten und irgendein Fremder wäre gekommen und hätte darauf bestanden, dass ich aufstehe und in die Sonne gehe, damit er mich fotografieren könne? Bestimmt hätte ich sofort die Polizei geholt! Dennoch glaubte ich hier, gleich vielen anderen Touristen, ein Recht zu haben, dies mit einem andern Menschen machen zu dürfen, weil er von anderer Rasse und ich weit von zu Hause weg war. Ich erschrak, als ich die Reaktion des Wilden mit meiner eigenen im gleichen Falle verglich, und ich erkannte, dass die weiße Rasse, vor allem der angelsächsische Zweig, die unhöflichste Rasse der ganzen Welt überhaupt ist.

34 Mehr Menschen sollten auch über das Benehmen nachdenken. Dies ist der letzte Schliff, durch den wir uns zweifellos von der Stufe eines Affen unterscheiden. Ein Besuch im Affenhaus lehrt uns sehr viel: dort sitzen unsere entfernten anatomischen Verwandten, Reihe an Reihe, und verbringen ihre Zeit mit Kratzen, Körperuntersuchung, Flöhefangen und meistens mit lautem Geschrei. Die großen Kerle, die Orang-Utans, die Schimpansen und Gorillas benehmen sich weit vornehmer. Es tut mir leid, aber ich glaube, dass die Menschen in ihrem Benehmen mehr den kleinen als den großen Affen ähneln. Der springende Punkt ist, dass wir uns nicht nur durch unser Denken, unsere Zivilisation und unsere Lebensart vom Tier unterscheiden. Dazu muss noch ein letzter, vollendender Pinselstrich getan werden, der sich in das Wort ›gutes Benehmen‹ fassen lässt und der treffend mit ›Er ist

42

ein Herr‹ oder ›Sie ist eine Dame‹ gekennzeichnet wird. Hierfür können wir die erste Lektion von den Äffchen lernen: Schau, was sie tun, und mache es ihnen nicht nach! Eines der ersten Dinge, die eine Mutter ihrem Kinde beibringt, ist:»Wenn du mit anderen Leuten zusammen bist, nimm deine Hände aus den Taschen!« Beobachte den weißgesichtigen Herrn Gibbon und Frau Pavian: sie schnappen und grapsen nach allem. Moral: schnappe und grapse nicht! Höre sie an: ihre Stimmen überschlagen sich. Moral: brülle und schreie nicht mit anderen Leuten! Die Erwähnung solcher Dinge erscheint uns vielleicht beleidigend, oder wir denken, dass wir uns nicht solche Selbstverständlichkeiten sagen zu lassen brauchen, aber ich glaube, wir haben es doch nötig. Wir sollten alle ein wenig darüber nachdenken: häufig wird das Anderen-vor-der-Nase-Wegschnappen, das Schreien, Türeschlagen und Kratzen von Erwachsenen, die es besser wissen sollten, begangen. Wenn sie es nicht besser wissen, sollten sie es aus Selbstachtung lernen. – Bildung ist kein Vorrecht der wohlhabenden Klasse, obwohl es natürlich leichter ist, sich diese anzueignen, wenn man mehr Diener, Zeit, Angestellte und ein schönes Heim hat. Aber Bildung kann von jedem erworben werden, dessen Lebensstandard einigermaßen gesichert ist. Jene viel zu zahlreichen Unglücklichen, denen Bildung ein rotes Tuch ist, weil sie arm und überanstrengt sind, müssen durch soziale und wirtschaftliche Reformen und Regierungsprogramme unterstützt werden, damit auch ihnen die Möglichkeit gegeben ist, diese letzte menschliche Auszeichnung zu erwerben.

Die Zunge des Menschen ist eine starke Waffe: durch sie wurden Nationen aufgebaut und wieder zerstört, denn die Sprache des Menschen ist eine seiner größten Errungenschaften; sie ist wie ein zweischneidiges Schwert, das auf beiden Seiten schneiden kann. Wir müssen uns hüten, eine so mächtige Waffe zu missbrauchen. Wie leicht und oft und ohne bösartig sein zu wollen, zerstören wir das Leben eines anderen durch unüberlegtes Geschwätz, Gerüchteverbreiten und Kritik. Wir hüten uns vor dem Stehlen und Lügen, aber selten hüten wir unsere Zunge vor Verleumdung. Aber gedankenlos oder vorschnell geäußerte Worte entzünden zwischen den Nationen Kriege, und die gleichermaßen törichten Worte des Einzelmenschen können, ohne im geringsten auf Wahrheit gegründet zu sein, den Ruf eines

Menschen oder Freundschaft zerstören, eine Ehe zerrütten, einen Bruch in der Familie heraufbeschwören oder eine Laufbahn schädigen. Die tugendhaftesten und harmlosesten Menschen scheinen oft am meisten von dieser üblen Angewohnheit des Geschwätzes und der Verleumdung befallen zu sein. Diese wunderbare Gabe, unsere Sprache, wurde uns nicht als Mittel zur mutwilligen Zerstörung gegeben, wie auch unser Geist nicht zum Instrument des Verbrechens und der Verderbtheit und unser Herz nicht zum Kraftwerk des Hasses und der Begierde geschaffen wurden.

4. Liebe und Ehe

Wir als Individuen sind keine abgesonderten Erscheinungen. Unser Leben fußt auf Beziehungen zu anderen Individuen; unabhängig voneinander ist keine Vollendung möglich. Da wir von Natur aus eine gesellig lebende Gattung sind – wie Bienen, Ameisen und die in Herden ziehenden Tiere – kann nicht jeder sein eigenes Wesen als abgetrenntes einzelnes entwickeln. Priester, Sufis und Fakire, die ihr Leben in unermüdlicher Suche nach einem rein persönlichen Erlösungsweg oder der Reifung und Vollendung ihres eigenen Ichs verbringen, indem sie den Gütern dieser Welt entsagen oder sich Bußübungen und Selbstkasteiungen unterziehen, bewegen sich in der falschen Richtung. Sie wollen gegen den Strom des Lebens schwimmen, denn der Fortschritt ergibt sich bei Individuen, die irgendeiner gesellig lebenden Gattung angehören, in Gegenseitigkeit, Zusammenwirken, Wettstreit, Ansporn und durch das fördernde Beispiel. Daher verläuft ein langes Stück unseres Weges zur persönlichen Vollendung zwangsläufig gemeinsam mit dem Leben derer, mit denen wir in Berührung kommen. Je nachdem, wie wir sie behandeln, wie unsere Reaktion auf sie ist, wird unser eigenes Wesen beeindruckt und zum Besseren oder Schlechteren beeinflusst werden.

Die Welt entwickelt sich durch Vermehrung: Zellen teilen sich und wachsen, andere vereinigen sich und zeugen neue. Der Mensch und alle übrigen Formen des Lebens pflanzen sich fort. Die Grundbeziehungen des menschlichen Lebens liegen daher in der Familie. Wie groß auch Freundschaft sein mag, sie bildet doch nicht die Grundlage der Gesellschaft – die Grundlage ist vielmehr die Ehe. Mann und Frau sind die ursprüngliche Einheit, um sie sammeln sich die weiteren Kreise der Kinder, Verwandten und Bekannten. Deshalb ist im Leben des Einzelnen eines der wichtigsten Dinge sein Verhältnis zum ande-

45

ren Geschlecht. Die Menschen wussten immer, wie wichtig dies ist, aber niemals hatte es in der Öffentlichkeit solche Bedeutung erlangt wie heute. Die zivilisierte Welt schwelgt im Geschlechtsbewusstsein, erotischer Zügellosigkeit, Literatur und Reizmitteln. Trotz des außerordentlichen Nachdruckes, der darauf gelegt wird, scheint die Lösung der damit entstandenen Probleme noch nicht gefunden zu sein, im Gegenteil, sie verstärken sich in einem solchen Maße, dass jetzt schon Voraussagen behaupten, dass in den Vereinigten Staaten im Jahre 1965 die Hälfte der Ehen geschieden werden wird. Ein Autor spricht es so aus: »Die Erziehung läuft mit dem Chaos um die Wette!« Ehescheidungen nehmen in einem ungeheuren Maße zu; die Häufigkeit der Geschlechtskrankheiten steigt trotz der besten Heilmittel stetig an; die Geburtenzahl vieler großer Nationen fällt; moralische Entartung nimmt zu; und noch schlimmer, Zügellosigkeit und Gemeinschaftsehen dringen in immer jüngere Altersgruppen. Etwas ist offensichtlich falsch, völlig falsch hinsichtlich unserer Gesellschaft und der Haltung des Einzelnen. Wir wenden uns anscheinend gegen die Gesetze, denn wenn wir mit ihnen gingen, würden die erwähnten Übel abund nicht zunehmen.

Man kann, grob gesprochen, drei Arten von Ehen unterscheiden: eine hauptsächlich im Nahen und Fernen Osten, wo die Ehe nicht nur als eine notwendige gesellschaftliche Verpflichtung der Gemeinschaft gegenüber angesehen wird, sondern auch als eine verbindliche Familienangelegenheit, die in erster Linie von den Eltern entschieden wird. Eine andere ist die mehr oder weniger europäische Haltung, die als eine für das richtige Funktionieren der Gesellschaft notwendige und wesentliche Beziehung angesehen wird, die philosophisch erkannt und zum größtmöglichen Vorteil aller ausgerichtet werden sollte, ohne zu viel persönliche Romantik erwarten zu lassen – einer Romantik, die man auch anderwärts finden kann, wenn es unbedingt notwendig ist. Die dritte Art der Ehe könnte man als die ultra-amerikanische bezeichnen; sie ist ausgesprochen individuell, idealistisch und romantisch und wird geprägt durch das, was man ›Liebe‹ nennt. Man glaubt, dass das höchste Glück nicht nur durch die Ehe zu erreichen sei, sondern dass man auch, wenn es dort nicht zu erlangen ist, die Ehe trennen und unbegrenzt neue Partner suchen könne. Wenn die romanti-

46

sche Seite nicht zufriedenstellend ist, glaubt man, diese Verbindung habe gänzlich ihren Zweck verfehlt und müsse über Bord geworfen werden.

Dies sind jedoch Verallgemeinerungen, und sie sollten auch als solche angesehen werden. Überall gibt es Ausnahmen, und jede Ehe sollte einzeln betrachtet werden. Aber die Tatsache, dass es dazu drei Grundeinstellungen gibt, bleibt: Der Orientale, der keine hochfliegenden Erwartungen hegt, vollkommene Liebe oder irgendeine andere Art idealer Beziehung in dieser Gemeinschaft zu finden, und der in der Ehe eine Lebensnotwendigkeit sieht, wodurch er in Ehren seinen Namen verewigen und seinen Beitrag zum Fortleben der Gesellschaft leisten kann. Der Europäer (ein besserer Ausdruck fehlt mir), der sich ebenfalls wenig Illusionen über ein ideales Lebensglück in der Ehe macht, der in seiner Wahl freier und doch ans Althergebrachte gebunden ist, der eine hohe Achtung vor dem Familienleben als solchem hat, aber der dennoch nicht abgeneigt ist, sein Vergnügen irgendwo anders zu suchen. Der Amerikaner erwartet viel zu viel Gewinn aus der Ehe, wobei er sich seinerseits viel zu wenig Mühe geben will. Er fasst sie viel zu individualistisch auf, beachtet den Rat seiner Eltern zu wenig und lässt sich vorschnell scheiden.

Es ist unwahrscheinlich, dass das eheliche Glück in Amerika größer als, sagen wir, in Siam ist. Wir sind sicher überrascht, dass bei den als ›unentwickelt‹ angesehenen Völkern mehr wirkliches Glück und Harmonie zu finden ist als bei uns, da sie eine viel klügere und normalere Einstellung zur Ehe haben als wir. Ein unreifer und ungesunder Charakter kann in einer so innigen Beziehung wie der Ehe unmöglich Glück hervorrufen. Der Orientale erwartet zu wenig von dem Bund, der so große Möglichkeiten in sich schließt, damit das Leben reicher wird und mehr Glück spendet; der Amerikaner dagegen erhofft zu viel, vor allem, weil er seine Erwartungen auf die falschen Werte setzt.

Die Orientalen sehen die Ehe als eine Verbindung an, die Nachkommen hervorbringen soll. Die Amerikaner nehmen die Ehe als Weg zur sexuellen Befriedigung. Je eher die Menschen erkennen, dass der erste Gesichtspunkt auf der Wahrheit und den Naturgesetzen beruht, während der zweite etwas sehr Unbedeutendes überbetont, desto glücklicher werden sie sein.

47

7 Vielleicht kann keine bessere Möglichkeit gefunden werden, gewisse wesentliche Wahrheiten auszusprechen als im Zusammenhang mit einer so bedeutenden Einrichtung, wie es die Ehe ist. Die Welt, in der wir leben, die Empfindungen, die wir hegen, und die von uns entwickelten höheren Fähigkeiten der Wahrnehmung, wie z. B. der ästhetische Genuss der Töne und Farben in Musik und Malerei, sind ohne Ausnahme gute Dinge, und wir haben nicht nur das Recht, sondern, man kann fast sagen, eine Verpflichtung, uns an ihnen zu ergötzen, weil sie ein Teil unseres Geburtsrechtes, das uns von Gott verliehen wurde, sind. Wenn wir denken, es sei heilig oder fromm oder ein Zeichen der Loslösung, die Dinge, die uns das Füllhorn der Natur in so reichem Maße zu unserer Freude ausschüttet, zu missachten, oder dass das Verschmähen dieser uns gebotenen Freuden uns auf den Weg zum Heil bringe, so ist dies ein großes Missverständnis. Alle unsere Sinne sind Tore, die uns nicht nur zu einem volleren Lebensausdruck verhelfen können, sondern auch zu einem besseren Verständnis des Lebens und zu einer höheren Stufe der inneren Entwicklung. Aber wie alle anderen Dinge auch, müssen sie in ihrem eigenen Bereich bleiben und ihre bestimmte Funktion erfüllen.

8 Weil ein Mensch einen guten Geschmacks- und Geruchssinn, ein feines Ohr für Musik, ein Auge, das sich an Symmetrie und Farbe erfreut, besitzt, weil seine Gefühle tief empfunden sind und sein Geist den von Literatur und Wissenschaft vorgezeichneten Wegen mit Verstehen und Entzücken zu folgen vermag, darf man nicht daraus schließen, dass er in Sinnlichkeit verfangen oder ein krasser Materialist ist. Im Gegenteil, es zeigt, dass er seine von Gott verliehenen Fähigkeiten weiterentwickelt hat. Aber in dem Augenblick, in dem er ein ›Feinschmecker‹ wird, indem er nur dem Vergnügen einiger oder aller seiner Sinne lebt, sei es in sexueller, verstandesmäßiger oder anderer Hinsicht, missbraucht er seine Gaben, und er hindert die Entwicklung seiner Seele. Wie die Askese unnatürlich und im Prinzip falsch ist, so ist Zügellosigkeit ebenfalls falsch, ja für die menschliche Natur schädlich. So schlecht Enthaltsamkeit sein mag, das Überschreiten des Maßes in irgendeiner Beziehung ist in seinen Auswirkungen noch schlimmer.

9 Es ist das bekannte Bild vom Reiter und seinem Pferd. Es ist ein wunderbares Gefühl, auf ein feuriges Pferd zu steigen und dahin zu

48

galoppieren. Es ist aber gefährlich, auf ein Pferd zu steigen, das wir nicht beherrschen. Unter den vielen Dingen, über die die Menschen heute die Kontrolle verloren haben, fällt besonders ihre Schwäche in sexuellen Dingen auf. Sie denken, dass die Befriedigung ihrer überentwickelten sexuellen Instinkte ihr unbedingtes Recht, ihr einziger Weg zum Glück und das größte Vergnügen ist, das das Leben ihnen bieten kann. Alles in der westlichen Zivilisation dient dazu, die Sexualität ins Scheinwerferlicht zu stellen: leichte Literatur mit ihrer unbegrenzten Produktion an kitschigen Liebesgeschichten, die Filmindustrie, Moden und Make-up, Annoncen, die Gewohnheiten des täglichen Lebens und die ganze psychologische Atmosphäre der Gesellschaft. Das Schlagwort scheint zu sein:»Du bist da, um sexuelle Befriedigung zu suchen, das ist deine oberste Freiheit, benütze sie!«, und die Menschen nehmen diesen verderblichen Rat blindlings an. Das Ergebnis ist Krankheit, Verworfenheit und Ehescheidung in immer zunehmendem Maße.

Einige Nationen haben eine sogenannte doppelte Moral, andere haben überhaupt keine (es sei denn, wir nennen vollkommene Freiheit eine Moral); einige erklären uneheliche Kinder, ohne Schande für die Mutter, als rechtmäßig; andere haben sogar als Staatspolitik die Geburt unehelicher Kinder begünstigt, um sie durch staatliche Einrichtungen aufziehen zu lassen. Unter solchen Umständen kann die Ehe nur entarten.

Die Behauptung, dass der Mensch wie das Tier seinen ›Instinkten‹ folgen müsse und dass das zu einem gesunden Leben führen würde, ist Unsinn. Menschen sind keine Tiere, und ihre Instinkte sind von denen, die die Tiere antreiben, so sehr verschieden, dass es nicht nur unmöglich ist, ihnen zu folgen, sondern auch gefährlich, es zu versuchen und zu tun. Die Tiere werden durch ihre Instinkte sowohl gezügelt als auch angetrieben. Beim Menschen ist das nicht so. Seine Fähigkeit der freien Entscheidung, des abstrakten Denkens und des verstärkten Gefühlsausdrucks durch die Beeinflussung des Verstandes haben ungeheure Kräfte in ihm hervorgebracht, die beherrscht und gelenkt werden müssen und denen nicht, wie es heute oft der Fall ist, erlaubt werden darf, Amok zu laufen.

Die wahre Zierde des Menschengeistes ist seine Fähigkeit zu lieben. Liebe ist nicht nur die stärkste anziehende Macht in der Gesell-

10

11

12

schaft, sie ist der einzige dauernde Verschmelzer, die einzig mögliche Kraft, die unter den Menschen Einigkeit und durch die Einigkeit eine Ordnung und Atmosphäre hervorzubringen vermag, in der das Leben aufs Höchste und Beste wirken kann. Anziehung der Geschlechter ohne Liebe kann die wahre Stufe des Menschen erniedrigen. Was für das Tier keine Sünde und nur die unschuldige, spontane Erfüllung des Arterhaltungstriebes der Natur ist, wird beim Menschen zur Sünde. Warum? Weil es unter seiner Stufe ist und seine Seele unter die des Tieres erniedrigt; denn er ist sich seiner Handlungen bewusst und sucht darin einen verderbten und rein sinnlichen Genuss. Wenn wir sehen, dass sich verschiedene Tierarten paaren, ohne Nachkommen hervorzubringen, sind wir entsetzt und empört über so wollüstige Zügellosigkeit im Reich der Tiere. Doch die Menschen sind tausendmal schlimmer in der Befriedigung ihrer überentwickelten geschlechtlichen Leidenschaften – aber es scheint für sie kein Grund zur Scham oder Unruhe zu sein! Verständlicherweise sind die Menschen nicht glücklich, und die Ehen nicht befriedigend, und sie zerbrechen. Wenn beide, Körper und Seele, in einer so wichtigen Sache wie der Sexualität, vollständig unbeachtet bleiben – der Körper in dem Sinne, dass er ein Verlangen und eine Zügellosigkeit, die dem Tier unbekannt ist, entwickelt, die Seele in der Weise, dass sie vollkommen vom Geschlechtsleben des Einzelnen ausgeschlossen bleibt – wie können dann die Ehen glücklich sein? Wenn die Ehe, der Grundstein der Gesellschaft, schwankt und nicht ihren Zweck erfüllt, wie können dann die auf ihr beruhenden Beziehungen, z. B. von Eltern zu Kindern, Brüdern zu Schwestern, von Verwandten und Bekannten, befriedigen und ihren angemessenen Beitrag zur Bereicherung des Lebens geben?

Damit kommen wir zum Wesentlichen: der Liebe. Dr. Alexis Carrel, der berühmte Arzt, Forscher und Nobelpreisträger hat die große Bedeutung der Liebe für unsere gegenseitigen Beziehungen zum Ausdruck gebracht: *»Wir haben bis heute noch nicht erkannt, dass Liebe nicht ein Luxus, sondern eine Notwendigkeit ist. Sie ist die einzige Kraft, die Mann, Frau und Kinder zusammenschweißt, der einzige Zement, der die Armen und Reichen, die Starken und Schwachen, Arbeitgeber und Arbeitnehmer zu einer Nation verbinden kann. Wenn wir zu Hause keine Liebe haben, werden wir sie nirgends finden. Liebe ist so* *wichtig wie Intelligenz, Sekretion der Schilddrüse oder Magensaft. Keine menschliche Beziehung ist ohne Liebe vollkommen. Der moralische Befehl: ›Liebet einander!‹[3] ist wohl ein Grundgesetz der Natur, ein Gesetz, so unerbittlich wie das erste Gesetz der Thermodynamik!«[4]*

'Abdu'l-Bahá sagte, indem Er dem gleichen Gedanken entschiedeneren Ausdruck verlieh: 14

»Liebe ist das notwendige Band, das aus der Wirklichkeit der Dinge durch göttliche Schöpfung hervorgeht!
Liebe ist das Mittel zur größten Glückseligkeit in der Welt des Stoffes und der Welt des Geistes!
Liebe ist das Licht der Führung im nächtlichen Dunkel!
Liebe ist das Band zwischen dem Schöpfer und dem Geschöpf in der Welt des Inneren!
Liebe ist die Ursache der Entwicklung für jeden erleuchteten Menschen!
Liebe ist das größte Gesetz in diesem unermesslichen Reich Gottes!
Liebe ist das eine Gesetz, das die Ordnung in den bestehenden Atomen hervorbringt und Macht über sie hat!
Liebe ist die allgemeine magnetische Kraft, die zwischen den Planeten und Sternen wirkt, die am hohen Himmelszelt leuchten!
Liebe ist die Ursache, die den suchenden Sinnen die Geheimnisse enthüllt, die der Unendliche ins All gelegt hat!
Liebe ist der Geist des Lebens im gesegneten Boden der Erde!
Liebe ist der Anlass zur Gesittung der Völker auf dieser vergänglichen Erde!
Liebe ist die höchste Ehre für alle gerechten Völker!«[5]

Warum ist die Liebe so überragend? Weil der Gott, Der uns erschaffen 27
hat, ein liebender Gott ist. Seine Natur durchdringt alles Erschaffene.
Die Kraft, die die Atome aneinander kettet, die unsichtbaren Wirkungen der Anziehungskraft, die die kreisenden Welten zusammenhält, die Anziehungskraft der Materie, die bunten Gesichter der Blüten, die bereit sind, befruchtet zu werden und neues Leben zu bilden, die Vö-

gel, die ihre Nester bauen und umeinander werben, der stattliche Rehbock mit seiner Rehgeiß und seinen Kitzen, der Mann mit Weib und Kind, sie alle sind Widerspiegelungen dieser ersten Eigenschaft des Schöpfers – der Liebe.

28 Vereinen wir Geschlecht und Liebe am gegebenen Ort, dem Daheim, so werden sie zum bleibenden Quell des Glückes und der Stärke werden. Die Anziehungskraft der Geschlechter vermag die Liebe zu mehren, und Liebe kann die Beziehung zwischen den Geschlechtern in einer geistigen Gemeinschaft zur Freude der Seele und des Körpers veredeln.

29 Die Ehe muss in ihrer richtigen Beziehung zum Einzelwesen und zur Gemeinschaft gesehen werden. Man kann eine Sache nicht voll ausschöpfen, wenn man ihre wirkliche Funktion nicht versteht. Wir sollten uns auf die Ehe vor allem wegen der lebenslangen Kameradschaft freuen, die sie bietet. Dein Lebenspartner wird vermutlich alle deine sonstigen nahen Beziehungen überdauern. Deine Eltern werden höchst wahrscheinlich vor dir sterben, deine Kinder aufwachsen und ihre eigenen Wege gehen, deine Brüder, Schwestern und Freunde ihre eigenen engen Lebensbeziehungen finden, die zwangsläufig an die erste Stelle rücken. Aber dein Partner, deine Frau oder dein Mann, wird immer mit dir sein. Freude und Sorge werdet ihr miteinander teilen müssen, das Heim, die Kinder, euer Einkommen und in weitem Maß auch eure Neigungen und Ablenkungen gemeinsam haben. Dies muss euch klar sein, ehe ihr heiratet, und ihr werdet erwägen müssen, ob ihr zusammen durch all das zu eurer Zufriedenheit hindurchgehen könnt.

30 Erwarte nicht zu viel und nicht zu wenig von der Ehe. Wasser kann nicht über seinen eigenen Spiegel steigen, eure Verbindung nicht mehr hervorbringen, als ihr beide dazugebt. Seid ihr voll Unvollkommenheit, unduldsam, ungeduldig, anspruchsvoll, herrschsüchtig, misstrauisch, reizbar oder selbstsüchtig, so glaubt nicht, dass diese Eigenschaften eure Ehe glücklich machen werden oder die Verbindung mit einem anderen Partner besseren Erfolg verspricht. Die Ehe ist wie alle übrigen Beziehungen im Leben ein Vorgang, der u. a. unsere scharfen Ecken abschleift. Der Schleifprozess wird oft wehe tun, die Anpassung an die Art eines anderen ist oft schwer, daher bedarf es

hier mehr der Liebe als bei jeder anderen Beziehung. Liebe, die im Grunde eine göttliche Kraft ist, bindet. Sie überspringt wie ein Funke die Kluft zwischen dem widerstreitenden Denken und Verlangen der Menschen und den vielleicht stark abweichenden Temperamenten. Sie heilt die Wunden, die wir uns alle gegenseitig durch Unachtsamkeit oder in Augenblicken der Unbeherrschtheit, Eifersucht oder des Grolles schlagen. Zur Auswirkung der Liebe tritt in der Ehe allmählich noch ein weiterer starker Einfluss, die Gewöhnung. Das gemeinsame Heim und das tägliche Beisammensein schaffen einen gemeinschaftlichen Rahmen, und die Gewöhnung, eine der stärksten Kräfte im Leben, beginnt die Partner zu verknüpfen. Sie wirkt wundersam festigend und wo gelegentlich die Liebe versagt, mag doch die Gewöhnung stark genug sein, um die Einheit zu bewahren.

Es gibt zwei große Forderungen, die an das Gleichgewicht der Ehe gestellt werden müssen: die der Keuschheit und die der Kinder. Keuschheit – eine der seltensten aller Tugenden in der heutigen Welt – bedeutet, die eigenen, in ihrem Wesen so ganz vertraulichen und deinem Leben so viel Schönheit bietenden Geschlechtskräfte für den Menschen zu bewahren, dem sie zustehen: deinem Lebensgefährten, deinem Ehepartner, mit dem du Heim und Kinder und alles Frohe und Schwere des Lebens teilen willst. Der Anstand, die geistige Sauberkeit der Ehe, das wesentlich Menschliche an ihr, das alles wird tausendfach durch beiderseitige Keuschheit vor der Ehe erhöht. Ihre Aussicht, glücklich zu sein, ist so viel größer, da Mann und Frau das neue Leben, das sie begonnen haben, in jeder Hinsicht miteinander teilen werden. Dann werden keine Vergleiche gezogen, überbetontes Verlangen auf der einen oder anderen Seite kann nicht entwickelt werden und die Harmonie stören, und vor allem werden sie den geschlechtlichen Beziehungen den rechten Platz zuweisen. Anstatt die sinnliche Neigung des einzelnen plötzlich ausschweifen zu lassen (wie das gegenwärtig in so großem Umfang geschieht), wird das Geschlechtsleben seine natürliche Aufgabe erfüllen, das menschliche Dasein abrunden und zu seiner normalen Form und Gesundheit beitragen.

Im Gegensatz zu dem heutigen Geschrei, dass ein Eindämmen des erotischen Begehrens eine Schwächung der Gesundheit und ein Verbrechen an der herrlichen und rechtmäßigen Freiheit des Einzelnen in dieser Angelegenheit bedeute, sagt Dr. Carrel: *»Der ideale Zustand vor der Ehe ist Keuschheit. Sie verlangt frühe moralische Übung. Sie ist der höchste Ausdruck der Selbstzucht. Freiwillige Zurückhaltung von dem Geschlechtsakt während der Jugend erhöht mehr als irgendeine andere moralische und physische Anstrengung den Wert des Lebens!«* [6]

33 Die notwendige Krönung der Keuschheit ist die Ehe, und zwar, wenn möglich, die Frühehe.

34 Der Sinn der Ehe ist, Kinder zu haben. Doch in unserer modernen Welt und besonders im geschäftigen Treiben der Großstädte ist diese Tatsache schnell aus unserem Denken geschwunden. Wir haben uns von der guten, sauberen Erde, die uns gezeugt hat, so sehr getrennt und uns im Irrgarten der materiellen Zivilisation so sehr verirrt, dass wir uns die einfachsten Freuden und Segnungen, wie sie jedes Tier besitzt, versagen.

35 Es gehört zu unserem Wesen, Kinder zu zeugen, und sie zu haben ist nicht nur gut für unsere Gesundheit und nötig für die Gesellschaft, sondern es bringt uns auch geistigen Segen, ein neues Leben gezeugt zu haben, ein Leben wie das deine, das aus dir hervorgegangen ist, von dir abhängt und eine ganze Stufenleiter von neuen Regungen im Menschenherzen hervorruft. Tot ist wahrhaftig das Herz des Menschen, das nicht höher schlägt, wenn ihn ein Kinderhändchen berührt! Es nimmt etwas von der Selbstsucht, von der wir immer nur allzu viel besitzen. Es bringt eine neue, starke Anteilnahme am Leben, ein neues Gefühl von Verantwortung hervor und lässt den Menschen sich selbst höher achten. Es weckt eine neue Art der Liebe, einer Liebe, die geben und Geduld und Selbstverleugnung üben muss. Ein Kind zu haben kann und sollte eine Selbstläuterung für die Eltern sein. Es erhöht die Lebensfreude, ist eine Aufgabe, die fordert: dieser neue Mensch muss versorgt, unterstützt, geführt und erzogen werden. Es verbindet Vater und Mutter stärker, erneuert die Quellen ihrer Liebe, treibt frisches Grün am Baum der Ehe. Vor allem aber nimmt es viel von der Leere hinweg, die das Alter so häufig mit sich bringt. Für junge Menschen mag vielleicht ein Leben ohne Kinder ausgefüllt erscheinen, und Menschen mittleren Alters mögen glauben, sie auf der Höhe ihres Eigenlebens entbehren zu können, aber dem kinderlosen Alter ist das Leben ohne sie leer und sinnlos und ohne Liebe.

Menschen, die keine Kinder haben, sind nicht in Einklang mit 36
dem Universum. Das Sein ist, man möchte fast sagen, voll reichen
Überflusses. Es gibt so viel von allem, so viele Sonnen und Welten, so
reiche und vielfältige Lebensformen, solch große Kraft der Entwicklung und des Wachstums, solch eine sorglose Verschwendung in der
Natur; Millionen Eier im Rogen des Fisches, Tausende von Samen in
einer einzigen Schote; für den Menschen, den Träger einer Seele, den
König der Schöpfung, ist es fast betrüblich, sich selbst von dieser
Fruchtbarkeit, diesem verschwenderischen Lebensausdruck auszu-
schließen. Er verleugnet damit seine eigene Frucht und raubt seinem
Leben einen seiner wunderschönsten Bestandteile.

Es gibt noch einen anderen, letzten und noch tieferen Grund, Kin- 37
der zu haben. Wir können das Leben mit einem Flug vergleichen; un-
belebte Materie wird zum belebten Sein, das Leben entwickelt den
Menschen, und der Mensch allein kehrt zu Gott zurück. Der Flug ge-
winnt einen Höhepunkt, den wir nicht erkennen können, solange wir
in dieser Welt leben. Nach dem Tode wird der einzelne weiterleben,
fortschreiten und sich entwickeln, wir aber sollten nicht – ohne einen
wirklichen Grund dafür zu haben – diese Kette willentlich unterbre-
chen und damit andere Leben am Eintritt ins Dasein und ihrem Aufschwung hindern.

5. Tod

Für den Menschen auf dieser Welt gibt es zwei entscheidende Geschehnisse: das eine ist seine Geburt, das andere sein Tod; das eine geschieht, wenn er ins Leben tritt, das andere, wenn er aufhört zu leben. Ein ungeheurer Anteil seiner Kräfte und Gedanken ist dem Leben gewidmet, und doch wird über diesen entscheidenden Wechsel und die überwältigende Wandlung, die mit dem Tod verbunden ist, so wenig nachgedacht.

Der Tod begleitet uns immer, und doch denken wir nur selten daran, es sei denn, unsere Aufmerksamkeit wird gewaltsam auf ihn gelenkt. Der Tod ist im Leben einbeschlossen; beide sind Partner. Das Pulsieren unseres Blutes, voller Vitalität und Kraft, sollte uns daran erinnern, dass der schnelle Herzschlag plötzlich aufhören kann. Der Übergang ist leicht, der Bruch aber vollständig und unwiderruflich.

Wenn die Menschen nur ein wenig mehr über den Tod und den Sinn und die Natur dieses Wechsels nachdächten, würden sie nicht nur anders, sondern mit weit mehr bewusster Führung und mit mehr Ausgeglichenheit und Zuversicht leben. Daher sollte das Leben stets aus der Perspektive des Todes betrachtet werden. Wenn eines vom anderen getrennt wird, ruft dies eine schwere Störung des Gleichgewichtes hervor. Das Leben ist eine Straße, die zu einem Tor führt, und das Tor ist der Tod. Das Leben ist Blühen und Pflanzen, aber hinter der Tür des Todes wird die Ernte eingebracht. Das Leben mit all seiner Schönheit, seinem Reichtum, seinen verschiedenen Erfahrungen ist nur wie die vorgeburtliche Welt. Der Tod ist das wahre Leben, in das wir geboren werden.

Wir müssen danach trachten, den uns gebührenden Platz in diesem Weltall einzunehmen. Die wenigsten wissen heute um den großen Plan, von dem sie nicht nur einen Teil, sondern den Mittelpunkt bilden. Dieses wechselnde Bild der Materie und dieser Strom eines umfassenden Entwicklungsprozesses sind auf *ein* Ziel gerichtet: die Erschaffung des Menschen. Alles, was der Mensch tut, jede Erfahrung, die er sammelt, seine ganze geistige und körperliche Welt sind nur zu einem Zwecke da: ihn auf eine ewige Reise zu einem weit besseren Ziele hinauszusenden, als es ihn seine herrlichsten Träume erahnen lassen. Der Tag, an dem sein Schiff zu dieser Fahrt ausläuft, ist der Tag seines Todes. Die Heimat, die Arbeitsstätte, die vertrauten Dinge, der Vorgang des Schiffbaues werden alle in einem einzigen Augenblick zurückgelassen, und das Schiff schwimmt in einem neuen Medium, dem Medium, für das es bestimmt war. Ist es seetüchtig und mit allen navigatorischen Instrumenten ausgestattet? Wie können wir es zulassen, dass wir einem Gegenstand von solch entscheidender Bedeutung so wenig Aufmerksamkeit schenken?

5 Mit ein Hauptgrund der Verwirrung in der Welt – einer Verwirrung, die im Denken des einzelnen beginnt und sich in allen Formen der menschlichen Gesellschaft äußert – ist, dass die Menschen meist sich selbst als das Ergebnis des Zufalls und nicht als das eines Planes ansehen. Sie übersehen die große, offenbare Verkettung der Geschehnisse: dass, wie jedes einzelne Teilchen der Schöpfung in einer typischen Form verkörpert und an seinen besonderen Platz gestellt ist und so auf seine eigene Weise wirkt, auch sie nach einer Absicht und einem Plane erschaffen wurden und ihren besonderen Platz und ihre besondere Aufgabe haben. Wie schon ausgeführt, können dieser Platz und diese Aufgabe mit dem Kinde im Mutterleibe verglichen werden, das die Organe entwickelt, die es für sein nächstes Leben braucht, für das Leben, das die Geburt (der Tod) verleiht. Der alte Aesop hat, vor etwa zweitausend Jahren, in einer seiner klugen Fabeln von der Grille und der Ameise diese Sache sehr nett dargestellt. Die Ameisen arbeiten den ganzen Sommer über fleißig und verzehren im Winter ihre Vorräte. Die Grille lebt ein unbekümmertes Leben, ohne an die Zukunft zu denken, und wenn der Winter kommt, stirbt sie. Der Tod kommt plötzlich, er sagt uns selten die Stunde an, in der wir eine so weite Reise unternehmen, und deshalb findet er uns meistens unvorbereitet und widerstrebend. Wie anders würden wir unsere Tage verbringen, wenn wir uns mehr vergegenwärtigten, dass die Tage, die wir auf

dieser Erde verbringen, nicht nur niemals wiederkehren, sondern dass
sie eine Gelegenheit von unschätzbarem Wert darstellen. Wir sollten
uns auch vor Augen halten, dass Dinge zusammengefügt werden müssen, die nur *einmal* und zwar in diesem Leben und in dieser Welt
vollbracht werden können. Es ist nicht eine Frage der Krankheit und
der Todesgedanken, oder ob wir den Tod als ein Unglück ansehen, das
uns unvermeidlich zustoßen wird, oder aber als das eine Geschehnis
von überragender Bedeutung. Wir sollten vielmehr die Tatsache erkennen, dass das Leben auf *einen* Punkt ausgerichtet ist, dass es
schnell und zweckvoll ist, dass wir durch Tage und Jahre zu einem
Ziele hineilen und uns an diesem Ziele in eine neue Welt einschiffen.
Wir haben einen durchgehenden Fahrschein (ganz gleich, ob wir uns
darüber freuen oder nicht), und während unserer Fahrt müssen wir
unseren Verstand gebrauchen und das vorbereiten, was wir für die
zukünftige Einschiffung benötigen, denn wir können nicht das Schiff
warten lassen oder zurücklaufen, um etwas Vergessenes zu holen!

Der Gedanke an den Tod sollte für den Menschen ein Gedanke
der Freude sein. Der Hauptgrund, weshalb er es nicht ist, ist, dass der
Mensch nicht mit seinem eigenen wahren Selbst auf vertrautem Fuße
steht und dass ihm nicht bewusst ist, dass seine Seele sein Selbst ausmacht. Er verwechselt den Körper mit dem Geist, den Verstand mit
dem Gemüt. In der Gewissheit, dass sein Körper zu Staub vergeht,
und ohne sicheres Wissen über sein inneres Selbst (da er sich ja nie
darum bemüht hat) blickt er auf den Tod in Furcht und banger Ahnung.
In dem Bewusstsein, dass der Tod sein letzter Anteil am Leben ist,
versucht er, aus dieser Welt so viel als möglich herauszuholen. Er
stürzt sich fieberhaft, unzufrieden und gierig ins Leben, weil er immer
in seinem Unterbewusstsein sein Ende vor sich sieht, mit der Frage,
ob ihn Vergessenheit erwartet oder nicht; wenn er dies nicht denkt, so
steht doch etwas Unbestimmtes, Seltsames, Andersgestaltetes und
nicht sehr Anziehendes vor seiner Seele. Wenn ihn jemand überzeugen könnte, dass er genauso seiner selbst bewusst bleibt, nachdem
sein Herz zu schlagen aufgehört hat, wie beim Verlassen eines Zim-
mers seines Hauses, nachdem er die Tür hinter sich geschlossen hat;
wenn ihm jemand begreiflich machen könnte, dass das Leben nach
dem Tod, nachdem der physische Körper abgelegt wurde, ein geisti-

ges Sein darstellt; dass das von ihm Erworbene alles ist, was er besitzt, und mit dem er sich weiterentwickeln muss; dass mit dem Tod der Schlussstrich gezogen und das Ergebnis niedergeschrieben wird und dass er nichts mehr hinzu oder hinweg tun kann – wenn ihn jemand davon überzeugen könnte, würde der Mensch seine Tage anders verbringen: mit einem Blick in die Zukunft, ohne Todesfurcht, wohl aber in der Furcht, was ihm einst über sich selbst offenbart wird.

7 Gewöhnlich trifft der Mensch Vorbereitungen, wenn er zu heiraten gedenkt. Der Mann möchte in der Lage sein, seiner Braut eine anständige Wohnung zu bieten, sie zu ernähren und ihr ein Minimum an Annehmlichkeit zu sichern. Gleicherweise wünscht die Frau ihre Kleider, ihre Wäsche und ihre Wohnungseinrichtung bereit zu haben, bevor sie heiratet. Wenn du sie plötzlich aufforderst zu heiraten, werden sie sehr wahrscheinlich gänzlich unvorbereitet sein oder noch eine Anzahl Dinge vorher zu erledigen haben. Der Tod nötigt uns, einen weit bedeutsameren Schritt ohne vorherige Warnung zu tun. Weil wir das wissen, sollten wir unsere Vorbereitungen rechtzeitig treffen.

8 Das einzige, was wir von dieser Welt mit uns nehmen, ist, was wir sind, und das ist etwas sehr Konkretes, eine Tatsache. Es ist gerade so wirklich, wie die Chemikalien, die nach einer chemischen Formel zusammengefügt sind; wenn die Bestandteile da sind, sind sie da; wenn sie fehlen, fehlen sie. In dieser Welt gehen wir durchs Leben mit einer äußerlichen und innerlichen Verkleidung und mit einer Menge trügerischer Dinge, die uns anhängen. Kleine Leute tragen hohe Absätze, große Leute niedrige, Kleider runden die Formen ab und verbergen Entstellungen; so nehmen höfliche Phrasen, Posen und falsche Pracht den Platz des Wahren ein und täuschen über die innere Armut hinweg. Wir narren einander und oft sogar uns selbst. Der Tod beraubt uns dieser angenehmen Schwächen. Die falsche Achtung unserer Freunde, die Schmeichelei der Narren, die Ehren, die wir mehr durch Schein als durch Verdienst besitzen, fallen von uns ab, wie man Kleider abstreift. Wir gehen so in ein neues Leben, wie wir wirklich sind. Ist es falsch, dass wir danach forschen, was wir wirklich sind, und an uns arbeiten, ehe wir einen so unabänderlichen Schritt tun?

9 Es ist unmöglich, einem Menschen einen Eindruck von etwas zu vermitteln, das er niemals gesehen hat und das sich von allem, was er

kennt, unterscheidet. Deshalb haben uns auch die Offenbarer niemals etwas Genaueres über das nächste Leben gesagt. Wie könnten Sie auch? All unser Wissen erwerben wir hier durch das Mittel unserer Sinne. Wie könntest du eine Welt beschreiben, in der es keine äußeren Eindrücke gibt, die auf dich einwirken, und keine Sinne, um solche Eindrücke zu empfangen – wie könntest du dies anderen schildern, die Erfahrungen allein durch die Sinne machen? Aber die Offenbarer haben uns in klaren Worten gewisse Dinge erläutert, indem Sie die einzig mögliche Sprache gebrauchten, die dem Denken des Menschen eine Anschauung geben konnte – die Sprache der Symbole und Gleichnisse. Sie haben Bilder für uns gemalt, zuerst sehr einfache, um den Bedürfnissen primitiven Denkens entgegenzukommen, von Himmel und Hölle, Feuer und Marter, Weinen und Klagen auf der einen Seite und Gärten und Wein und lieblichen Jungfrauen mit Flügeln und goldenem Heiligenschein und Juwelen auf der anderen. Dies war nicht nur notwendig, um den Menschen den Unterschied zwischen den beiden Orten klar zu machen, sondern auch eine sehr logische und kluge Art, ihnen davon einen Begriff zu vermitteln. Die Menschen fürchten sich vor Feuer, Folter oder Trübsal, andererseits ist ihnen der Gedanke, in prächtiger Umgebung zu leben, Ehrungen zu empfangen und von einer kostbaren Wohnung in die andere zu gehen, teuer. Welche Gleichnisse die Offenbarer auch gebrauchten, immer war die Botschaft, die Sie brachten, die gleiche: du wirst entweder belohnt oder bestraft, wenn du in die Welt eintrittst, in der Gott herrscht; tue das, was du in diesem Leben tun sollst, und die guten Dinge werden dein sein; missachtest du die Gesetze, die dein Verhalten als Mensch beherrschen, dann wirst du bestraft werden!

Zu viele von uns haben diese Lehren für reine Predigten gehalten. 10 Wir haben uns nicht gefragt, ob die Absicht der Offenbarer hinter den alten Gleichnissen, die wohl in eine altertümliche Sprache gekleidet sind, nicht vielleicht auf Gesetzen beruht, die so unveränderlich und allumfassend sind, wie jene Gesetze, die die Welt der Erscheinung regieren. Belohnung und Bestrafung sind die beiden Säulen, die das physische und geistige Leben tragen. Im Dasein ist es der Unterschied zwischen dem, was wir brauchen und das wir erhalten, wenn wir das Gesetz befolgen, und dem, was wir verlieren, wenn wir das Gesetz missachten. Eine Pflanze wächst, wenn sie die notwendigen Elemente – die Sonne und den Regen, die sie benötigt – empfängt; in Übereinstimmung mit den Bedingungen ihres Seins wird sie mit Gesundheit und Wachstum belohnt. Wenn sie nicht erhält, was sie benötigt, kränkelt sie, oder geht sie ein; sie wird bestraft oder ausgeschlossen.

11 In unserem Leben gilt das gleiche für unseren Körper, aber die Unterschiede und Bedingungen unserer Seele verlangen neue Merkmale. Die Tiere und der Mensch sind klug genug, sich eines Gesetzes bewusst zu sein, um zu wissen, dass sie leiden, wenn sie es verletzen, und gut daran sind, wenn sie es einhalten. Es ist mehr als wahrscheinlich, dass ein Hund, der ein Stinktier jagt und von diesem angespritzt wird, trübe Gedanken hat: »Warum zum Teufel habe ich es nicht in Frieden gelassen – ich weiß doch, dass dies passieren kann.« Das gequälte Pferd, das seinen Kopf auf den Arm seines Herrn legt, weiß, dass der Mensch ihm helfen kann. Solche Handlungen bezeugen, dass der Gehorsam gegenüber dem Gesetz Erleichterung und Befriedigung bringt und dass Ungehorsam zu Missbehagen und Unglück führt.

12 Menschen und Tiere haben jedoch noch an einem höheren Bewusstsein über die Wirkung von Belohnung und Vergeltung teil. Die Katze unter dem Tisch weiß, dass sie Schläge bekommt, wenn sie hinaufspringt, weil der Tisch verbotenes Gebiet ist; der Hund weiß, wenn er sich hinsetzt und hübsch Männchen macht, wird er einen Happen bekommen, und das Kind weiß, wenn es nicht gehorcht, wird es bestraft, wenn es folgt, wird es belohnt.

13 Es gibt zwei verschiedene Arten des Falschen und Richtigen, zwei verschiedene Bereiche von Bestrafung und Belohnung. Eine ist unfreiwillig insofern, als das Feuer uns brennt, weil es in seiner Natur liegt, und die Nahrung uns kräftigt, weil wir ihrer bedürfen. Die andere ist freiwillig oder wird uns durch den Willen einer höheren Macht auferlegt. Wenn wir zu viel essen und dann als Ergebnis krank werden, sagen wir: »Es war mein eigener Fehler, ich hätte nicht so viel essen sollen!« Wir erkennen, dass wir leiden müssen, wenn wir die Grenzen überschreiten und die Gesetze brechen; alles geht dann unvermeidlich schief. Aber wenn jemand mit seinem Auto bewusst ein rotes Licht überfährt, bricht er ein freiwilliges Gesetz, das durch die Behörde allen Bürgern auferlegt wurde. Jemand kann bestraft und in Haft ge-

62

nommen werden und wegen zweierlei Formen der Gesetzesverletzung angeklagt werden; die eine ist eine bewusste Verletzung des Gesetzbuches, die andere, weil er bei Tisch zu viel aß und nun Übelkeit fühlt. Sein Körper muss sich mühen, das ihm angetane Unrecht wieder in Ordnung zu bringen, außerdem muss er das Urteil erleiden, das der Gerichtshof gegen ihn ausgesprochen hat. Das eine war eine törichte Übertretung eines Naturgesetzes, das andere die bewusste Verletzung eines Gesetzes einer höheren Autorität.

Beim Tod finden wir uns in einer ähnlichen Lage. Wir sind auf 14 das, was wir sind, festgelegt. Die Bestandsaufnahme wird automatisch vorgenommen; wir werden gewogen. Wenn wir die großen geistigen Gesetze, die für den Fortschritt unserer Seele notwendig sind, nicht beachtet haben, werden wir finden, dass uns Dinge fehlen und dass wir geistige Mängel aufweisen, wie sie im Körper durch Unterernährung hervorgerufen werden. Wenn wir bewusst die Gesetze verletzt haben, die durch eine höhere Autorität, in diesem Falle durch Gott, eingesetzt wurden, müssen wir dafür büßen. Dies ist der Sinn von Himmel und Hölle. Der Himmel ist kein Ort, sondern ein Zustand. Das gleiche gilt für die Hölle. Wie oft nennen wir Glück in unserem Leben ›Himmel‹ und sagen in den Tiefen des Kummers und größten Schmerzes, dass wir durch die ›Hölle‹ gehen. Beide sind sie in uns. Wir gehen nicht dorthin, wenn wir sterben, sondern wir nehmen sie mit uns.

Eine glückliche Stunde vergeht sehr schnell, eine Minute des Leidens scheint kein Ende zu nehmen. Da wir dies wissen, sollten wir in den Tagen unseres Lebens das nicht so unbeachtet lassen, was uns am Tage unseres Todes überkommt.

Dies ist eine Welt der Tätigkeit, des Wachstums und der Wechselwirkung. Genauso wie wir körperlich wachsen und tätig sind, so wachsen und entwickeln sich auch unsere Seelen, indem sie auf alles, was wir tun, empfindsam reagieren, Eindrücke empfangen und uns während des ganzen Lebens leiten. Beim Tode wird die Seele vom Körper und der materiellen Welt getrennt. Ihre Tage der wechselseitigen Einwirkung sind vorbei. Sie kann nicht länger das, was sie hier tat, verfolgen und sich auf diese Weise entwickeln. Sie ist vom Gefäß und ihrer Umgebung getrennt. Sie kann nur noch ›sein‹. Dieser Zustand des ›Seins‹ ist eine ungeheure Verstärkung dessen, was wir von unserem Selbst in diesem Leben wissen. Wir könnten es vielleicht mit einem Film vergleichen: wir nehmen die Bilder in dieser Welt auf; die Ansicht, Farben und Gegenstände sind allesamt auf dem Film festgehalten. Über einen Teil davon haben wir keine Wahl (ein Mensch, der in der Schweiz lebt, kann offensichtlich nicht die Wüste Sahara filmen), aber über einen anderen Teil haben wir vollständige Macht, denn wir können unseren Blickpunkt, die Tageszeit und unseren Gegenstand wählen. Dies tun wir in unserem täglichen Leben; wir drehen den Film; er ist kurz, ein kleines Bild nach dem anderen – aber wir sind es. Rasch folgt Bild auf Bild; bevor wir Zeit haben, uns wirklich zu freuen oder den eigentlichen Wert einer Ansicht oder einer Erfahrung zu würdigen, sind sie schon auf dem Film festgehalten, und wir sind mit dem nächsten Bild beschäftigt. Wenn wir sterben, wird der Film wiedergegeben. Alles wird vergrößert dargestellt. Dinge, die wir uns nicht mehr vergegenwärtigen, erscheinen auf der Leinwand. Dort in einer Ecke mögen wir den Müllhaufen eines Dorfes gewahren, (wir wollten ihn nicht drin haben, aber er ist da) und in einem Blumenbeet mögen wir plötzlich schimmernde Schmetterlinge schweben sehen, eine unerwartete Berührung mit der Schönheit, eine uns jetzt geschenkte Freude. Es ist überflüssig zu sagen, dass der Müllhaufen des Dorfes eine schlechte Gewohnheit, eine grausame Tat oder ein bewusstes Vergehen gegen das Gesetz ist und dass die Schmetterlinge eine freundliche Tat, ein Opfer oder eine glückliche Entwicklung unseres Charakters verkörpern. Wir haben uns früher nie vergegenwärtigt, wie wunderbar dies auf der Leinwand aussehen wird.

17 Wir können die Bilder nicht mehr neu aufnehmen, die Zeit, der Ort und die Leute, alles ist verschwunden! Vielleicht wird dieser Film uns zur Freude, und wir werden belohnt für all die geduldige Mühe, die wir hineingelegt haben. Vielleicht werden wir ihn mittelmäßig und langweilig finden und wünschen, wir könnten Verbesserungen vornehmen. Vielleicht finden wir etwas Schreckliches wiedergegeben, eine Mordszene, eine brutale Handlung, eine Unzüchtigkeit, die uns verfolgt, und wir werden fortgesetzt durch ihr Vorhandensein bestraft. Was können wir tun? Die Kamera, unser Körper, das Leben und unser Gegenstand sind verschwunden.

64

Der beste Vergleich ist unzulänglich, aber der springende Punkt ist, dass wir im Leben nach dem Tod keine Macht mehr über unsere Werke haben. Die Bilder sind in uns eingeprägt; eine andere Hand müsste sie ändern, wenn sie überhaupt zu ändern sind. Wenn ein Mensch in diesem Leben falsch anfängt, aber seinen Irrtum erkennt und sich bemüht, ihn zu berichtigen, kann er noch eine hohe Stufe vor seinem Tode erreichen, denn er kann handeln, sich ändern und Schlechtes durch Gutes ersetzen, solange er noch Meister seines Schicksals ist. Er lebt, und das Leben ist wunderbar geschmeidig und empfänglich (der Körper heilt alle Wunden außer den hoffnungslosesten, der Baum treibt einen neuen Zweig für den im Sturm verlorenen). Aber wenn ein Mensch sein Leben auf dieser Erde beendet hat, hat er ein für alle Mal seine Chance verpasst, seine eigene Lage aus sich selbst heraus zu verbessern. Jede spätere Änderung muss von zwei Dingen abhängen: wünscht er selbst, sich zu bessern, und wird die höhere Autorität für ihn eintreten und die Änderung für ihn vornehmen?

Der Wunsch, sich zu bessern, heißt bereuen, mit sich selbst unzufrieden sein und willens und begierig sein, Hilfe zu empfangen. Manche Seelen sind im Tode noch genauso hartherzig, eng, halsstarrig und verschlossen, wie sie es im Leben waren. Da die vornehmste Segnung und Auszeichnung, die Gott dem Menschen verlieh, die Kraft der Wahl und ein begrenzter freier Wille war, kann niemand diese harte Nuss mit Gewalt öffnen. Aber sie kann Mächten ausgesetzt werden, die das Öffnen unterstützen, wie die Liebeskraft derer, die sie liebten, und die Wärme ihrer Gebete, aber sie kann nicht aufgebrochen werden. Gott gab jedem von uns das unschätzbare Geburtsrecht der Selbstachtung. Niemand kann uns wirklich sein eigen nennen, niemand kann das innerste Schloss unserer Seelen öffnen, daher muss der Mensch, der dieses Leben dunkel und innerlich arm und mit einer schweren Schuldenlast auf seinem Rücken verlässt, sich seines üblen Zustandes bewusst sein und den Wunsch zur Besserung haben, bevor er irgendeine Hilfe von Gott empfangen kann; und selbst dann mag der Weg lang und beschwerlich sein, und alles Gute, das der Mensch erhält, ist mehr ein Almosen. Da er in dieser Welt nichts gepflanzt hat, erwartet ihn in der nächsten keine Ernte. Er wird das Brot der Armen essen. Wer weiß, wie quälend sein Schmerz sein wird, weil er die Gelegenheit, etwas für sich selbst anzupflanzen, nicht ausnützte?

20 Es ist wirklich töricht, nicht ein wenig über den Tod nachzudenken, der zu uns kommen muss und jederzeit zu uns kommen kann, der für uns eine ungeheure Wandlung bedeutet und der uns so unendliche Freude und Belohnung oder so viel Schmerz und Vergeltung für unsere Taten bringen kann. Wenn dies ein grausames Bild zu sein scheint, so frage dich selbst, wie die Lage der Seele des Menschen sein muss, der bewusst seine Autorität ausübend, für die Gräuel der Konzentrationslager verantwortlich war.

21 Wenn wir den Wunsch haben, Gott zu kritisieren, dass Er die Welt so geschaffen hat, ist es eine andere Sache. Aber der Mensch muss in der Tat töricht und vermessen sein, der ein so wunderbares Gebäude, so fein ausgearbeitet wie das System des Universums, und alles Leben, sein eigenes eingeschlossen, bekritteln wollte. Das Klügste, das wir tun können, ist, ein gewisses Maß einsichtigen Nachdenkens und Nachsinnens über uns selbst, unseren Lebensweg und unsere zukünftige Erwartung aufzubringen.

22 Unser physisches Leben ist mehr oder weniger von Anfang bis Ende durch die Natur geplant; ebenso sollten wir mit unserem Charakter planen und an die Ergebnisse denken, die wir von diesem Plan erwarten, Ergebnisse, die uns ewig verbleiben.

6. Arbeit

Wir leben in einem machtvollen Universum. Welchem Forschungsgebiet wir uns zuwenden, seien es die Sterne, Atome, die Biologie, Chemie oder das Gebiet der sozialen und wirtschaftlichen Wissenschaften, immer sehen wir die gleichen Merkmale verkörpert: Energie und emsige Tätigkeit, die Stärke und Kraft hervorbringen, und im Leben Vermehrung, Wachstum und Entwicklung.

Die gesamte Anschauung der Dinge hat sich durch die letzten Forschungen gewandelt. Die unendlich kleinen, elektrischen Ladungen, die der Grundbaustein aller Dinge zu sein scheinen, bewegen sich mit schwindelerregender Geschwindigkeit auf ihren winzigen Umläufen; selbst die Inseln im Weltenraum stehen nicht still, sie rollen endlos auf ihrem majestätischen Weg dahin. Aus Wenigem scheint so viel zu werden, und Geringes scheint so viel zu leisten. Ob es nun das Licht eines Sternes ist, das Millionen Lichtjahre reist, um uns zu erreichen, und bei all seiner Schwachheit ein kleines Quantum Energie und eine klare Botschaft über die Natur der leuchtenden Masse, die es aussandte, mit sich trägt, ob es das nie endende Wunder der unbedeutenden Genen ist, die sich durch Jahrmillionen der Entwicklung fortpflanzen und vom Kern zum Sämling und zur Eiche oder vom Baby zum reifen Menschen werden – die Verkörperung von Kraft und Tätigkeit ist überall zu finden. Aus Wenigem wird und geschieht viel. Ein kleiner Junge aus Korsika wuchs heran, um Europa auf den Kopf zu stellen, die Verantwortung für den Tod Tausender auf sich zu nehmen und um seinen Namen kühn und breit in die Geschichte zu schreiben. Ein Wissenschaftler, der durch sein Mikroskop schaute, legte einen Feind der Menschheit lahm – er hat den Typhus-Bazillus oder den Malaria-Erreger entdeckt – Millionen Menschen werden durch seine Entdeckung vor dem Tod bewahrt. Da es die Na-

67

tur der Dinge ist, tätig zu sein (jedes Atom eines Felsens ist in Bewegung), so ist es vor allem die Natur der lebenden Dinge, tätig zu sein. In der Tat, wenn sie aufhören, tätig zu sein, gehen sie in einen anderen Zustand, den wir ›Tod‹ nennen, über. Tiere sind unbewusst tätig; wenn sie nicht jagen, sich paaren oder ihre Jungen versorgen, spielen sie, reinigen ihre Behausungen, bauen oder pflegen sich selbst. Einige gehen noch weiter, sie mühen sich in einer festgelegten Form ab: die Ameisen nehmen ihre unbedeutenden, gebrechlichen, grünen Milchkühe auf die Weide, sie melken sie und bringen sie wieder zurück a); sie sammeln Samenkörner, sie versklaven andere Ameisen, damit sie ihnen bei ihrer Arbeit helfen, sie greifen ihre Feinde an und liefern ihnen Schlachten. Wenn ihre Tätigkeit auch unbewusst erfolgt, so arbeiten sie doch systematisch und fleißig.

3 Jedes physische Organ, das der Mensch zu einem höheren Grad der Vollkommenheit als beim Tier entwickelt hat, wie Hände, Zunge, Stimmbänder und Gehirn, benutzt er zur Arbeit. Kein Tier arbeitet so wie der Mensch. Es ist eines seiner glänzenden Vorrechte, dass dieses allgemeine Merkmal der Dinge – Tätigkeit – in ihm in den großen Kanal der Arbeit gelenkt wurde. Jede ihm eigene Fähigkeit wird zur Arbeit eingespannt. Sein Gehör ließ ihn Musik und Musikinstrumente hervorbringen, seine Hände halfen ihm beim Bau der ersten Zweighütte und des Empire State Building in New York, der beiden Räder an einer Achse und des Transozean-Flugzeugs, der Steinmesser des Wilden und der Seziermesser des Gehirnchirurgen. Seine Fähigkeit zu schreien führte ihn vom Sprechen zum Schreiben und Drucken, bis die Welt mit Sprachen und Büchern überflutet war. Seine Augen, die Fenster seines Gehirns, haben ihm die Kunst mit all ihren Formen und Farben geschenkt, sie haben ihm Instrumente gegeben, die ihn in steigendem Maß zum Herrn seiner Umgebung machen. Die Ausrüstung des Feldmessers und die Instrumente des Physikers sind nur die Hände seiner Augen und die Instrumente seines Kopfes.

4 Es gibt wahrscheinlich kein lebendes Geschöpf, das von Natur

---

a) Im Rahmen einer Symbiose zwischen Ameisen und Blattläusen spricht man davon, dass die Ameisen sich die Blattläuse wie ›Milchkühe‹ halten und sie ›melken‹. Die Blattläuse produzieren einen süßlichen Saft, den sie an die Ameisen abgeben. Die Ameisen schützen die Blattläuse wiederum vor Angreifern. – A.d.H.

aus so rastlos ist, wie der Mensch. Er muss arbeiten. Er kann seine
Stunden nicht träge verstreichen lassen wie ein Reptil in der Sonne
oder ein untätiger Bär. Selbst im dürftigen Leben des Wilden, der nur
sitzt und raucht oder liegt und träumt, vor sich hin singt oder schwätzt,
fließt der Strom der Energie, zwar nur träge, aber er bewegt sich doch.
Er tut immerhin *etwas*.

Der normale Zustand für einen Menschen ist, in Tätigkeit zu sein. 5
Wenn eine Mutter sieht, dass ihr fünfjähriges Kind gleichgültig und
still ist, weiß sie, dass etwas mit ihm nicht in Ordnung ist. Obwohl wir
im Alter langsamer werden und weniger auf- und abspringen, hören
wir nicht auf zu arbeiten, bis das Greisenalter einsetzt; wenn wir damit
aufhören, sind wir irgendwie krank – körperlich, seelisch oder geistig.
Sehr, sehr selten verordnet ein Arzt oder Psychiater einem Patienten
Untätigkeit. Sie sagen: »Sie brauchen eine Veränderung«, mit anderen
Worten: »Tun Sie etwas anderes als bisher«. Tatsächlich ist Ruhe
ausgezeichnet als eine ›Änderung in der Beschäftigung‹ definiert worden.

Unsere wunderbare Fähigkeit, etwas zu tun und hervorzubringen, 6
ist sowohl die Quelle unserer Gesundheit als auch zu einem großen
Teil unser Lebensglück. Nichts kann ein so starkes Gefühl von Befriedigung in dieser Welt vermitteln als etwas, was wir vollendet haben.
Eine gut ausgeführte Arbeit, ganz gleich, ob wir eine Pastete machen,
ein Buch schreiben oder eine Brücke bauen, kann einen Grad von
Zufriedenheit und ein Gefühl von Lebenskraft und Erfüllung hervorbringen, wie es praktisch nichts anderes tun kann. Selbst in Kummer,
Krankheit, Armut oder Gefahr gibt uns das Gefühl, etwas geleistet zu
haben, Befriedigung. Kriegshinterbliebene, nervöse Wracks und
zurückgebliebene Kinder werden wiederhergestellt und finden durch
Arbeit einen Weg aus ihrem ausweglos scheinenden Elend oder ihrer
ungünstigen Lage. Warum? Weil Arbeit für uns notwendig ist. Sie
setzt das Innerste unseres Seins in Bewegung und wie das Blut viele
Dienste in unserem Körper verrichtet, die für unsere Gesundheit wesentlich sind, indem es Unsauberkeiten hinwegträgt, sich in den Lungen mit Sauerstoff anreichert und den Zellen Nahrung bringt, so
scheint die Arbeit unserem ganzen Sein Spannkraft zu geben, uns zu
erheitern und uns neue Energie zu spenden.

7 Dennoch scheint die Arbeit – Pflicht und Vorrecht zugleich – wie nahezu alles in unserem gegenwärtigen Leben außerhalb unseres Interesses zu liegen, und sie ist weit davon entfernt, einen Beitrag zum Leben zu liefern. Sie wird nur als Bürde und notwendiges Übel betrachtet oder im besten Fall als Mittel zum Zweck angesehen. Unsere Einstellung zu einem so wichtigen Gebiet unseres Lebens ist völlig falsch. Oft wird Arbeit als ein Mittel, Geld zu schaffen, betrachtet, und Geld seinerseits als Mittel, weitere Arbeit unnötig zu machen. Arbeit wird in der Hoffnung getan, Erleichterung, Luxus und Vergnügen zu erlangen – keine schlechte Hoffnung, wenn sie in Grenzen bleibt, aber eine Entwürdigung der Arbeit, wenn sie zum Extrem wird. Die meisten Menschen arbeiten, um mit einer Arbeit zu Ende zu kommen, sie wollen nur damit fertig werden und sie aus den Händen bekommen; entweder ist es ihnen gleich, wie sie getan wird, solange sie sie nur loswerden (wenn es gut geht), oder sie strengen sich an, um höhere Entlohnung oder Beförderung zu erreichen. Wenige Menschen arbeiten um der Arbeit willen, und noch weniger tun, was sie in die Hand genommen haben, so gut sie es irgend können, nur aus dem Wunsche heraus, es so vollkommen als möglich zu gestalten und aus der vollständigen Ausführung Befriedigung zu gewinnen.

8 Es ist gut, den Wunsch zur Arbeit zu haben, seine Energien nutzbringend anzuwenden und aus dem Tätigsein Anregung zu gewinnen. Es bringt ein belebendes Gefühl der Erfüllung mit sich. Für unser Vollkommenheitsstreben ist es besser, wenn wir arbeiten. Es gibt so viele unangenehme Aufgaben in dieser Welt, lähmende Dinge, wie große Wäsche, Kartoffelhacken, Kohlenschleppen, Straßenreinigen, langweilige Dinge, wie das ewige Essenkochen und Abwaschen oder wieder und wieder dieselben mechanischen Arbeiten in hergebrachter Weise zu tun. Die Natur der Beschäftigung ist nicht begeisternd – wenn sie nicht den Körper nutzlos zu ermüden scheint, ermüdet sie durch ihre Monotonie die Seele.

9 Aber auch solche lästigen Arbeiten können zur Zufriedenheit beitragen, nämlich dann, wenn sie vollkommen verrichtet werden. Wenn du eine Arbeit nur halb tust, gerade gut genug, um sie aus der Hand legen zu können, und nicht mehr, kannst du unmöglich die geringste Freude daran haben; aber wenn du darüber nachdenkst, dass es einen

richtigen und einen falschen Weg gibt, sie zu verrichten, und dass du dieses gemeine bisschen Waschen, Hacken oder was es nun sein mag, tust, wie es nie zuvor getan wurde, und wie es überhaupt nicht besser getan werden kann, hast du den Glanz des Erfolgs als Belohnung, wie bescheiden die Arbeit auch gewesen sein mag. Wenn du dich daran machst und sagst: »So, du musst gewaschen werden, nicht wahr? Ich werde dich schon waschen!« oder »So, du musst festgenietet werden an diesem Spielzeug, ja? Gut, ich werde dich annieten, lass mich nur mal anfangen!«, dann verlierst du das Gefühl der Unlust oder Empörung, weil du siehst, wie gut du deine Arbeit ausführen kannst.

Der Mensch ist von Natur aus strahlend. Er wurde erschaffen, um zu geben; saugen wir alles auf wie ein Schwamm und geben nichts weiter, dann befinden wir uns in einem ungesunden, negativen Zustand. Wenn du etwas von deinem Selbst in deine Arbeit legst, so unbedeutend sie dir erscheinen mag, dann erhältst du ein Gefühl der Befriedigung. Zumindest hast du das gut getan, was du zu tun hattest. Diese Befreiung eines inneren Dranges zur Äußerung und zum Leben ist nicht nur für unsere geistige Gesundheit gut, sondern sie addiert sich zum Gesamtguthaben unseres Lebens. Deine Umwelt wird gerade um das schöner sein, um das du deine Arbeit vervollkommnet hast. Dein Haus wird reiner und netter, und jene, die mit dir darin wohnen, werden sich mehr freuen, weil du etwas in deine Arbeit hineinlegtest, das den Unterschied zwischen der oberflächlichen Reinigung und der vollkommenen Säuberung ausmacht. Wenn es sich um deinen Beruf oder deine Anstellung handelt, werden die, die dich beschäftigen oder die, die von deiner Arbeitsweise Nutzen haben, schnell den Unterschied zu würdigen wissen.

Alles, was wir im Leben besitzen, ist unnütz, wenn es nicht einen gewissen Nutzen bringt, wenn es uns nicht glücklicher und zufriedener macht, uns hilft, unsere innere Kraft in höherem Maß zu entwickeln und unser Leben harmonischer und nutzbringender zu gestalten. Die meisten Menschen suchen nur, was sie nicht haben. Sie wollen eine andere Stellung, ein höheres Einkommen, eine neue Errungenschaft, um einen luxuriöseren Lebensstandard zu erreichen; wenn sie es erhalten, sind sie höchst selten damit zufrieden; das Gewonnene wird ein paarmal benutzt und bald weggelegt und für ein neues Etwas, das sie begehren, verschmäht. Diese Haltung ist nicht nur der Fehlleitung unserer Persönlichkeit durch geistige Unterernährung und Missbrauch, sondern auch unserer Arbeitsweise zuzuschreiben. Wir haben keine Selbstachtung. Wir wollen nie ein Stück von uns in die Arbeit legen. Wir haben keine Freude am Wirken. Wir sind ernstlich krank. Wir möchten die Zeit an uns raffen und selten etwas geben. Das Ergebnis ist, dass wir an Selbstberauschung leiden. Unsere Persönlichkeit wird gehemmt, weil der Kreislauf unterbrochen wurde. Wie einen Strom sollten wir unsere Kräfte ausgeben und in logischer Folge neue Kraft aufnehmen. Ein Muskel, der in Bewegung ist, wird nicht schwach; im Gegenteil, je mehr du ihn gebrauchst, desto stärker wird er. Dies ist in Übereinstimmung mit dem Lebensrhythmus; Kampf, der Förderer der Kraft, schafft Stärke und Unerschrockenheit; je mehr du leistest, desto mehr wächst in dir die Fähigkeit, etwas zu leisten.

12 Es besteht kein Zweifel, dass einer der Gründe, weshalb die Menschen heutzutage so wenig persönlichen Stolz oder Vergnügen an ihrer Arbeit haben, die Maschine ist. Etwas, das der Mensch mit seinen eigenen Händen gestaltet, einen Besen, eine Truhe oder einen Topf, erhält einen bestimmten Glanz, etwas vom Menschen geht automatisch darauf über, weil er es mit seinen eigenen Händen, gewöhnlich für seinen eigenen Gebrauch oder den seiner Familie oder seines Dorfes, schuf. Den Hebel einer großen Maschine herunterzudrücken, und sie einen Würfel ausstampfen zu sehen, oder Tausende von Stuhlbeinen auf einer elektrischen Drehbank zu drechseln, ermutigt dich nicht, dein Herz mitzugeben. Alles ist so unpersönlich, es lässt deinen Anteil so klein, ja nahezu unnötig erscheinen in dieser endlosen Kette der maschinellen Produktion. Wir mussten einen gewissen Preis für die neue Freiheit, die die Maschinen uns geben, bezahlen. Denn um die Bürden des Menschen um so vieles leichter zu machen, mussten wir gleichzeitig einige Prozente Selbstrespekt und Befriedigung opfern, die noch unsere Großeltern aus der Arbeit ihrer Hände gewannen.

13 Um dies wiederzugewinnen und uns an der Arbeit zu freuen, die an sich eine der größten Quellen des Glückes auf dieser Erde ist, müssen wir unser Denken in eine andere Richtung lenken. Arbeit ist eine Notwendigkeit, nicht nur geldlich sondern auch psychologisch. Wir sind Arbeiter wie die Bienen oder die Ameisen, und wir können nicht

72

gesund bleiben, wenn wir nicht arbeiten – als was es auch sein mag, als Bergmann, Astronom oder Dirigent, immer tut es uns wohl und ist für uns notwendig. Wenn wir diese Tatsache einsehen, werden wir uns den Aufgaben des Lebens mit einem viel aufgeschlosseneren und bereiteren Geist widmen. Wenn wir Bewunderung und Begehren nach Vollkommenheit pflegen, werden wir finden, dass uns unsere Arbeit in einem viel höheren Maße Befriedigung gibt.

Aber all dies genügt nicht, ist nicht gut genug. Es ist nur die rein individuelle Stellungnahme zum Leben: »Ich will dies auf diese Art tun, weil es mich freut!« Genauso wie ein Leben der Ehelosigkeit nicht der wahre Weg zu Glück und geistiger Vollkommenheit ist – der nur in gemeinsamen menschlichen Beziehungen, im Zusammenleben mit Menschen gefunden werden kann – so kann Arbeit, wenn man sie nur als die Beschäftigung *eines* Menschen ohne Beziehung zu anderen betrachtet, niemals wirklich befriedigen. Arbeit sollte als eine Gabe betrachtet werden, dein eigenes persönliches Geschenk an die Welt: »Nimm dies von mir mit einem Gruß. Es ist *meine* Arbeit, und ich bin sehr stolz darauf.« Es ist dein Beitrag, das Leben eines jeden, das deinige eingeschlossen, zu erleichtern. Mit anderen Worten, es ist dein Dienst. Du magst dafür bezahlt werden, zu wenig oder zu viel; es mag eine geringe Aufgabe sein, wie Straßenreinigen, oder eine gefährliche Aufgabe, wie Bombenentschärfen, aber wenn du sie mit Stolz tust, in dem Bewusstsein, dass es dein Beitrag für die Gesellschaft ist, dass du sie gut tust, dass du nicht eine Drohne im Stock bist, sondern dein Brot redlich verdienst, ehrlich und durch deine eigene Anstrengung, wirst du sicherlich ein Gefühl der Befriedigung daraus erhalten.

Lass deinen Charakter nicht so werden wie das abgestandene Wasser eines Tümpels, in dem sich Schleim und Keime vermehren. Erkenne, dass es in dir Springbrunnen gibt, die aus seltsamen und unendlichen Vorratsquellen gespeist werden. Du bist dazu bestimmt, wie ein Bach zu fließen, und das Gut, das du in irgendeiner Weise, in größerem oder kleinerem Maße, besitzt, mit anderen zu teilen und damit deinen Beitrag zum Leben der Welt zu leisten. Arbeite nicht – diene!

Eines Abends hatte ich in einer Straßenbahn in Brüssel eine bemerkenswerte und unvergessliche Lektion über Arbeit. Als ich vom

73

Geschäftsviertel an den Stadtrand zurückkehren wollte, nahm ich eine Straßenbahn. Ich fuhr nur fünfzehn oder zwanzig Minuten mit ihr, und dies war vor vielen, vielen Jahren. Dennoch hat mich der Schaffner über die Art zu arbeiten mehr gelehrt, als es je ein anderes menschliches Wesen getan hat. Er schien das Gefühl zu haben, dass die Straßenbahn ihm gehöre, dass es geradeso sei, als ob jemand sein Heim betrete, wenn man einstieg, dass er für jedermann verantwortlich und der Gastgeber sei. Dies war ihm nicht bewusst. Irgendwie legte er sein Selbst in seine Arbeit. Die Pflichten eines Straßenbahnschaffners sind festgelegt; er muss Fahrscheine verkaufen, Geld wechseln und sehen, dass die Gesellschaft nicht betrogen wird. In Brüssel macht er außerdem das Leben eines jeden Fahrgastes dadurch sauer, dass er als Fahrtsignal in ein schreckliches kleines Messinghorn stößt. Aber dieser Mann – der vielleicht niemals dessen gewahr geworden war, dass alles, was man von ihm verlangte, war, dass er schmutziges Geld anfasst und in sein Horn stößt – half alten Männern, Frauen und Kindern beim Aus- und Einsteigen. Er reichte ihnen ihr Gepäck, er hielt das Baby, bis die Mutter ausgestiegen war, er ging durch die Straßenbahn wie ein Mann in seinem Wohnzimmer, setzte einige ermüdete Personen bequem hin oder bat andere, für eine Frau ein wenig Platz zu machen. Er beantwortete an ihn gerichtete Fragen eifrig und besonders höflich, sagte den Leuten, die ihn darum gebeten hatten, ihre Haltestelle; er lächelte, er schaute dich mit einem Ausdruck an, der so viel besagte wie: »So, Du bist hier, was kann ich wohl für Dich tun?«

17 Es war wie ein Wunder. Ich konnte nicht umhin, darüber nachzudenken, wie diese Welt aussehen würde, wenn alle Menschen ihre Arbeit so verrichteten. Anstatt mürrisch, verdrießlich oder gleichgültig zu sein, anstatt die Haltung einzunehmen, »dies ist nur der Weg, auf dem ich mein Brot verdiene, es hat nichts mit mir zu tun. Ich bin hier, um die Fahrkarten zu knipsen und Signal zu geben, und mehr werde ich nicht tun«. Anstatt zu jedermann kalt und unpersönlich zu sein (wie es fast alle von uns den ganzen Tag lang sind), war er aufmerksam, höflich und hilfsbereit. Und was wichtiger ist, ich bin mir sicher, er war glücklich. Dadurch, dass er sein Bestes in dieses wenig ansprechende Geschäft legte, erhielt er reiches Entgelt an Zufriedenheit. Es stand auf seinem Gesicht geschrieben, einem schlichten, mü-

den, durchschnittlichen Gesicht, aber mit einem Ausdruck nahezu strahlenden Glückes. Er hatte das Geheimnis der Arbeit gefunden: Dienst – der goldene Talisman, der Plackerei in Vergnügen, Müdigkeit in Zufriedenheit und Langeweile in Interesse verwandelt. Kann jemand sagen, dass seine Mühe umsonst und dass er töricht war? Ich war einer der Fahrgäste dieses Mannes, und ich werde ihn nie vergessen, solange ich lebe. Ein Mensch kann so viel tun. Es ist wert, dass wir darüber nachdenken; wenn wir es ihm alle gleichtäten, wie würde die Welt aussehen! Geben heißt empfangen. Es ist ein geheimnisvoller Vorgang: je mehr du die feineren Eigenschaften deines Charakters zu Worte kommen lässt, desto mehr scheinen sie in dir zu wachsen und sich zu vervielfachen.

7. Gewohnheit

Das Wasser gräbt sich nach und nach einen Kanal; indem es dahin-strömt, vertieft und erweitert er sich. Einen Fluss aus seinem alten Bett in eine neue Richtung zu lenken, ist ein schwieriges Unterfangen, und doch wurde es vom Menschen oftmals getan. Gewohnheiten sind gute oder schlechte Kanäle in unserem Leben. Wir lassen entweder unsere Persönlichkeit aus Trägheit der Linie des schwächsten Widerstandes folgen – wie es das Wasser tut – und belasten uns mit einer Anzahl schlechter Gewohnheiten, oder wir weisen unseren Charakter auf gute Wege – wie dem auch sei, die Tatsache, dass der Mensch wie jedes andere Lebewesen stark durch die Gewohnheit geformt wird, ist ein Aktivposten für uns.

Die Gesellschaft hat heute sehr schlechte Gewohnheiten angenommen. Sie ist voller Vorurteile: in einigen Ländern, wie z. B. den Vereinigten Staaten und Deutschland, ist das Rassenvorurteil sehr stark; in anderen, wie z. B. Indien und England, herrscht das Klassenvorurteil; in anderen, wie z. B. in Arabien und einigen katholischen Ländern Südamerikas, überwiegt das religiöse Vorurteil. Nahezu jeder Staat hat irgendeine Form des nationalen Vorurteils. Diese, verbunden mit vielen anderen schlechten gesellschaftlichen Angewohnheiten – man würde sie besser die Gemeinschaft schädigende Gewohnheiten nennen – halten die Menschheit auf einer niedrigen Daseinsebene. Sie müssen überwunden werden, indem sie von jedem einzelnen und in weiterem Ausmaß von Gruppen durch Erziehungsprogramme, durch öffentliche und aufklärende Propaganda, durch Gesetzgebung usw. bekämpft werden.

Die Tatsache jedoch, dass wir Gewohnheitsmenschen sind, ist einer der größten Aktivposten, die wir besitzen. Geistige und physische Gewohnheiten sind von Vorteil. Unsere Fähigkeit, dieselbe Sache

77

wieder und wieder zu versuchen, bis sie uns zur zweiten Natur wird, ist eine Säule unserer Kraft und einer der größten Faktoren unseres Fortschritts. Dies, verbunden mit unserer wundervollen angeborenen Anpassungsfähigkeit, gibt uns eine Elastizität und Kraft, die keine andere Lebensform besitzt. Es ist keine Übertreibung, wenn wir sagen, dass es nichts gibt, was der Mensch nicht tun oder sein kann; so groß ist seine Erfindungsgabe, die Fähigkeit, seine Begabung in immer neue Kanäle zu leiten und sich dauernd neuen Situationen anzupassen. Der Mensch als einzige Lebensform lebt gleichzeitig in den Eiswüsten des Polarkreises, den unfruchtbaren Steppen und Wüsten der trockenen Zonen und den Tiefen des äquatorialen Dschungels. Der primitivste Mensch kann gewöhnlich in einer Generation, und wenn nicht, dann in zwei Generationen durch den Wechsel seiner Umgebung zivilisiert werden. Ein Kind, das nackt in einem afrikanischen Kral aufgewachsen ist, kann an der Universität in Oxford einen akademischen Grad mit allem, was dazu gehört, erlangen und mit einem Oxford-Akzent sprechen. Vielleicht würde es vergessen, dass es einmal ein sogenannter ›Wilder‹ war, wenn es die Menschen nicht daran erinnern würden. Was ist mit ihm geschehen? Das wunderbarste alles Formbaren, die menschliche Seele, hat sich in eine neue Form ergossen, und diese Form hat neue Gewohnheiten.

Die Kindheit ist selbstverständlich die beste Zeit für den Menschen, seine Gewohnheiten zu formen. Der Bach, der noch in keine bestimmte Richtung fließt, der gerade frisch aus dem Boden quillt, ist bereit, nahezu jeden Weg zu nehmen, den man ihm eröffnet. Wenn ein normales Kind unmittelbar auf gute Gewohnheiten gelenkt wird, wie Wahrhaftigkeit, Mut, Aufrichtigkeit, Ehrlichkeit, Höflichkeit, Zuneigung, Güte, Fleiß usw., wird es mit einer gesunden, starken Ausrüstung beginnen, zu der es später die anderen Zusätze des Lebens, wie eine Laufbahn, Bildung, Liebhabereien und menschliche Beziehungen, nach eigener Wahl fügen kann. Wenn es einen schlechten Start hat, wenn es in einer erniedrigenden Atmosphäre von Verbrechen, Sünde, Streit, Lüge, Vorurteil, Hass oder Dummheit aufwächst, wird es natürlich von vornherein durch schlechte Gewohnheiten behindert. Die Persönlichkeit wird eine Menge schlechter Kanäle für ihre Charakterbildung gegraben haben. Doch wie oft sehen wir die edelsten

Menschen aus dem Schlamm einer schrecklichen Umgebung ihrer Kindheit emporsteigen. Wo alle Türen offenstanden, um üble Gewohnheiten zu formen, hat die Seele des Menschen entgegenwirkt und hat zwischen dem, was rein und köstlich, und dem, was schmutzig und erniedrigend ist, unterschieden und hat sich selbst in Formen der Gewohnheit ergossen, die denen der Umwelt genau entgegengesetzt sind. Oft ist auch das Gegenteil der Fall: ein Mensch, der mit allem Vorteil einer guten Umgebung geboren wurde, gute Beispiele und jede Gelegenheit zur Verbesserung gehabt hat, geht vor die Hunde.

So stark Gewohnheit auch ist, so hängt sie doch in einer Angel, und diese Angel ist die Willenskraft; das Werkzeug, das jedem angeboren und immer bereit ist, um tausendmal angewandt zu werden, ist der Wille. Der Mensch kann etwas tun wollen, und dieser Wunsch kann stark genug sein, ihn durch Erde, Luft, Feuer und Wasser zu tragen. Gewohnheiten können durch Willenskraft geändert werden. Neue können, gleichgültig wie alt du bist, durch Willenskraft in dein Leben eingeprägt werden. Wie oft hören wir den Ausspruch: »Der Patient muss den Wunsch haben, gesund zu werden«, und es steckt eine Wahrheit darin: der Wille muss das Lebensinteresse und die Lebenskraft in den Kanal der Gesundheit leiten. Die Psychologen wissen, dass durch den Willen in unserem Gemüt und Dasein Lebenswege zerstört und neue eingeschlagen werden können.

Wähle eine neue Gewohnheit, wenn du glaubst, dass du eine neue benötigst, und mache dir bewusst, dass du erstaunlich anpassungsfähig bist, dass du eine wundervolle Kraft in dir hast – deine Seele –, die ihr Gewicht in die Waagschale werfen wird, und dass hinter dieser Kraft eine viel größere steht, die Kraft Gottes, die bemüht ist, dir zu helfen, dich zu vervollkommnen und Fortschritte machen und die volle Blüte deiner eigenen höchsten Möglichkeiten entfalten zu lassen. Mit diesem Bewusstsein lenke deine Persönlichkeit in den neuen Kanal. Die erste Anstrengung wird meist schwer sein, denn die Trägheit muss überwunden werden, du musst dich selbst in Bewegung bringen und eine neue Form in dich pressen; aber jeder Schritt vorwärts bringt ein ungeheures Anwachsen der Kraft mit sich, die Aufgabe wird leichter und leichter, bis sie zur Gewohnheit wird und wie von alleine abläuft. Wenn du eine schlechte Gewohnheit in dir findest, beginne, sie

zu zerstören. Vielleicht ist der leichteste Weg dazu, darüber nachzudenken, was du anstelle dieser Gewohnheit haben möchtest. Wenn du
dich entschlossen hast, mit dem Kartenspielen aufzuhören oder dein
schwerverdientes Geld durch Pferdewetten zu verlieren, mache es dir
dadurch leichter, dass du eine andere Gewohnheit an den leeren Platz
setzt, die Gewohnheit, gute Bücher zu lesen, mit deinen Kindern zu
spielen, sie nutzbringende Dinge zu lehren oder von deiner Zeit und
deinem Geld etwas für Menschen aufzuwenden, die einen bitteren
Kampf in harter Umgebung führen. Vor allem kultiviere Gewohnheiten, die es dir ermöglichen, dich besser zu erkennen, dich deines
Lebens tiefer und aufrichtiger zu erfreuen, und die dich näher zu dem
Einen führen, Der dich erschaffen hat und dich liebt, wie es kein
Mensch jemals vermag.

7   Eine Eigenschaft, die nahezu überall den Städtern fehlt, ist Stärke
und Ausdauer. Städter haben mehr als die Landbevölkerung, die noch
enger mit der Natur verbunden ist, bei all ihrer ›Hartgesottenheit‹ und
ihrem Intellektualismus, eine Neigung zur Schwäche. Sie sind nicht
unbedingt physisch schwach, aber willensschwach. Sie leben ein Leben der Flucht, sie sind voll Durst nach Abwechslung, nach etwas, das
sie sich selbst vergessen lässt, nach schmerzstillenden Mitteln für ihre
ungesunden Seelen und dies in einem Ausmaß, das bestürzend ist.
Städte sind Orte der Vergessenheit. Die Künstlichkeit der Umgebung,
das schnelle Arbeitstempo, das Netzwerk der Vergnügungen – alles
um den höchsten Platz im öffentlichen Hunger nach Vergessen eifernd
– dies alles lenkt das Leben der Stadtbevölkerung mehr von ihrem
wahren Selbst ab, als es bei jenen der Fall ist, die ein ruhigeres und
naturverbunderes Leben führen.

8   Das Leben, bei all seiner erheiternden Tätigkeit, seiner Kraft und
Lebendigkeit, ist trotzdem in vieler Hinsicht eine ernste Angelegenheit. Sorge, Tragik, Krankheit und Tod berühren jeden zu einem bestimmten Zeitpunkt, sei er Millionär oder Bettler. Wenn du nicht tief
empfinden kannst, sei es in Freude oder Schmerz der Seele, bist du
kaum ein menschliches Wesen, denn das Gefühl ist das Erkennungszeichen des Lebendigen. Wenn das Leben hart ist oder dir plötzlich
einen schweren Schlag versetzt und du dann nicht im Feuer stehen
und brennen und deinen Schmerz ertragen kannst, indem du aushältst

und nicht entfliehst, bist du nicht nur ein Schwächling, sondern es mangelt dir eines der feinsten Dinge, die das Leben dir bieten kann – geistige Zucht.

Daher sollten die Menschen nicht nur gute und gesunde Gewohnheiten für sich wählen, sondern auch aus der inneren Quelle ihres Geistes Kraft und Mut schöpfen, um den Prüfungen des Lebens zu begegnen und sie zu bestehen. Millionen Männer und Frauen haben unlängst Tiefen in sich entdeckt, deren Vorhandensein ihnen nie zum Bewusstsein gekommen war. Wenn sie völlig erschöpft waren, fanden sie, dass sie dennoch weitermachen konnten. Wenn sie erschrocken und in drohender Gefahr den Tod auf jeder Seite sahen, entdeckten sie, dass ihre kleine Persönlichkeit, ungewohnt solcher Schrecken und Spannung, sich zusammenraffte und mit einer Stärke und einem Mut vorwärtsging, von deren Größe sie keine Ahnung hatten. Dies ist eines der wenigen guten Dinge, die der Krieg für uns tut. Er bringt unsere Widerstandskraft hervor, lässt uns aufrecht auf unseren beiden Beinen stehen und sagen: »Ich kann und ich will aushalten!« Dieses angeborene Heldentum, wie unbewusst es in Friedenszeiten sein mag, ist der Glanz der menschlichen Seele. Nicht die Körper, sondern die Seelen ertragen unendlich viel in Kriegszeiten. Die Menschen bilden die Gewohnheit aus, täglich und unbewusst heroisch dazustehen. Welch wundervolle Welt könnte in Zukunft gebaut werden, wenn dies auf Friedenszeiten übertragen würde und diese Haltung und Kraft, aus Gefahr und Leiden geboren, zur Gewohnheit werden könnte als ein Teil unserer beständigen Stellung gegenüber den Problemen des Lebens.

8. Leid und Prüfungen

Das Leben ist ein fortgesetztes Wachsen und ein immerwährendes Streben, den Kopf über Wasser zu halten. Auch wenn es leichter und bequemer gemacht wird, bringt es doch unvermeidlich Bedrückung und Kampf mit sich. Hast du jemals in deinem Leben einen Menschen getroffen, der noch kein Leid erfahren hat? Ein gebrochenes Herz, eine unglückliche Ehe, eine trübe Kindheit, Armut, Krankheit, Verrat, Todesfälle oder bittere Fehlschläge und Enttäuschungen – irgendwie und irgendwann hat uns eines oder vieles davon getroffen. Sie sind ein Teil des Lebenslaufes.

Dennoch begegnet der zivilisierte Mensch diesen Prüfungen und Leiden nicht nur mit großer Empörung, sondern weit davon entfernt, einen Versuch zu ihrem Verständnis zu unternehmen oder sich zu fragen, ob sie einen berechtigten Platz oder eine Funktion in seinem Leben haben, widmet er den größten Teil seiner Zeit dem Bemühen, sich einen Trost für sie zu ersinnen und ihrem Ansturm zu entgehen, sei es durch eine sorgfältig durchdachte seelische Haltung oder durch Vergnügungen und fieberhafte Tätigkeit. Manche Menschen versuchen, sich hinter religiösen Dogmen, die das Bestehen von Leid und Bösem verneinen, zu verkriechen; andere versuchen durch Anwendung physischer oder seelischer Heilmittel, durch Diät, tiefes Atmen und körperliche Übungen oder durch Umwandlung ihrer Gefühle von Leid und Elend in Empfindungen freundlicherer Natur dem vollen Gewicht der Lebenslast zu entfliehen. Die Flucht vor den Problemen findet man in der heutigen Welt auf Schritt und Tritt. Die Menschen scheinen den Mut verloren zu haben, den Lebensproblemen so ins Auge zu sehen, wie sie wirklich sind, und das Schicksal zu meistern. Es fehlt ihnen die moralische Ausdauer. Alles drängt nach schnellen und leicht zu erringenden Erfolgen, nach billigen Siegen und nach Vergessenheit.

Der einzelne frönt solchen Gewohnheiten, und selbst die Staaten scheinen in ihrer Regierungspolitik die gleiche Linie einzuschlagen.

3 Nehmen wir z. B. die Verbreitung des Horoskoplesens. Menschen mit gesundem Urteilsvermögen und Erfahrung im geschäftlichen Leben befragen regelmäßig ihr Horoskop und werden in einem oft unglaublichen Ausmaß von den Konstellationen geleitet, die ihnen ein berufsmäßiger Astrologe ausgerechnet hat. Dieser maßt sich dabei an, ihnen die zukünftigen Ereignisse trotz der Tatsache vorauszusagen, dass es kein Gelehrter oder Wissenschaftler der Zeitgeschichte wagen würde, auf diesem Gebiet etwas Sicheres auszusagen. Kristallseher, Handleser, Wahrsager, Spiritisten, Seher und Mystiker des Ostens betreiben mitten im Herzen der westlichen Welt ein einträgliches Geschäft – fürwahr sehr paradox. Paulus sagte: *»Da ich aber ein Mann ward, tat ich ab, was kindisch war!«*[7] Man könnte sich vorstellen, dass das Zeitalter der Dampfmaschine, des Flugzeuges, des Elektronenmikroskops, des Rundfunks, der Röntgenstrahlen und der Atomzertrümmerung als das Zeitalter der Reife für die Menschheit angesehen werden sollte – und doch versuchen wir in unseren übermechanisierten Städten, uns unseren Lebensweg durch Hokuspokus, Horoskope, Hypnose und Traumbilder zu erleichtern. Was ist mit uns los? Warum sind wir, die so reichen und wahrhaftigen Könige der Schöpfung, so schlecht auf das Leben eingestellt, so furchtsam seinen Problemen gegenüber, so kindisch bemüht, dass wir in Wohlbehagen eingelullt werden, dass uns etwas Schönes vorausgesagt oder wir durch falsche Sicherheit beruhigt werden?

4 Der Mensch, der ein wenig närrisch oder leichtsinnig oder sogar etwas abergläubisch und kindlich vertrauend sein möchte, tut nicht wirkliches Unrecht, wenn er sich sein Schicksal wahrsagen oder sein Horoskop stellen lässt. Was aber schädlich ist, ist seine Einstellung diesen Dingen gegenüber, die ihn so viel Vertrauen in sie setzen, sie als Mauer gegen die Wirklichkeit benutzen und seine Hoffnungen an diese bestenfalls nichtigen und törichten Prophezeiungen hängen lässt.

5 Auf die verschiedenen Arten der Wahrsagerei folgen die Patentkuren. Wenn der Mensch sich durch Atmen, Essen und Übungen in einen Idealzustand versetzen könnte, müsste ein ganz beträchtlicher Teil der Bevölkerung dieser Erde in diesem wunderbaren Zustand sein! An

Diät, tiefem Atmen oder Übungen ist nichts eigentlich Schlechtes, im
Gegenteil, sie sind ausgezeichnet für die Gesundheit, und viele Menschen würden gut daran tun, solche Dinge unter der Leitung eines Arz-
tes zu betreiben. Aber was führt die Menschen dazu, sich diesen Dingen mit religiösem Eifer zu widmen, Fanatiker für ihre Lieblingsidee
zu werden und zu glauben, dass Leiden nicht zum Los der Menschheit
gehören und daher abgeschafft werden müssen? Wir sehen diese Haltung in einer noch auffallenderen Form auf dem sozialen Gebiet des
menschlichen Lebens, in Verbindung mit der Abschaffung der Todes-
strafe auf der einen Seite und der Einführung der Gnadentötung auf
der anderen – tatsächlich wurde dies noch übertroffen, als Deutschland unter Hitler das Recht für sich in Anspruch nahm, die Untaugli-
chen, Alten, Arbeitsunfähigen, Irren und Verbrecher zu töten und daraus eine Staatspolitik zu machen. Alle diese Dinge, vom Kartenlegen,
um die Zukunft vorauszusagen, bis zur Gaskammer, die die Irren und
Unerwünschten aus der Welt schaffen soll, sind Zeichen einer schwer-
wiegenden Abirrung im menschlichen Denken und stehen mit dem
ganzen Begriff vom Sinn und Zweck des Lebens in Verbindung.

Außer einigen Unverbesserlichen glauben die Menschen daran, 6
dass Kummer, Leid und Elend tatsächlich vorhanden sind. Wir können zwei verschiedene Einstellungen ihnen gegenüber feststellen: die
eine, dass sie als ein Wesenszug des Lebens notwendig sind und einen
Zweck erfüllen, den keine andere Art des Erlebens ersetzen kann, und
die andere, dass sie nicht wichtig sind und fast ganz beseitigt werden
können. Warum dieser Makel an unserem irdischen Glück? Sind sie
dazu bestimmt, bei der Bildung unseres Charakters eine Rolle zu spielen? Wie sollten wir uns ihnen gegenüber verhalten?

Es gibt zwei Arten irdischen Erleidens: die eine ist wesentlich, die 7
andere unwesentlich. Oder wir können auch sagen: eine wird uns zu
unserem eigenen Besten auferlegt, die andere ist zufällig und wird
durch eine Verkettung von Umständen hervorgerufen. Ein Kind wird
von seinen Eltern erzogen, es wird gelehrt, gewisse Dinge zu tun und
andere zu lassen, es wird für falsches Tun bestraft, schwierige Aufgaben werden ihm gestellt, damit es lernt und Kräfte sammelt. Dies
wird von denen, die für seine Entwicklung verantwortlich sind, geplant. Aber wenn das Kind ausgleitet und die Treppen hinunterfällt,

wenn es seine Hand am Ofen verbrennt oder von einer Schlange gebissen wird, ist es nicht der Fehler der Eltern oder ein bewusstes Vergehen des Kindes; es sind vielmehr Wechselfälle des Lebens, die vielleicht hätten vermieden werden können und die, wenn möglich, vermieden werden sollten.

8   Das Leben ist voller Gefahren. Wenn du beim Überqueren der Straße nicht nach beiden Seiten schaust, kannst du leicht überfahren werden. Du musst dauernd deinen Verstand gebrauchen, und die Stadt muss Wege finden, den Verkehr zu regeln; in diesem Sinne wird es stets ein Bemühen in der Welt geben, Leid zu verhüten , und es ist richtig und gut, dass der Mensch alles, was in seiner Macht steht, unternimmt, um gegen unnötiges Leid und Dinge, die Trauer, Herzeleid und Krankheit verursachen, anzukämpfen und sie zu vermeiden. Die Medizin wehrt sich gegen Krankheit und Gebrechen, die Verursacher von großem Leid. Die Sozialreformer kämpfen gegen Armut und Verbrechen, die Quellen ungezählten Elends. Die Gesetzgeber suchen Wege, um das Leben des Menschen sicherer und glücklicher zu machen. Dieser Kreuzzug sollte immer fortgesetzt werden, und die Menschen sollten über alle unnötigen Leiden entrüstet sein und danach streben, sie zu vermeiden.

9   Aber die zweite Leidensform, die uns züchtigt und im Schmelzofen der Prüfung das glänzende Schwert unserer Seele schmiedet, kann und sollte nicht umgangen werden. Wir sollten daran denken, dass unter Druck große Dinge geboren werden. Diamanten bilden sich in geschmolzenem Gestein. Die zartesten Blüten des menschlichen Geistes sind meist mit Tränen betaut. Kampf gibt Stärke, das Ertragen von Schlägen eine größere Fähigkeit zur Ausdauer. Wir dürfen nicht vor dem Herzeleid im Leben davonlaufen; wir müssen es auf uns nehmen, wie schwer es auch sein mag, und aus dem Feuer mit einem stärkeren Charakter und einem größeren Vertrauen zu uns selbst und zu unserem Schöpfer hervorgehen, denn Er züchtigt uns, gleich guten Eltern, weil Er uns liebt und weil Er weiß, was aus uns gemacht werden kann und dass der Preis, der gewonnen werden kann, den Schmerz wert ist.

10   Wir leben heute in einer großartigen Welt. Bedeutende Mächte sind am Werk – Sonne, Wind, Regen, Nacht und Tag – und sie voll-

bringen Großes in der Natur. Elektrizität und Anziehungskraft sind
große Kräfte, die die Erde mit all ihrer Schönheit, ihrem Leben und
ihrem Wachstum fördern. Auch wir Menschen sind starken Kräften
unterworfen. Liebe, Hass, Leidenschaft, Furcht, Kummer und Leid
beeinflussen und spornen uns an, entwickeln unsere Fähigkeiten und
verleihen uns Farbe und Individualität. Warum wollen wir einige dieser Lebensnotwendigkeiten vermeiden oder ausschalten, da sie doch
unsere besten Seiten entwickeln, unseren Stahl härten und uns lehren,
das wahre Glück zu schätzen? Kann ein Mensch, der niemals in seinem Leben hungrig war, wissen, was ein Stück Brot bedeutet, und
dessen ganzen Wohlgeschmack wie ein Mensch, der hungern gelernt
hat, genießen? Wenn wir durch unser Leben gehen und das Vorhandensein von Leid und Elend verneinen oder uns weigern, ihre Schärfe
zu erfahren, weil wir uns mit törichten seelischen Einstellungen oder
psychologischen Betäubungsmitteln dagegen polstern, wird eine Generation erwachsen, der Tiefe und Empfindungsvermögen und jeder
feste moralische Halt fehlt. Dann wird die Klinge unserer Seele stumpf
werden.

Wir brauchen das Leid nicht zu lieben. Wir sollten nicht so töricht 11
darüber denken, wie manche Asketen es tun, die es als eine Tugend
ansehen und es durch Selbstkasteiung und Quälerei pflegen; aber wir
sollten, wenn der Kelch an unseren Lippen ist und wir keine andere
Wahl haben, als zu trinken, ihn stark und mutig leeren im Bewusstsein,
dass dies schmerzen, aber auch stärken, verletzen, letzten Endes aber
auch heilen wird. Ohne Extreme gibt es keine Gegensätze, und das
Leben wird zu einem dumpfen, eintönigen, grenzenlos grauen Tag,
zwar ohne Schatten, aber auch ohne den Glanz des Sonnenlichtes.

Alle Lebensbestandteile sind mit ihrer besonderen Belohnung 12
verknüpft: Schönheit kann Freude und Liebe kann Glück spenden,
Wissen vermag Seelenfrieden zu bringen, Kummer kann Stärke verleihen, und Leid vermag das Wesen des Menschen zu vertiefen. Sie
können dies tun; es ist an *uns* ,den Versuch zu machen, aus jeder
Lebenserfahrung das Beste, das sie bietet, herauszuholen.

Wir müssen ferner daran denken, dass es in unserem Leben man- 13
che Dinge gibt, die wir noch nicht verstehen können. Es gibt Geheimnisse, die für uns entweder zu tief sind oder die wir jetzt noch nicht

verstehen können. Eines ist davon z. B. das Wissen um die Grenze zwischen freiem Willen und Bestimmung. Ein anderes ist, warum Unschuldige für Schuldige leiden müssen. Ein weiteres: das Wissen um das Leben nach dem Tode; wo, in welchem Zustand und mit welchen Empfindungen die Persönlichkeit des Menschen, den wir gerade beerdigt haben, sich aufhält, wissen wir nicht. Wir erkennen nicht, warum Kinder, die ihrer Eltern beraubt oder von ihnen ausgesetzt wurden, den Hunger nach Liebe und den Schmerz, der ihnen durch grausame und gleichgültige Menschen zugefügt wird, ertragen müssen. Warum Millionen Kinder durch Kriege, für die sie nicht die geringste Verantwortung tragen, Entsetzliches erleiden und Dinge erleben müssen, deren Schrecken erwachsene Menschen kaum überstehen. Wir erkennen nicht, wie viel wir in unserem Leben hätten besser machen können und wie viele Kämpfe wir verloren haben. Wohl hätten wir sie gewinnen können, aber wir wandten unsere Kraft nicht voll an und entschieden uns nicht in der rechten Weise.

14 Dennoch können wir bestimmte Dinge sowohl durch logisches Schlussvermögen als auch durch Erfahrung begreifen. Gott, mit allem, was der Begriff einschließt, kann ebenso wenig ungerecht als ohne Liebe zu uns sein. Nichts könnte ungerechter oder liebloser sein, als einem Menschen eine Aufgabe zu stellen, die er unmöglich lösen kann, oder etwas von ihm zu verlangen, was seine Kräfte übersteigt. Die Prüfungen, die uns im Leben auferlegt werden, sollen unsere Kraft erproben und sie stärken und vervollkommnen. Es werden uns keine Aufgaben gestellt, die wir nicht erfüllen könnten; wir werden nie von Gott tyrannisiert. Im Gegenteil, Er setzt die Hürde ein wenig höher, weil Er weiß, dass wir jetzt zu diesem Sprung in der Lage sind. Wenn wir es versuchen, wird Er uns helfen. Er ist der Freund der Menschenseele, und Er will uns dazu bringen, stärker und der Erbschaft würdig zu werden, die Er für uns bestimmt hat. Deshalb ist Er bereit, uns die helfende Hand zu leihen, wenn wir Ihn darum bitten. Wenn wir unsere Hände zu Ihm aufheben, wird Er sie ergreifen und festhalten.

9. Der grosse Plan

Nachdem wir über die wichtigsten Voraussetzungen für ein richtiges
Leben nachgedacht haben, kommen wir zu den eigentlichen Grundlagen unseres Lebens, d. h. unseres Lebens als menschliche Wesen,
denn ohne diese Grundlagen bleibt es ohne Sinn, Richtung und Zweck.
So verwickelt eine Sache auch sein mag, ob es nun die Erscheinungs-
weisen der Materie, die Verschiedenheit der Bedeutungen oder die
Unterschiede der Begriffe sind, immer kann sie auf einfache Grund-
prinzipien zurückgeführt werden. Zu oft sehen wir den Wald vor lau-
ter Bäumen nicht. Wir verlieren den Überblick, wenn wir uns zu sehr
in die Einzelheiten vertiefen. Obgleich es im Leben große Gegensätze
und Extreme gibt, sind sie doch immer fest miteinander verbunden,
sie arbeiten miteinander und bringen so den Zustand des Gleichgewichtes hervor, der das Universum vollkommen und geordnet gestaltet; z. B. ist die Sonne 149.000.000 km von uns entfernt, ein leuchten-
der Ball flammender Gase, in dessen Nähe kein Leben bestehen kann,
und doch hängt unser so weit entferntes Leben und Treiben auf diesem kleinen sich drehenden Stecknadelkopf, der unsere Erde ist, von
der Sonne ab. Was versöhnt uns mit dieser Kraft, die wir in der Nähe
niemals ertragen könnten und die uns gänzlich vernichten würde?
Was verbindet uns mit ihr und befähigt uns, ihre Kräfte aufzufangen
und zu verwerten? Es ist durch einen Vermittler möglich, der uns das
rechte Maß der Sonnenkraft zuleitet und dadurch das Leben auf diesem Planeten ermöglicht. Mittler sind die Sonnenstrahlen, die Licht
und Wärme in sich tragen. Wir gehen nicht zur Sonne, und sie kommt
nicht zu uns, aber durch die Sonnenstrahlen erhalten wir all das Gute,
das wir brauchen.

Das Wesen, das dieses ungeheure System des Kosmos, in dem wir
leben, schuf, gleicht in seiner Beziehung zu uns der Beziehung der

89

Sonne zu uns: ein Wesen, das uns erschuf und mit dem wir als Geschöpfe nie in direkte Beziehung kommen können, von dem wir aber alle unsere Kräfte herleiten. Dieses Wesen nennen die Menschen ›Gott‹. Es gibt wohl nichts, über das die Menschen ungereimter und verwirrter denken als über Gott. Einige sagen, Er existiere überhaupt nicht, und schalten somit sofort die einzig vernünftige Erklärung für unser Sein und das des Universums aus, denn wie kann eine Wirkung ohne Ursache sein? Wie können wir, denkende, selbstbewusste, liebende und planende Wesen, durch eine Kraft hervorgerufen worden sein, die tiefer als selbst die leblosen Formen der Materie steht? Kein Leben entfaltet sich anders, als es schon in die Genen und Protoplasmen seiner Ursprungsform hineingelegt wurde. Warum sollten die für richtig erkannten Lebensgesetze da nicht mehr gelten, wo es sich um die größte Idee handelt, nämlich um die Entstehung des Menschen und des Universums? Wer auch alle diese Dinge geschaffen haben mag oder der Ursprung ist, aus dem beständig alle Dinge entspringen, dieses Wesen muss sich nicht nur seines eigenen Seins so bewusst sein wie der Mensch, sondern noch weit darüber hinaus, sonst würde der Mensch nicht da sein können.

Wenn wir daran glauben, dass es einen Gott gibt und dass wir das Ergebnis Seiner Pläne sind, dann sollten wir uns fragen: was ist das Wesen Gottes? Manche sagen: »Er ist in uns und in allen Dingen.« Das ist etwa ebenso als würden wir sagen, dass wir in der Sonne sind und die Sonne in uns. Sie behaupten, dass Gott überall sei. Wenn wir kritisch überlegen, ist ›überall‹ gleich nirgends. Alles Sein ist in unserem Universum klar bestimmt, nicht verschwommen. Wenn wir einen Physiker oder Astronomen fragen, wo ein Atom oder Stern sei, wird er nicht sagen ›überall‹, sondern er wird zumindest beschreiben, wo es zuletzt war oder demnächst sein wird, und uns dann so genau wie möglich seinen gegenwärtigen Ort nennen; niemals wird er aber ›überall‹ sagen. Wenn wir behaupten, dass Gott ›überall‹ ist, so kann das nicht richtig sein, weil nach unserem Wissen kein ›überall‹ vorhanden ist, die Materie erscheint in verschiedenen Formen und an verschiedenen Orten. Das, was am meisten dem Gedanken ›überall‹ entspricht, ist gegenwärtig die Elektrizität. Aber Gott kann keine Elektrizität sein, weil sie etwas ist, was wir kennen und erforschen.

Das Wesen, das uns erschaffen hat, muss so mächtig sein wie wir und dazu noch ein Mehr an Macht besitzen, das es befähigt, Leben einzuhauchen. Alles, was wir begreifen können, muss unter uns stehen, sonst könnten wir es nicht geistig erfassen und verstehen. Etwas, das tiefer steht als wir, kann uns nicht erschaffen haben. Deshalb ist Gott keine Elektrizität, und da sie das nächste ist, das an den Begriff ›überall‹ herankommt, können wir nicht sagen, dass Gott ›überall‹ oder ›alles‹ ist. Das Problem ist viel tiefer, schöner und feiner.

Wenn wir sagen, dass das Denken des Atheisten zu oberflächlich sei, um dem Universum, wie es die Wissenschaft unseren Augen bietet, gerecht zu werden, und wenn wir sagen, dass die Pantheisten in ihren Vorstellungen unwissenschaftlich und unlogisch seien, dann müssen wir uns dem zuwenden, was uns die Offenbarungsreligionen über das Wesen Gottes sagen. Vielgötterei ist heute überwunden. Wir brauchen nicht ein Dutzend Götter, um uns damit ein System wie unseren Kosmos zu erklären. *Ein* Gott genügt voll und ganz – ein großer, machtvoller, ursprünglicher und beständig wirkender Schöpfer. Alle Offenbarer haben zu den Menschen von *einem* Gott gesprochen. Christus schilderte Ihn als Seinen Vater, den großen und liebenden Vater aller Menschen. Moses und vor Ihm Abraham lehrten *einen* Gott der Stärke und Macht. Muḥammad sprach von Ihm mit Worten des Preises und der Ehrfurcht. Die wichtigste Erscheinung im menschlichen Leben ist zweifellos die Religion. Es ist gleich, auf welche Karte man schaut, man wird stets die Welt in der Geschichte in Bereiche eingeteilt sehen, die weit ausgedehnter und bedeutsamer sind als jene, die von geographischen oder politischen Grenzen umschlossen sind. Diese Gebiete, die stets kontinentale und nationale Schranken überschreiten, sind religiös zu verstehen. Das beste Beispiel hierfür ist die heutige Welt, die wohl während der letzten Kriegsjahre in große feindliche Lager gespalten, aber darüber hinaus noch durch religiöse Färbungen geteilt war, die die Linie der Schlachten und der politischen Interessen ganz außer Acht ließen.

Jede Weltreligion trägt die gleichen Kennzeichen. Ein Mann, nicht eine Gemeinschaft, eine Behörde oder ein gewählter Kopf, nur ein einfacher Mensch erscheint am Horizont eines Zeitalters und erhebt den verblüffenden Anspruch, das Sprachrohr des einen unsicht-

91

baren Gottes zu sein. Eine große Kühnheit! Aber wir können die Tatsache nicht ableugnen, dass solche Menschen wie Christus, Moses, Abraham, Zoroaster, Buddha und Muḥammad den Verlauf des gesamten menschlichen Lebens in den letzten 4.000 Jahren verändert haben. Was noch erregender wirkt, ist, dass es so wenige Menschen dieser Art gibt und dass diese wenigen, jeder in einem fortgeschritteneren Grade und in einer anderen Geschichtsepoche, das Leben auf diesem Planeten gestaltet haben. Wie sehr auch heute für unsere niedergeschlagenen und enttäuschten Augen die Religion versagt zu haben scheint, die Tatsache bleibt, dass Abraham den Kriegsruf des »Einen unsichtbaren Gottes« erhob, und dass aus Seiner Nachkommenschaft zwei große monotheistische Völker hervorgingen: die Araber und die Juden, die für einige tausend Jahre unser Schicksal beeinflussten; dass Moses aus einem versklavten Volk eine der größten und begabtesten Nationen, die die Welt je gesehen hat, machte; dass Buddha die Geschichte für unzählige Millionen Asiaten zum Besseren wendete; dass Zoroaster durch Seine Lehren und Reformen ein erniedrigtes und unwissendes Volk zum Ruhm erhob; dass Christus die Entwicklung der westlichen Welt veränderte und dass Muḥammad die primitiven Götzendiener zähmte und einen Zusammenschluss von Nationen begründete, der die große arabische Kultur zur Folge hatte, die wiederum in ihrem Ablauf die europäische Renaissance hervorrief.

6 Wir können diese Tatsachen nicht wegleugnen. Hier ist nicht nur Rauch, der das Vorhandensein von Feuer anzeigt, sondern ein großer Brand, der die trübsten und eigensinnigsten Augen zwingt, ihn zu beachten. Religion ist eine ungeheure Macht, nicht nur bloße Philosophie, denn wo nennen sich die Nationen Anhänger Laotses oder Sokrates'? Intelligente Menschen, die weder bigott noch fanatisch sind, anerkennen die Tatsache, dass auch andere Glaubensrichtungen der Welt Gutes und Heilsames gebracht haben. So eng sich der aufgeklärte Christ an die Dogmen seiner eigenen Kirche klammert, wenn er die Geschichte und die menschliche Natur studiert, muss er zugeben, dass der Islám genauso viel für den Osten getan hat wie das Christentum für den Westen. Er kann nicht umhin, auch den Muslim hochzuschätzen, der fünfmal am Tage betet, der glaubt, dass Wohltätigkeit eine schätzenswerte Eigenschaft ist, der gottesfürchtig ist, an ein Leben

nach dem Tode glaubt und der praktisch kein Rassenvorurteil kennt. Er ist ein Mensch, der nach seinen religiösen Lehren lebt, die für ihn ebenso viel bedeuten wie das Christentum für den Engländer, Italiener oder Amerikaner. Ein verständiger Mensch darf gegenüber dem Leben, das durch die Lehren der Juden, der Buddhisten oder der Zoroastrier vorgeschrieben wird, nicht blind sein.

Da die Religion augenscheinlich einen so starken und einzigartigen Platz im Menschenleben einnimmt, sollten wir uns fragen, was sie bedeutet, wo ihr Platz ist und was sie für uns tun kann. Religion muss sich auf Wahrheit gründen, sie muss die Offenbarung eines großen Gesetzes sein, das in der Entwicklung der Menschheit eine bedeutende Rolle spielt, denn nur die reine, erwiesene und nützliche Wahrheit kann so ungeheure Wirkungen im Leben der Menschen auf so lange Zeiträume hin ausüben.

Das Universum bewegt sich in Rhythmen, Kreisen und Zyklen. Was heißt das? Dass sich die Geschichte wiederholt! Unser Planet war wahrscheinlich nicht der erste, der aus einer Sonne entstand, er wird auch nicht der letzte sein. Er hat sich durch ungeheure Zeiträume hin von einer feurigen Masse zu einer kühlen, Atmosphäre tragenden Handvoll Staub, auf der das Leben gedeiht, gewandelt, und er wird sich weiter wandeln, bis er aufhört, in der gegenwärtigen Form zu bestehen. Es ist nicht die erste Welt und nicht die letzte. Auch unsere Sonne ist nur eine unter vielen. Das Universum, das wir bewohnen, ist nur eines unter vielen. Die Zeiträume, in denen sich Veränderungen in der Sternenwelt abspielen, sind so ungeheuer groß, dass wir bis jetzt weder einen Anfang noch ein Ende erkennen können. Aber wir wissen, dass auch die Sonne und das Weltall Perioden, Kreisläufe und Formveränderungen kennen und dass sich sehr wahrscheinlich selbst für diese kosmischen Giganten der gleiche Prozess abspielt, nämlich dass sich die Geschichte wiederholt.

Auch auf diesem Planeten herrscht der Rhythmus vor. Das Rad der Zeit dreht sich und bringt uns periodisch alle 365 Tage einen neuen Frühling und alle 24 Stunden einen neuen Morgen. Wir selbst werden gezeugt, geboren, leben und sterben. So gleichmäßig wie das Ticken einer Uhr schreiten die Zyklen des Lebens voran. Ist es nicht billig anzunehmen, dass die Erscheinung der Religion, die weit davon entfernt ist, sporadisch, unbeabsichtigt oder zufällig zu sein, genau den gleichen Prinzipien folgt, wie es die übrige Materie und das Leben tut, dass sie Teil des universellen Planes und genauso natürlich und geordnet ist wie Geburt und Tod, Frühling und Winter, Tag und Nacht?

10   Die Geschichte aller Weltreligionen ist die gleiche: inmitten eines rückständigen, eigensinnigen und unglücklichen Volkes erhebt Sich ein Mann aus der einfachen Menge; Er beansprucht, das Wissen um eine höhere Ordnung zu haben, von Gott inspiriert zu sein, Er lehrt Reformen, setzt neue Prinzipien und Gesetze ein, warnt die Menschen vor dem falschen Weg und ruft sie zur Umkehr und zur Annahme und Befolgung Seiner Wahrheit. Wenn sie gehorchen, wird es den Menschen zum Segen gereichen, wenn sie Ihm nicht gehorchen, wird es ihre eigene Schuld sein, und sie werden unglücklich werden. Alle diese Sprachrohre Gottes sind ausgezeichnet durch Ihr strahlendes Wesen, Ihren Glaubenseifer, Ihre Selbstaufopferung, Ihr Heldentum und vor allem durch den außerordentlichen Einfluss, den Sie auf den Verlauf der Geschichte und die Millionen von Leben nahmen. Sollten wir hierin nicht den Beweis für einen weiteren rhythmischen Zyklus sehen, der sich wiederholt: einen prophetischen Zyklus? Was können die Ursachen für einen solchen Ablauf sein?

11   Wie zuvor festgestellt wurde, schuf uns Gott mit einer bestimmten Absicht: dass wir vernünftige gesunde Seelen entwickeln, mit denen wir in der Unsterblichkeit nach dem Tode weiter fortschreiten. Ohne Sonne können weder wir noch irgendeine andere Lebensform auf diesem Planeten existieren. Aber sie kommt niemals in direkte Berührung mit uns, ihre Strahlen genügen, sie fördern das Leben. Das gleiche Bild kann auf unser Verhältnis zu Gott angewendet werden. Er hat in dieser Welt niemals irgendetwas auf direktem Weg vollbracht, sondern stets durch einen Vermittler – einen Offenbarer. Er hat uns immer, seit wir Menschen auf dieser Erde sind, erzogen. Vor langer Zeit sagte Christus: *»Niemand kommt zum Vater denn durch Mich.«* [8] In unserem wissenschaftlichen Zeitalter klingen diese Worte fast bedeutungslos, aber wenn man sie so fasst: »Kein Mensch kommt zur Sonne, es sei denn durch ihre Strahlen«, würde es uns verständlicher klingen, und dies noch mehr, wenn wir sagen: »Kein Mensch kommt zu Gott, außer durch Seine Mittler!«

Die heutigen Menschen, vor allem die westlichen, die am überzi- 12
vilisiertesten sind und von denen man eine verständigere Einstellung
erwarten würde, sind in ihrem religiösen Denken sehr rückständig.
Sie leben inmitten des Wunderlandes, das modernste wissenschaftliche Erkenntnis geschaffen hat, erhalten fast jeden Tag die Nachricht
von einem neuen Wunder, das in den Laboratorien, auf den Operati-
onstischen oder in der Luft vollbracht wurde, und hängen doch einer
bigotten, altertümlichen und unlogischen Auffassung von Gott, Seinem Tun und Seiner Macht an. Entweder sie tun dies, oder sie verbün-
den sich mit den verdrehtesten Spöttern und Atheisten. Sie geben sich
keine Mühe, über diese ungeheure Kraft in der Weltgeschichte – die
Weltreligion – vernünftig oder unbefangen nachzudenken.

Nehmen wir z. B. die Haltung der Menschen, die entweder Skep- 13
tiker oder durch und durch Atheisten sind. Sie glauben, dass ein per-
sönlicher Gott mit dem Wesen des Universums unvereinbar sei. Warum? Sind sie blind, oder wollen sie nur Wortstreitereien? Bei all dem
Formenreichtum der Materie, der außerordentlichen Lebenskraft, dem
sinnvollen Aufbau der Tierwelt und der Mikroorganismen (ganz zu
schweigen vom Menschen), den unendlichen Möglichkeiten, die uns
zur Gestaltung von Molekülen, Fleisch und Blut, Metallen, Schwingungen und sogar Gemüt und Charakter an die Hand gegeben sind, um
unsere Pläne ausführen und unsere Wünsche und Bestrebungen erfüllen zu können – bei all diesen großen und kleinen Dingen, die offen
vor uns liegen, wie wollen wir da noch sagen, es gäbe keinen Platz
oder keine Möglichkeit für Gott, Der so einsichtig und an uns interessiert ist wie wir selbst? Bei so vielen Wundern, die sich unserem stau-
nenden Blick bieten, haben wir kleingläubigen Menschen kein Recht,
das größte Wunder zu leugnen, dazu eines, dessen Dasein so viele
Dinge durch Folgerung und logischen Beweis bestätigen.

Nehmen wir auf der anderen Seite die Haltung des strenggläubi- 14
gen Christen zur Frage von Gott und der Religion. Es ist der Kern der
christlichen Kirchenlehre, dass die Erlösung nur durch Christus
kommt, dass Er eine einzigartige Erscheinung in der Weltgeschichte
ist, dass Ihm niemals jemand gleichkam oder gleichkommen wird bis
zu Seiner Wiederkunft. Jede vernunftbegabte Seele in unserem 20.
Jahrhundert, die dazu erzogen ist, das Wesen der Welt, in der wir le-

ben, zu begreifen, sollte sich gegen diese bigotte Auffassung empören. Wir wissen, dass der Mensch seit Millionen von Jahren als eine selbstbewusste, denkende Lebenserscheinung besteht. Können wir glauben, dass es bis zum Jahre 1 keine Erlösung gegeben hat? Was wurde aus all jenen Seelen, die diese Welt verließen, bevor Christus geboren wurde? Was aus all den anderen, die Ihn nicht angenommen haben, seit Er erschien? Was ist mit Gott? Hat Er wirklich so viele andere Wunder Dutzende, Hunderte, Millionen von Malen hervorbringen können, und doch nur *einen* Sohn und *einen* Weg zu Sich bestimmt und dies zu einem so willkürlichen Zeitpunkt der Geschichte vor 2.000 Jahren? Warum tat Er es nicht am Anfang, so dass alle in diesen Jahrtausenden die Möglichkeit gehabt hätten, Erlösung zu finden? Oder wenn Er es gerade zur richtigen Zeit tat, warum ist dann die ganze Welt 2.000 Jahre später nicht nur zum Christentum nicht bekehrt, sondern warum befolgen seine Anhänger das genaue Gegenteil Seiner Lehren? Wir könnten uns fragen, da wir nach 2.000 Jahren schon in einem solchen Zustand sind, wie es mit uns im Jahre 3000 oder 6000 n. Chr. bestellt sein wird, wenn wir dabei nur das christliche Erbe besäßen.

Diese verfahrene religiöse Denkweise ist nicht allein auf das Abendland und die Christen beschränkt. Die Juden beten seit 4.000 Jahren um ihren Messias, obwohl die Anhänger aller anderen Religionen in der Welt, mit Ausnahme der zoroastrischen und der buddhistischen (die beide dem Christentum vorangehen), glauben, dass Er erschienen ist und dass Sein Name Jesus Christus war. Die Muslime sind fast nie zum Christentum übergetreten, weil sie von Muḥammad belehrt wurden, dass Christus ein Offenbarer Gottes war und dass Er geliebt und geachtet werden muss. Wenn es ihnen ihr eigener Offenbarer sagt, sind sie natürlich nicht geneigt, der Predigt der christlichen Geistlichen zuzuhören, die ihnen vorreden, dass sie den ›Betrüger‹ Muḥammad aufgeben müssen und ›zu Jesus kommen‹ sollen. Das soll aber nicht heißen, dass die Muslime unbefangen und freisinnig wären. O nein! Sie sind gerade so fanatisch wie die Christen; der einzige Unterschied ist, dass sie nicht beanspruchen, dass Muḥammad eine einzigartige Persönlichkeit in der Religionsgeschichte sei, da sie alle die Offenbarer, Die vor Ihm erschienen waren, anerkennen. Aber sie

96

sagen: »Er ist das ›Siegel der Propheten‹ [9], und nach Ihm wird keiner
mehr kommen bis zum Tage der Auferstehung«. Wir alle wissen, dass
ein sehr großer Teil der Gläubigen in allen Religionen an die Schriften
im Sinne des Buchstabens glaubt. So erwarten die Christen das sich
Öffnen der Gräber und das Auferstehen der Toten – selbst wenn sie
durch einen direkten Atombombentreffer aufgelöst wurden. Das Gleiche tun die Muslime. Die strenggläubigen Juden erwarten voller
Sehnsucht einen wirklichen König, der über sie herrschen und das
materielle Glück ihres Volkes wiederherstellen wird. Solcher Buch-
stabenglaube verlangt als logische Schlussfolgerung, dass wir auch
glauben, dass Eva aus einer Rippe Adams gemacht und die Welt in 6
Tagen geschaffen wurde, und Gott dann am 7. Tag ausruhte.

Wir können die Menschen nicht dafür verurteilen, dass sie ihrem
Glauben anhängen. Im Lichte der Geschichte und im Bewusstsein
dessen, was eine lebendige Religion für das Gute, die Zivilisation und
die Kultur bedeutet hat, sollten wir vielmehr als unparteiische Erfor-
scher der menschlichen Entwicklungsgeschichte nicht nur die Rolle,
die sie gespielt hat, anerkennen, sondern auch wünschen, dass sie uns
weiterhin erfüllt und über uns erhebt: denn ihre Wirkung ist die Vered-
lung des Menschen. Das soll aber nicht heißen, dass wir über Religion
nicht nachdenken und versuchen sollen, sie logisch zu verstehen und
sie an den zugehörigen Platz im Universum, wie wir es heute kennen,
zu stellen.

Wenn wir noch nicht wüssten, ob der Himmel eine über die Erde
gestülpte Schüssel ist oder nicht, ob die Erde eine flache, vom Meer
umgebene Scheibe ist oder ein Quadrat, das den Himmel auf dem Rücken von vier Elefanten trägt, könnten wir leicht die Schöpfungsgeschichte im Sinne des Buchstabens verstehen. Aber seitdem wir wissen, dass unser Planet vor undenklichen Zeiten ein von der Sonne
herausgeschleuderter Feuerball war und dass ein verkümmerter
Schwanz in unserem Körperbau vorhanden ist, wurde die Schöpfungsgeschichte in diesem Sinne über Bord geworfen. Dennoch zögern religiöse Lehrer in Kirchen und Moscheen nicht, von ihren Gläubigen zu
verlangen, daran zu glauben, dass Christus über das Wasser ging, als
ob es Land wäre, dass Sein Körper aus dem Grab aufstieg und dass
Muhammad in einer Nacht in den 7. Himmel und wieder zurück auf

einer Stute ritt. Das Traurige dabei ist nicht, dass sie von den Menschen verlangen, diese Dinge als Ereignisse anzusehen, die tatsächlich stattgefunden haben, sondern, dass sie die Größe Christi und Muḥammads an diese Handlungen knüpfen, die eher zu einem Zauberer als zu einem Welterlöser passen.

18 Ein unparteiisches Gemüt braucht nur über das Leben Christi oder das des arabischen Offenbarers zu lesen, um Sie zu bewundern, zu lieben und zu schätzen. Jeder von Ihnen gab Sein Alles für die Lehren, an die Er glaubte und die Er verbreitete. Christus ging zum Kreuze mit höchster Entsagung, Geduld, Zuversicht und Vergebung für Seine Feinde; Muḥammad erduldete den gesammelten Hass Seiner Familie, war gezwungen, Sein Heimatland zu verlassen, gegen primitive Stämme zur Verteidigung Seines neuen Glaubens zu kämpfen und Sich Tag und Nacht bis zu Seiner letzten Stunde für das Beste jener abzumühen, zu denen Er gekommen war, um den Götzendienst aufzuheben. Das Vorbild von Christus, Seine Lehre und Sein Geist haben den Lauf der abendländischen Geschichte 2.000 Jahre lang gestaltet. Das gleiche gilt für Muḥammad in Bezug auf den Nahen und Fernen Osten während der letzten 1.400 Jahre. Der Beweis für die Wahrheit Ihrer Sendung sind die wundervollen Früchte, die die Menschheit in den Bereichen Ihres Einflusses hervorgebracht hat.

19 Ob es Wunder gibt oder nicht, sollte beim Prüfen der Religion ganz außer Acht gelassen werden. Es gibt so viele Dinge, die wir noch nicht verstehen und die wir der Begrenztheit unseres Verstandes wegen in dieser Welt nie verstehen werden. Dazu gehören auch die Wunder. Aber die Ergebnisse von Dingen können wir mit unserem Verstand klar erkennen und abschätzen. Das Beispiel, das Christus gab, die Lehren, die Muḥammad vermittelte, und umgekehrt, haben so viele Millionen gerechtfertigt, sich nach Ihnen zu nennen und Ihren Lehren zu folgen. Durch ihre Liebe zu Ihnen und ihre Achtung für Sie wurden jene Menschen aus der Kleinheit und dem Elend ihres Lebens zum Dasein zivilisierter, erleuchteter und bedeutender Nationen emporgezogen. ʿAbduʾl-Bahá gab eine ausgezeichnete Erläuterung dieses Vorgangs, indem Er die Geschichte eines kranken Menschen erzählte, der ernstlich erkrankt war, sehr litt und einen Arzt zu sich rief. Er fragte ihn, ob er ein geschickter Arzt sei, und der Doktor ver-

sicherte ihm, er sei wirklich ein Genie und um das zu beweisen, flog er im Zimmer umher. Ohne Zweifel war dies für den Patienten ein sehr interessantes Erlebnis, so meinte 'Abdu'l-Bahá, aber es verbesserte seinen Zustand nicht; er brauchte Arznei, aber keine Wunder. Wenn der Beitrag der Offenbarer für das Menschengeschlecht einzig darin bestanden hätte, die Naturgesetze zu brechen, hätten Sie wohl kaum den Einfluss, den Sie hatten, ausüben können. So viel wir Sie auch bewundert und Ihre geistigen Kunststücke bestaunt hätten, Sie würden uns doch in dem Zustand zurückgelassen haben, in dem Sie uns antrafen.

Aber Gott sei Dank ist es nicht so gewesen – Jeder von Ihnen hat uns zwei unschätzbar wertvolle Gaben gebracht: Die eine Ihr Vorbild, die andere Ihre Lehren. Eine Fülle von Güte, Liebe, Edelmut, Hingabe, Mut und Überzeugung ist von diesen ›Strahlen‹ Gottes ausgegangen und hat den Menschen über sich selbst erhoben und neu ›geschaffen‹. Als Beweis denke man nicht daran, dass das Manna wie Ziegel in die Wüste gefallen ist, dass Christus bei einer Hochzeitsfeier Wasser in Wein verwandelt oder Muḥammad in einer Nacht eine Reise in den Himmel gemacht hat, sondern man lese in den nüchternen Seiten des Buches der Geschichte nach, was die Juden in Ägypten waren und was sie in Palästina wurden, wie das Christentum aus dem dunklen heidnischen Europa ein Wunder der Welt machte. Lies über die barbarischen Araber, die ihre Töchter lebendig begruben und 360 Götzen in einem Bauwerk verehrten, und denke darüber nach, was der Islám sowohl für den Osten als auch für den Westen tat. Dies sind wirkliche Wunder. Sie wurden durch Fanatismus und Eifersucht der Kleingeister in jeder Religion verdunkelt. Dadurch ist der große Plan nicht mehr erkennbar, und wir, die wir in diesem durch Wissenschaft und Freisinnigkeit erleuchteten 20. Jahrhundert leben, scheuen entweder die Religion als etwas Unlogisches oder teilen unsere Persönlichkeit in zwei unvermischbare und unvereinbare Hälften, eine religiöse, die an unmöglichem und unwissenschaftlichem Aberglauben, an Vorurteilen und Dogmen hängt, und eine wissenschaftliche, die jeden Tag neue Wunder erkennt.

Wenn etwas seinen Zyklus durchlaufen hat und du das gleiche Ergebnis wiederzuerhalten wünschst, musst du den Prozess wiederholen. Ein Tag genügt nicht für einen Monat. Sein Licht genügt gerade für einmal – von Sonnenaufgang bis Sonnenuntergang – und das Licht von gestern ist den Blumen von morgen nichts nütze. Mit anderen Worten, wenn eine bestimmte Menge Energie erschöpft ist und wir mehr Energie wünschen, müssen wir einen neuen Energiespender haben. Die letzte Frühjahrsgleiche hat die Ergebnisse an Wachstum und Ertrag nur für ein Jahr hervorgebracht – sie genügt nicht für zwei usf. Im ganzen Naturreich ist das gleiche Prinzip wirksam; eine bestimmte Sache vollbringt eine gewisse Aufgabe und zeitigt bestimmte Ergebnisse. Wenn man mehr wünscht, muss der ganze Prozess wiederholt werden.

22 Wir wollen das annehmen, was eine unparteiische Prüfung der Geschichte feststellt und was unser Verstand uns als logisch darlegt. Diese Welt hat geistige und physische Frühlingszeiten. Zur geistigen Frühjahrsgleiche erscheinen ein oder mehrere Erleuchtete (z. B. Christus und Johannes der Täufer), Die mit den zwei Beweisen Ihrer geistigen Wirklichkeit – Vorbild und Lehre – ausgestattet sind. Sie erscheinen in menschlichen Körpern, da dies der natürlichste und beste Weg ist, sich zu uns zu gesellen und uns klar zu machen, dass das, was Sie tun und sagen, für uns als menschliche Wesen bestimmt ist und nichts Sonderbares, Abnormes und Fremdes darstellt. Sie teilen mit uns die Vor- und Nachteile des Fleisches. Sie teilen aber mit Gott etwas, das uns fehlt, und das ist Seine Vollkommenheit. Wir haben nur durch unser Bemühen und Entfalten die Fähigkeit, das Licht der Göttlichen Vollkommenheit in unseren Seelen widerzuspiegeln, wie der Spiegel die Sonnenstrahlen reflektiert. Aber Sie *sind* die Strahlen, die von der Sonne herabkommen. Wir empfangen das Licht in verschiedenem Maße, Sie aber sind das Licht selbst. Deshalb war Christus, Der körperlich nur ein geringer Zimmermann aus Nazareth war, in der Lage, die halbe Welt umzuformen. Aus dem gleichen Grunde gab Moses, ein Stotterer und Flüchtiger vor dem Zorn des Pharao, Gesetze, die wir heute noch in der ganzen Welt befolgen, und deshalb konnte Muḥammad, der Kameltreiber und Händler, das Reich des Islám aufbauen.

23 Der Geist und die Seele dieser Männer sind nicht wie die anderer Menschen. Sie sind eine natürliche Erscheinung, Erzieher des Men-

100

schengeschlechts, Die mit der Absicht kommen, uns über den Zweck unseres Daseins, unser Leben und unser Verhalten aufzuklären, Die uns Ziele stecken und uns das Leben nach dem Tode verständlich machen. Es muss immer Offenbarer gegeben haben. Seit es Menschen gibt mit dem Seelenfunken in sich, der dem Tier versagt blieb, gibt es Lehrer, die sie in der menschlichen Lebensführung unterweisen. Aus demselben Grunde wird es immer Offenbarer geben. Wir sind Gottes Geschöpfe und die Krone Seiner Schöpfung. Er hat einen Plan für uns, der sich entfaltet und sich durch die Jahrhunderte hindurch weiter entfalten wird. Er erreicht uns und lehrt uns durch einen Mittler, der Teil Seines Göttlichen Planes ist: dieser Mittler ist der Offenbarer.

Die Begrenzung einer Religion ist allein uns zuzuschreiben! Da wir von Natur aus kleingläubig und doch begeistert sind, haben wir unsere Religionen beständig dogmatisiert und sie damit erstickt. Was groß in der Erscheinung, stark, klar, fein und erkennbar war, haben wir begrenzt und versteinert. Im Bestreben, das kostbare und geliebte Licht, das uns durch unsere Offenbarer gebracht wurde, unversehrt zu erhalten, stülpen wir nicht nur einen kristallenen Zylinder darüber, um es vor Zugluft zu bewahren, sondern schmücken und bemalen ihn, bauen Mauern darum, machen zu seiner Ehre in den Zeremonien Hokuspokus, bis das Licht schließlich so matt wird, dass wir es nicht mehr erkennen können, und alles, was uns bleibt, ist das Äußere. Die meisten Seelen neigen dazu, eine Sache zu komplizieren. Pfaffenlist hat die ursprünglichen religiösen Lehren jedes Offenbarers so sehr verdunkelt, dass es unwahrscheinlich ist, dass ein Offenbarer Seine eigene Lehre wiedererkennen würde, wenn Er zu Seinen Anhängern zurückkehrte. Dieser Abnutzungsvorgang sollte uns nicht erschrecken oder entmutigen. Er ist ein Teil des Lebens, ein Teil seiner rhythmischen Kreisläufe. Wir alle wissen, wie frisch, lieblich und erfüllt mit dem Pulsschlag von Kraft und Leben die Natur im Frühling ist. Der Sommer sieht das Reifen, das seinen eigenen Zauber ausübt, dann kommt der Herbst, in dem die Ernte an Früchten und Samen eingebracht wird. Endlich folgt der tote, kalte und starre Winter. Verfall setzt ein, und wenn es scheint, dass alles so gleichförmig, verwüstet und öde wie nur möglich geworden ist, kommt das Frühlingswunder aufs Neue. Die Natur ist voller Gegensätze und Extreme: Tag und

Nacht, Leben und Tod, Sommer und Winter. Vielleicht könnten wir niemals das eine ohne das andere schätzen. In einem weit größeren Ausmaß erfolgt das gleiche im geistigen Zyklus. Der sprossende und blühende Frühling, den der Offenbarer in das geistige Leben der Menschen bringt, geht in Sommer und Herbst über, zeitigt seine Früchte und neigt sich dem Winter zu; dann kommt ein neuer Frühling.

25 Die Welt des 19. Jahrhunderts war reif für den Frühling. Wenn wir auf die geschichtliche Religionskarte der Kontinente blicken, sehen wir, dass das Christentum sein volles Maß an Wohltaten ausgeschüttet hatte, bevor Europas Größe begründet wurde, dass sich die Kirche in zwei Teile gespalten und die Protestanten wiederum in viele Sekten geteilt hatten. Die christlichen Nationen hatten ihre Einheit, die unter der Herrschaft des Heiligen Römischen Reiches hergestellt wurde, längst verloren; Streit, religiöse Verfolgung und Sektiererei nahmen im Laufe der Jahrhunderte zu. Der Materialismus begann die Moral des Westens schwer zu untergraben.

26 Das Judentum war in eine Jahrhunderte während Betäubung versunken. Es hing seinen unglücklichen Träumen von Größe nach, klammerte sich fanatisch an eine verlorene Vergangenheit, wurde verachtet und verstoßen, und seine Anhänger wurden in jedem Teil der Welt erniedrigt.

27 Die Lebenskraft des Islám war schnell am Verebben. Seine Sekten vermehrten sich, seine ursprünglichen Lehren wurden bis zur Unkenntlichkeit entstellt, wie dies schon früher bei anderen Religionen geschehen war, und sein Impuls, der ihn bis zu den Toren von Wien und nach Frankreich getragen hatte, war erschöpft.

28 Im fernen Asien schlummerte der Buddhismus, alt und schwach. Er war verfangen in negativem Philosophieren und veralteten Glaubensideen. Die zoroastrische Religion, eng und fanatisch, beschäftigte sich mit ihren Riten und Dogmen, war stolz auf ihre Langlebigkeit, aber unfähig zu neuer Schau oder neuem Eifer.

29 Pfaffenlist blühte überall. Das unaufgeklärte Volk in seinem Elend begnügte sich damit, Gott Lippendienste zu leisten und die zahllosen Regeln, die ihm ein weiches Lager in der nächsten Welt sichern sollten, entweder zu beachten oder zu verspotten. Die Menschheit war ein großer, weicher Klumpen Teig; Jahr für Jahr nahm sie

mehr Interesse an ihrem physischen und immer weniger Interesse an
ihrem geistigen Wohlergehen. Alle Zeichen des Winters waren sichtbar.

Um die Mitte des 19. Jahrhunderts begann eine schwache Brise   30
das Leben in der Welt anzufachen: zuerst kaum wahrnehmbar, wurde
sie allmählich immer spürbarer. Neue Entdeckungen und eine neue
Einstellung gegenüber dem Leben der Massen wurden offenkundig.
Durch Dampf kam der Stein ins Rollen: das materielle Bild der Welt
begann völlig umgestaltet zu werden. Drahtlose Telegraphie, Elektrizität, Betäubungsmittel, Telegramme, Eisenbahnen – alle techni-
schen Errungenschaften vervollkommneten sich rasch und zeitigten
das, was wir moderne Zivilisation nennen, die auf Wissenschaft und
Maschinenkraft gegründet ist. Zum ersten Male in den Millionen Jahren sah der Mensch, der einfache Mensch, ein Licht am dunklen Horizont; die Möglichkeiten der Muße und folglich eines höheren Bil-
dungs- und Lebensstandards wurden als eine Wirklichkeit vor ihm
sichtbar. Die Sklaverei wurde abgeschafft, nicht nur die physische
Sklaverei, sondern auch die furchtbare Sklaverei der Armut und Not
wurde von den Gesetzgebern bekämpft. Im Bereich der Gedanken
fand ein Wandel im gleichen Umfange statt. Beinahe über Nacht wurden sich die Menschen der Notwendigkeit einer weitreichenden Reform bewusst. Eine regelrechte Revolution setzte ein, denn die Wirt-
schaft war ungesund und reformbedürftig; die unteren Klassen wurden
schlecht behandelt und verdienten einen besseren Platz in der Gemeinschaft, die Erziehung musste weiter ausgedehnt werden, Anal-
phabetentum musste verschwinden, Lehrpläne mussten sich ändern,
Gefängnis- und Bestrafungssysteme wurden als ungerecht empfunden
– auf hundert Gebieten waren Reformer am Werk. Gänzlich neue Auf-
fassungen beschäftigten die Vorstellungskraft der Menschen: Frauen
verlangten das Stimmrecht und beanspruchten die Gleichberechtigung, Idealisten begannen, kühn von einem »Parlament der Menschheit, einem Staatenbund der Welt ...« zu reden, und der Gedanke einer
neuen, leicht zu erlernenden, internationalen Hilfssprache gewann an
Boden. Das Wissen schritt plötzlich mit Siebenmeilenstiefeln voran.
In hundert Jahren wurden mehr neue Dinge hervorgebracht, mehr Tatsachen über Natur und Materie aufgedeckt, mehr Erfindungen ge-

macht, mehr umfassende Reformen unternommen als in den vier- oder fünftausend Jahren, seit wir eine Geschichtsschreibung haben. Was hatte sich ereignet?

31   Ein neuer Offenbarer war erschienen!

10. Die Notwendigkeit eines vollkommenen Beispiels

Obgleich das uns am meisten kennzeichnende Merkmal unser Verstand ist, gebrauchen wir ihn nur selten, um tief nachzudenken; wir gleiten über die Oberfläche des Lebens mit bemerkenswerter Schnelligkeit dahin und gleichen dabei langbeinigen Wasserflöhen, die munter über die Oberfläche des Teiches eilen, so dass es scheint, als würden nicht einmal ihre Füße nass. Viele Gedanken nehmen wir fertig geprägt an, sie werden uns durch unsere Vorfahren, unsere Freunde, Lehrer oder Geistliche vererbt. Wir sind meist zu bequem oder zu gleichgültig, einen neuen Gedanken aufzunehmen und zu prüfen, ob er den Zielen und Tatsachen des Lebens besser entspricht als der alte. Wir sollten – die Einsicht verlangt es – tatsächlich die Ansichten derer respektieren, die mehr als wir wissen und die ihr Leben mit einem Spezialstudium verbracht haben. Aber es gibt einen Unterschied zwischen diesem Glauben und blinder, einfältiger Nachahmung. Der Mensch sollte selbständig sein; wenn sein Vater ein Unitarier ist, sollte er nicht auch einfach einer werden, weil er den Glauben mit seinem Familiennamen und der Farm und den Kühen erbt. Gleicherweise sollte der Einzelne in jedem wichtigen Lebensbereich sein ihm von Gott verliehenes Vorrecht des selbständigen Denkens und Entscheidens geltend machen, da sonst diese Werte völlig sinnlos werden. Wenn ein Mensch ein Demokrat, ein Katholik, ein Freimaurer oder ein Zahnarzt ist, nur weil sein Vater ein Demokrat, ein Katholik, ein Freimaurer oder ein Zahnarzt war, welchen Zweck haben diese Dinge für die Entwicklung seines eigenen Charakters? Sie sind wie Schienen, die ihn von außen stützen, aber nicht wie Knochen, die ein Teil seines eigenen Körpers sind. Alles, was der Vater eines Menschen war, mag auch für den Sohn das Beste sein – aber er sollte darüber nachdenken und es durch sein eigenes Wollen annehmen; denn das Gegenteil kann auch der Fall sein, dass alles, was sein Vater war, das Schlimmste für den Sohn bedeutet und ihn zugrunde richtet, wenn er den gleichen Weg einschlägt. Blinde Nachahmung anderer ist ein Verbrechen und hat zu großen persönlichen und geschichtlichen Tragödien geführt.

Wenn die Juden in den Tagen von Christus unparteiisch und offenen Herzens gewesen wären, hätten sie Ihn nicht gekreuzigt. Es mag sein, dass nicht alle Ihn oder Seine Lehren angenommen oder nur gedacht hätten: »Wir wollen Ihn wenigstens anhören«, doch sie hätten Ihn gewähren lassen. Aber sie folgten blind und stumpf ihren Führern, die ihrerseits in der Überlieferung verfangen und von Kopf bis Fuß geistig in ererbte Dogmen und Vorurteile eingekleidet waren. Die Folge war, dass der Strom des Christentums aus seinem natürlichen Bett abgelenkt wurde, und anstatt zuerst das Leben des auserwählten Volkes zu bewässern, zu dem Christus als der verheißene Messias gesandt worden war, floss er vorbei und schenkte sein lebenspendendes Wasser fernen Ländern.

Der menschliche Geist ist gegenwärtig klein (doch er kann unzweifelhaft in der Zukunft durch entsprechende Pflege wunderbar vergrößert und vertieft werden). Als Wesen mit starkem Willen haften wir an unseren unbedeutenden, vorgefassten Anschauungen mit bemerkenswerter Zähigkeit. Es brauchte einen beträchtlichen Kraftaufwand, um den Gedanken in unseren Köpfen durchzusetzen, dass unsere Erde aus der Sonne herausgeschleudert wurde, dass sie sich abkühlte und verfestigte, dass das Leben auf ihr begann und dass wir im Laufe der Entwicklung in Erscheinung traten; und wahrscheinlich ist der einzige Grund dafür, dass wir diese neuen Lehren annahmen, darin zu suchen, dass sie in Büchern und in Schulen und Universitäten gelehrt wurden; aber selbst heute gibt es noch Menschen, die sich hartnäckig an die Schöpfungsgeschichte klammern und lieber sterben als ihre Ansichten zu ändern. Mein Urgroßvater verbot jedem, über die drahtlose Telegraphie in seinem Hause zu sprechen, da er glaubte, dies sei absolut unmöglich, und weil er solchen Unsinn nicht hören wollte, obwohl er ein gebildeter Mann war.

106

Zu den uns lieben und überkommenen Ideen gehört die Vorstellung, die wir von den Offenbarern haben. Denken wir zum Beispiel an die Vorstellung, die wir von Christus haben (und Hunderte von Jahren hatten). Er wird gewöhnlich als ein schlanker, jugendlicher und blondhaariger Mann mit blauen Augen dargestellt; Er sieht entweder ausgemergelt oder asketisch aus. Als Kind von Handwerkern, als Zimmermann, Der viele Seiner Reisen zu Fuß machte, unter der brennenden Sonne von Palästina lebte und von jüdischer Abstammung war, ist es weit wahrscheinlicher, dass Christus von kräftiger Statur, muskulös, dunkelhaarig, mit dunklen Augen und von dunkelbrauner Hautfarbe war. Ist all dies von Bedeutung? Hat es irgendetwas mit Seinem Beispiel oder Seinen Lehren zu tun? Wenn wir Ihm einen anderen Körper geben, ist Er deshalb wunderbarer oder Seine Sendung irgendwie weniger groß? Doch wie beharrlich haben wir durch die Jahrhunderte der Christusdarstellung, wie sie von den abendländischen Malern interpretiert wurde, angehangen, die ihre eigene Rasse als Anregung nahmen und die Farbgebung nach ihrer eigenen Vorstellung vornahmen! Mehr noch: Christus war nicht verheiratet. Aus dieser einen Tatsache und dem Fragment Seiner überlieferten allgemeinen Ermahnung, ein rechtschaffenes Leben zu führen, wurden außergewöhnliche Systeme aufgebaut und ungewöhnliche Schlussfolgerungen gezogen. Von einigen wurde gelehrt, dass das Zölibat ein höherer Zustand als die Ehe sei, dass die Beziehung zwischen den Geschlechtern erniedrigend und ein notwendiges Übel sei, dass die Kinder in *»Sünden geboren und in Sünden empfangen«* [10] seien und dass eines der größten Zeichen der Heiligkeit Christi sei, dass Er Sich niemals ein Weib nahm! Wie seltsam, dass Gott dieses ganze Universum von der Anziehung der Gegensätze abhängig gemacht hat – angefangen von den positiven und negativen Ladungen, dem elektrischen Gleichgewicht der Atome, bis zum männlichen und weiblichen Geschlecht, die ihre Art fortpflanzen – dass dieses Gesetz, das keine Ausnahme kennt und das Kette und Schluss der Schöpfung ist, übel, erniedrigend und sündig sein soll! Was sollen wir von einem Schöpfer denken, Der so ungerecht und launenhaft ist, dass Er alles, vom Atom bis zum Menschen, in einer Form schuf, die der inneren Natur nach unrein ist? Welches Recht hat ein Mensch, auf das Antlitz eines wenige Tage alten Kindes zu schauen und dabei zu erklären, das frisch aus dem Lebensquell hervorgekommene Wesen, dessen kleine Augen noch nicht sehen und dessen Verstand noch nicht begreift, sei »in Sünden geboren und in Sünden empfangen«?

Ist es nicht natürlicher und logischer zu glauben, dass diese wunderbare Anziehungskraft der Gegensätze die Grundlage des Lebens und der Materie ist und dass sie uns lehren soll, dass die höchste Form der Anziehung von Gegensätzen die der menschlichen Seele zu Gott, des Geschöpfes zum Schöpfer ist? Dass der Magnetismus in der Materie und der Geschlechtstrieb in der Natur im Menschen zur Liebe werden können und dass wir durch sie in all ihren Erscheinungsformen gereinigt und veredelt werden? Würden wir uns der wahren Bedeutung des Lebens, wie wir es in unserer Umgebung und in uns selbst entfaltet sehen, nicht stärker nähern, wenn wir glauben, dass Christus niemals heiratete, weil Er keine Zeit zur Heirat und kein Haus für eine Familie hatte; weil Er wusste, was vor Ihm lag und was getan werden musste, bevor Er unvermeidlich durch die harten, fanatischen Priester Seines Volkes gekreuzigt würde? Mit welchem Recht haben Menschen gesagt, dass der kraftvolle, liebevolle, zärtliche und mutige Jesus, wie Er im Evangelium geschildert wird, die Ehe als Seiner nicht würdig, sündig und als ein notwendiges Übel ansah, von dem Er befreit war? Wenn es uns darum geht, Christus zu verstehen, müssen wir lesen, was Er lehrte, und die Wirkungen in der Kultur und Zivilisation, die Seine Botschaft hervorbrachte, sehen; wir dürfen dabei aber das Beiwerk, das kleine, wiewohl fromme Seelen in diesen 2.000 Jahren um Ihn herum anhäuften, nicht beachten.

Das gleiche trifft auf Muḥammad zu. Obgleich Er zu einem späteren Zeitpunkt erschien und Seine Lehren sogleich aufgeschrieben wurden (im Gegensatz zu Christus) und folglich Seine Texte als Seine eigenen, authentischen Worte angesehen werden müssen und nicht als überlieferte Reden, haben Seine Anhänger dennoch viele Seiner Lehren entstellt und falsch gedeutet. Die Christen, die sich an eine völlig verdrehte Auffassung der Sexualität klammern, werden meist durch zwei Dinge im Leben des arabischen Offenbarers abgestoßen – Seine Vielehe und Seine Kriege.

Bevor wir diese beiden Punkte untersuchen, sollte etwas über die allgemeine Aufgabe der Religion gesagt werden. Wenn ein Offenbarer

108

ein göttlicher Arzt ist, Der der Menschheit ein Heilmittel bringt, ist es logisch, dass von Ihm gefordert wird, dass Er den Patienten von den Krankheiten heilt, an denen er im Augenblick leidet, und ihm nicht eine Medizin für ein Leiden verschreibt, das sein Großvater hatte. Es ist ferner klar, dass das, was die Juden (und mit ihnen die Griechen und die Römer – denn diese drei Völker empfingen die Botschaft von Christus zuerst) benötigten, etwas völlig anderes war als das, was die Araber im Jahre 610 n. Chr. notwendig hatten. Die Juden waren trotz des Vorzugs religiöser Erziehung verderbt, abergläubisch, materialistisch und frömmelnd. Die Römer und Griechen – die einen im vollen Glanz ihrer Macht, die anderen schon über ihren Höhepunkt hinaus und schnell entartend – waren, obwohl sie viele Götter verehrten, gebildete und zivilisierte Menschen, wohl die zivilisiertesten in der abendländischen Welt. Diese Völker brauchten vor allem individuelle Erziehung. Es gab bis dahin keine Nationen im heutigen Sinne. Weltreiche und Machtgruppen stiegen und fielen und kämpften um die Vorherrschaft. Christus gab diesen Völkern genau das, was sie brauchten: die Lehre der individuellen Erlösung. Der einzelne Mensch benötigte ein Heilmittel gegen die Fäulnis in seiner Seele. Keine Lehre war für die Erziehung des Charakters geeigneter als die, die Christus uns gab. Die Behauptung, dass Er ein Pazifist war, Der kam, um der Welt den Frieden zu bringen, hat sich durch die Ereignisse der letzten 2.000 Jahre hinlänglich als falsch erwiesen. Dies war nie Sein Anspruch, vielmehr sagte Er Selbst: *»Denkt nicht, dass Ich gekommen bin, den Frieden auf Erden zu bringen: Ich bin nicht gekommen, Frieden zu bringen, sondern das Schwert.«* [11] Auch versuchte Er nicht wie Muhammad einen Kirchenstaat zu errichten, denn Er erklärte eindeutig: *»Gebt dem Kaiser, was des Kaisers ist, und Gott, was Gottes ist.«* [12] So unterschied Er mit einem Wort den Rechtsbereich des Staates, dem die Angelegenheiten des Volkes zugehören, von dem des Einzelnen, dem es zur Pflicht gemacht wird, seinen Charakter im Lichte der göttlichen Lehren zu formen.

Der Fall lag bei den Arabern anders. Muhammad erschien unter wilden, handeltreibenden Götzenanbetern. Während die gebildeten Römer und Griechen in ihrer Götterverehrung zweiflerisch, verspielt und oberflächlich waren, wobei selbst die unteren Klassen die Götter

109

nur verehrten, weil sie als Einrichtung da waren und jede innere Überzeugung hinsichtlich ihrer Wirksamkeit fehlte und während die sehr fanatischen Juden noch der monotheistischen Religion von Moses anhingen, waren die Araber abergläubische, unwissende und wilde Götzenanbeter. Sie waren in der Wüste isoliert. Ihr Wohlstand bestand in ihren Kamelen, ihren Dattelpalmen, ihren verstreuten, kostbaren Brunnen, Gewürzen, Weihrauch und Herden. Sie waren ein ungebildetes und primitives Volk. Man kann vielleicht ihre wilde und zügellose Natur durch das folgende, durchaus nicht seltene Vorkommnis verdeutlichen, das sich während einer der harten Kämpfe zwischen den Anhängern Muḥammads und einigen Stammesangehörigen ereignete. Nach dem Kampf stürzte eine der Frauen vor und schnitt die noch warme Leber eines Muslims heraus und grub ihre Zähne hinein! Professor Hitti charakterisierte die Araber jener Zeit sehr treffend mit den folgenden Worten: *»Die Kampflust war ein Dauerzustand ihres Denkens und Trachtens.«* Wir müssen uns vergegenwärtigen, dass diese wilden Stämme beständig Krieg führten, keine höhere Einheit als die des Stammes kannten, fortwährend in blutige Fehden verstrickt und zu Feinden und Tieren grausam waren (sie hatten die Gewohnheit, das Kamel eines toten Mannes an dessen Grab anzubinden, um das Tier dort verschmachten zu lassen), dass die Hauptfreuden dieses Volkes in den Städten in unaufhörlichem Spielen, Trinken und in einer Unmoral bestanden, die die Prostitution praktisch zu einem ehrenwerten Beruf machte. Im Zeitraum eines Menschenlebens wurde all dies so grundlegend geändert, dass dieses Volk zu einer großen, einigen Nation wurde, seine früher einander widerstrebenden Einzelstämme Schulter an Schulter miteinander kämpften, dass es Trinken und Spielen abschaffte, die Stufe der Frau zu einem erstaunlich hohen Stand erhob, ihr ermöglichte, unter ihrem Namen Eigentum zu besitzen und es ihren Erben zu hinterlassen, das Leben der Sklaven sehr verbesserte und frühere Feinde, wenn sie den Glauben angenommen hatten, ohne Vorbehalte in die Gemeinschaft des Isláms aufnahm und ihnen gestattete, sofort bis in die höchsten Stellen aufzusteigen. Wenn wir diese Dinge betrachten, müssen wir einhalten und uns fragen, welche Kraft wohl in diesen Menschen eine so wunderbare Wandlung während eines Zeitraumes von ungefähr vier Jahrzehnten hervorgerufen hatte.

Das erste, was Muḥammad tat, war, mit starker Hand die Götzen 9
zu stürzen, nachdem Er dazu stark genug war. Wenn wir uns den Islám
ansehen, müssen wir daran denken, dass der Patient von dem der Tage
Christi oder Mose sehr verschieden war, an einer anderen Krankheit
litt und folglich eine andere Arznei benötigte. Muḥammad gab sie ihm.
Nur Stärke, gepaart mit Gerechtigkeit und Weisheit, wie sie Muḥammad immer anwandte, konnte dazu dienen, das Volk der Araber zu
reinigen. Moses sagte: »*Auge um Auge, Zahn um Zahn und Leben um
Leben.*« [13] Wir glauben heute noch, dass das die Grundlage des Rech-
tes ist, denn unser Strafgesetz fordert in den meisten Ländern Leben
für Leben. Wir führen Kriege nicht immer aus Gier und Hass – oft
haben christliche Nationen gegen christliche Nationen gekämpft, weil
sie glaubten, ihre Gründe seien gerecht. Christliche Nationen führten
in der Blüte ihres Glaubens lange Kreuzzüge und ließen sich viele
abscheuliche Taten zuschulden kommen. Dennoch haben wir 1.300
Jahre lang Muḥammad kritisiert, weil Er den Götzendienst gewaltsam
zerstörte und eine große und tolerante Kultur durch das Schwert aus-
breitete!

Der zweite und wichtigste Punkt unserer Kritik an Muḥammad 10
betrifft Seine vielen Frauen. Lasst uns von unserem angeborenen Vorurteil absehen, das sich in unseren Seelen durch die jahrhundertealte
Ansicht, dass Sexualität etwas Schlechtes und Unsauberes sei, festge-
setzt hat, und die Anschuldigung gegen Muḥammad objektiv prüfen.
Zunächst muss festgestellt werden, dass die Juden Vielweiberei kannten: Es gibt keinen einzigen Ausspruch in der Bibel gegen sie. Christus hat die Scheidung verboten; Er sagte niemals irgendetwas über
Vielweiberei, was wir mit einer Textstelle belegen könnten; tatsächlich wurde Polygamie von den ersten Christen geübt, was nicht der
Fall gewesen wäre, wenn sich irgendein Ausspruch Christi dagegen
gewandt hätte. Die Lehren in dieser Hinsicht, die die Kirche einge-
führt hat, stammen von den ersten Kirchenvätern. Hieraus ersehen wir,
dass die beiden großen monotheistischen Religionen, die zur Zeit
Muḥammads bestanden, Judentum und Christentum, die Einehe nicht
als Lehrmeinung vertraten; im Gegenteil, dem Besitz von mehr als
einem Weib haftete nichts Schlechtes an. Muḥammad erschien ebenfalls unter einem polygamen Volk, von dem bekannt war, dass die

Männer eine große Zahl von Frauen hatten. Muḥammad verringerte diese Zahl in den Gesetzen des Qur'án auf vier. Dies war an sich selbst schon ein bedeutender Schritt vorwärts und ein großer Schutz für die Rechte der Frauen, die in den Augen der Araber vor Seinem Erscheinen als bloßer Besitz angesehen wurden.

Muḥammad heiratete nicht vor Seinem 26. Lebensjahr, vielleicht, weil Er vorher nicht wollte, vielleicht, weil Er fast ständig mit verschiedenen Karawanen reiste, die Mekka verließen, um in den Nachbarländern Handel zu treiben. Bis dahin hatte Er nie eine Frau berührt. Wen heiratete Er, als Er 26 Jahre alt war? Wenn Er der ausschweifende Mann gewesen wäre, als den Ihn die meisten christlichen Berichterstatter hinstellen, würde Er Sich wohl kaum eine 42jährige Frau auserwählt haben, die zweimal Witwe, von behäbiger Gestalt, aber anmutig war. Tatsächlich bedeutet bei orientalischen Menschen 42 Jahre ein viel höheres Alter als bei uns im Westen. Mit dieser Frau lebte Er 23 Jahre bis zu ihrem Tode, war ihr unbedingt treu und liebte sie innig.

Wir sehen, dass in Muḥammads Leben bis zum 51. Lebensjahr Frauen keine Rolle spielten, ausgenommen eine verhältnismäßig alte Witwe; und wenn Er auch in den nächsten neun Jahren nach ihrem Tode 12 andere Frauen heiratete, waren nur zwei oder drei davon Jungfrauen. Sie waren teils Witwen, einige von ihnen Frauen mittleren Alters und meist mit eigenen Kindern. Wenn wir uns vergegenwärtigen, dass Muḥammad in diesen neun Jahren Seine Frauen unter den Schönheiten Arabiens hätte auswählen können – 1.000 Jungfrauen, wenn Er es gewollt hätte – sehen wir, wie sehr Sein Name in der abendländischen Literatur und unter den abendländischen Menschen zu Unrecht beschimpft worden ist. Zumindest können wir sagen, dass dies keine Zeugnisse von Sinnlichkeit waren. Tatsächlich, wenn wir die persönlichen Beziehungen Muḥammads betrachten, erkennen wir nur zu klar, dass die Beweggründe für Seine Heiraten Großmut, Mitleid und etwas, was ich als religiöse Staatskunst bezeichnen möchte, waren. [a]

---

a) Als Seine erste Frau starb, überredeten Ihn Seine Verwandten etwa ein Jahr später, zwei andere Frauen aufzunehmen. Die eine war eine Witwe, die Frau eines früheren Anhängers Muḥammads, der wegen seines Glaubens vertrieben wurde und in der Verbannung starb. Sie war in jeder Beziehung sehr uninteressant. Er

Soviel über unsere falschen Vorstellungen von Muḥammad. Auch
Seine eigenen Anhänger haben Ihn nicht besser behandelt, da sie in

heiratete sie, um ihr ein Heim zu geben und um sie für die Opfer, die sie auf dem Pfade Seiner Lehre dargebracht hatte, zu entschädigen. über die zweite konnte man sich noch mehr wundern; sie war ein siebenjähriges Kind und offensichtlich noch nicht reif. Diese Heirat ist, wenn wir die Geschichte des Islám betrachten, sehr interessant. Der Vater des Kindes war einer der ersten und mächtigsten Jünger des neuen Glaubens. Es ist verständlich, daß er seit Beginn seiner Verbindung zum Begründer des Islám beabsichtigte, sein eigenes Ansehen und seine eigenen Interessen zu wahren. Der beste Weg hierfür war, Muḥammad zu seinem Schwiegersohn zu machen. Diese Heirat wurde Muḥammad von dem Vater des Kindes durch Seine Tante vorgeschlagen, und nicht in umgekehrter Weise. Es ist unnötig zu sagen, daß die Begattung nicht vor ihrer Reife stattfand, als ihre Mutter und ihr Vater sie zu ihrem Gatten brachten. Ihr Vater war der Nachfolger Muḥammads. Wir sehen daraus, warum er es in den frühesten Tagen Seiner Sendung so eilig hatte, ein sieben Jahre altes Mädchen mit dem Offenbarer zu verehelichen, und daß es sich hier um eine Geste handelte, die einer bestimmten Taktik nicht entbehrte.

Seine vierte Frau war die Tochter eines anderen frühen und mächtigen Anhängers Seines Glaubens. Dieser Jünger wollte natürlich nicht erlauben, daß sein Freund und Rivale der alleinige Schwiegervater Muḥammads sei, da er selbst eine hübsche heiratsfähige Tochter hatte. Sie wurde mit Muḥammad verheiratet, aber sie war keine Jungfrau; sie war verwitwet, da ihr Mann im Kampf für den Islám starb. In diesem Zusammenhang ist es interessant zu wissen, daß sie von ihrem Vater, nachdem ihr Mann gefallen war, zwei der führenden Anhänger Muḥammads angeboten wurde und jeder höflich ablehnte, weil sie den Ruf hatte, ein sehr hitziges Temperament zu haben! Ihr Vater eilte in seiner Wut zu Muḥammad und sagte, daß er diese Beleidigung nicht hinnehmen könne, worauf Muḥammad sie in Seiner Güte Selbst heiratete.

Seine fünfte Frau war eine Witwe mittleren Alters von einem Vetter, der im Kampf für den Islám gestorben war. Sie starb acht Monate nach ihrer Heirat mit Ihm. Auch Seine sechste Frau war eine Witwe, deren Mann für den neuen Glauben gefallen war. Muḥammad bestand darauf, sie zu ehren und zu entschädigen, indem Er sie und ihre Kinder in Seinen Haushalt aufnahm. Sein siebtes Weib war Seine eigene Cousine, die von einem Seiner früheren Sklaven, mit dem sie nicht glücklich gewesen war, geschieden wurde. Die achte Frau, die Er zu Sich nahm, war eine nicht ausgelöste Gefangene, deren Volk in der Schlacht besiegt worden war, und die neunte war eine Jüdin, die gleicherweise nach einem Gefecht mit ihrem Volk ohne Heimat geblieben war. Die zehnte war, wie es so oft in Seinem Leben geschah, die Witwe eines der ersten Anhänger Seines Glaubens, der nach Abessinien geflohen war und dort starb. Die elfte in Seinem Harem war ein hübsches koptisches Mädchen aus Ägypten, das Ihm als ein Geschenk vom römischen Gouverneur geschickt wurde, als Sein Glück den Punkt erreicht hatte, an dem römische Gouverneure daran dachten, Ihm solch eine große Ehre zu erweisen! Sie wurde nicht zurückgewiesen, im Gegenteil, sie wurde mit großer Zuneigung behandelt, und gebar ihm einen Sohn, der zum großen Kummer Seines Vaters früh starb. Die zwölfte Frau Muḥammads war ebenfalls eine Jüdin, die Frau eines Heerführers, der in der Schlacht erschlagen wurde. Die dreizehnte war die Witwe eines Seiner Vettern und die Tochter Seines vielleicht größten Feindes

Diese Einzelheiten sind ausgewählt aus *The Messenger* von R. V. C. Bodley, Book-of-the-Month Club, New York.

Seinem Namen Handlungen vollbrachten, die Ihn erzürnt hätten. Genauso haben wir im Namen Christi viele Missstände und Fälschungen in Seine Lehren hineingetragen. Es ist erstaunlich, dass viele Muslime Harems mit Hunderten von Schönheiten besaßen, während Muḥammad durch Gesetz die Zahl der Frauen streng auf vier beschränkte. Obwohl Er ihnen Achtung gegenüber Christen und Juden vorschrieb und so weit ging, Seinen Anhängern die Ehe mit ihnen zu erlauben, und im Qur'án entschieden feststellte, dass Christus und Moses »Gesandte von Gott, Offenbarer von Ruf«[14] und Wahrheitsbringer waren, die geehrt und geliebt werden müssten, haben es fanatische Muslime als eine Tugend angesehen, ›Ungläubige‹ zu erschlagen. Ja, sie gingen sogar nach Hause und wechselten ihre Kleider, wenn sie einen Juden oder Christen damit gestreift hatten.

14 Das ist die Krankheit der Kleingeisterei in den verschiedenen Zeitaltern! Warum kommt uns so selten der Gedanke, dass ein Mensch, Der solche Kraft zum Guten, solch glänzenden Geist, um die menschlichen Probleme und Notwendigkeiten zu sehen, und eine so anziehende Persönlichkeit besitzt, um das Leben aller, die Seine wahre Größe erkennen, umzuwandeln, wie es Christus, Muḥammad oder Moses taten, eine bezaubernde, fesselnde Persönlichkeit gewesen sein muss? Sie müssen Menschen gewesen sein, in Deren Gegenwart wir uns freier fühlten, unsere Selbstachtung stieg und wir mehr Fähigkeit zur Erfüllung und zu aufbauendem Leben als zuvor in uns verspürten. Warum müssen wir Sie immer als etwas Unwirkliches ansehen, das vom Geschehen in unserem kleinen Leben so weit entfernt ist, als Wesen, Die wir nur aus der Entfernung verehren möchten und mit Denen wir nichts gemeinsam haben? Oder sehen wir Sie als Menschen mit einseitiger Persönlichkeit, wie z. B. die vorherrschende Vorstellung von Christus als dem ewig sanften, liebenden und kummervollen Vergeber und Heiland – oder von Muḥammad als dem Krieger, dem Mann, Der Seine Truppen in die Schlacht führt? Sicher ist diese voreingenommene Einstellung gegenüber jenen Offenbarern ein Grund, warum wir aus Ihren Lehren nicht mehr Gutes herleiten.

15 Wenn Sie wirklich der einzigartige, göttliche Geist im menschlichen Körper sind und wenn Sie wirklich mit Nachrichten, Botschaften und Lehren von einem persönlichen Gott zu uns kommen, um

114

unser Leben zu leiten und unsere Welt zu einem besseren, glücklicheren Ort zu machen, dann sollten wir danach streben, so viel als irgend möglich über Sie und Ihre Persönlichkeiten zu erfahren. Vielleicht werden wir in der Erkenntnis Ihrer Wirklichkeit auch zur Erkenntnis unseres eigenen Selbstes kommen und die Werte des Lebens besser begreifen lernen.

Jedes christlich erzogene Kind ist mit der biblischen Geschichte vertraut. Wenn auch zum Teil die geistige Vorstellung von Christus in den Jahrhunderten verdreht worden sein mag, so gibt sie doch einfach und wundervoll ein lebendiges Bild von der warmen, menschlichen Güte Christi, von Seiner lebhaften Anteilnahme an allen, die litten oder misshandelt wurden, von Seiner erhabenen, echten Kameradschaft mit Seinen Gefährten, die mit Ihm reisten und lehrten, von Seiner unbedingten Rechtschaffenheit bei der Austreibung der Geldwechsler und von der Art und Weise, wie Er Sich über körperliche Verwandtschaft hinwegsetzte, indem Er Seine Jünger als Seine wahren Brüder bezeichnete. So bleiben uns die Bilder von Ihm, wie Er einsam und mit leidvollem Herzen in Gethsemane in jener Nacht des Verrats betete und welche heftigen Leiden und Demütigungen in Seinen letzten Lebenstagen auf Ihn gehäuft wurden. Welch bittere Betrübnis muss in Ihm gewesen sein, als Sein geliebter Petrus, Sein »Fels«[15], auf den Er Seine Kirche bauen wollte, Ihn dreimal verleugnete. Welch ungeheure Verlassenheit und Einsamkeit – von menschlicher Seite aus gesehen – umgaben Ihn, als Er am Kreuz zwischen zwei Dieben hing. Hätten diese beiden Kreuze nicht zwei treue Jünger tragen sollen, die in überströmender Liebe neben Ihm in Seiner letzten Stunde erhöht wurden?

Aber die Bilder, so lebendig sie sind, sind bruchstückhaft, und nach Ablauf von 20 Jahrhunderten können wir nicht mehr entscheiden, wie der Christus unserer Vorstellungen wirklich gelebt hat.

Das gleiche gilt für Muḥammad, obwohl von Seinem Leben viel mehr Einzelheiten überliefert sind und Er im Sinne der belegbaren Geschichte eine weit geschichtlichere Gestalt als Christus ist; dennoch ist seit Seinem Tod viel Zeit verstrichen, und vieles ist sowohl durch Seine Anhänger, die einander bekämpften, als auch durch Seine Feinde gedeutet und falsch ausgelegt worden, so dass die Umrisse

Seines Charakters und Seiner Persönlichkeit verblasst und entstellt wurden.

19 Woher sollen wir erfahren, was das für eine Erscheinung ist, die uns so sehr gleicht und doch so wesentlich anders ist – dieser Sonnenstrahl, dieser Offenbarer des unsichtbaren Gottes und dieser Mittler aus Fleisch und Blut? Wir brauchen eine lebendige Bestätigung und ein lebendes Beispiel, etwas, das uns auch zeitlich nahe liegt und das über alle Zweifel erhaben ist. Können wir es finden?

11. Ein neuer Frühling im 19. Jahrhundert

Um die Mitte des 19. Jahrhunderts ereignete sich, was religiöse Menschen des Ostens und des Westens in Demut erwartet hatten, nämlich das Erscheinen eines neuen Offenbarers. Da Er ein Mensch aus Fleisch und Blut war, kam Er auf die Welt mit ebenso wenig Trompetenschall wie Seine Vorläufer. Wohl hatten einige Menschen verkündet, dass bald die ›Wiederkunft‹ zu erwarten sei, und ein Mann von überragender Einsicht und Weisheit hatte der ›Gesellschaft der Erwartung‹, die er gegründet hatte, angedeutet, dass aus Shíráz und Ṭihrán bemerkenswerte Ereignisse zu erwarten seien, aber die Welt und Persien – das Sein Geburtsland war – wurden nicht aufmerksam, als in der angesehenen Kaufmannsfamilie des Siyyid Mírzá Muḥammad Riza in einem ruhigen Haus in Shíráz ein Sohn geboren wurde. Als das Kind noch ein kleiner Junge war, starb der Vater, und einer der Brüder Seiner Mutter nahm die Witwe und ihren Sohn auf. Er wuchs zu einem klugen, rücksichtsvollen und empfindsamen Jungen auf und folgte dem Beruf Seiner Ahnen, wurde ein Kaufmann und hatte schließlich ein Geschäft in Búshihr am Persischen Golf. Er heiratete mit 22 Jahren Seine Cousine, und die beiden jungen Menschen, angenehm in ihren Neigungen und ihrer Natur, waren einander sehr ergeben und sehr glücklich. Sie hatten einen Sohn, der im Alter von einem Jahr starb. Der Name dieses jungen Mannes war Siyyid ʿAlí-Muḥammad. Siyyid ist der Titel, der dem Namen aller bestätigten Nachkommen des Offenbarers Muḥammad vorangesetzt wird und dem Träger das Vorrecht verleiht, als ein Zeichen seiner erlauchten Abstammung einen grünen Turban zu tragen.

2 Siyyid 'Alí-Muḥammad zeichnete Sich bis zum Alter von 25 Jahren nicht durch irgendeinen besonderen Wesenszug, mit Ausnahme Seiner erstaunlichen Demut und Frömmigkeit, aus. Als Kind hatte Er die Verwunderung Seiner Lehrer durch den Scharfsinn, den Er entfaltete, erregt, indem Er Dinge begriff, die weit über den Bereich des kindlichen Verstandes hinausgingen, und instinktiv die Antworten auf Fragen zu wissen schien, die der Denkwelt der Erwachsenen zugehörten. Sein Lehrer besprach sich darüber mit Seinem Onkel und sagte, dass es ihm unmöglich sei, ein so fähiges Kind zu lehren, das so viele abstrakte Zusammenhänge begriff, die er selbst nicht erklären könne, und dass tatsächlich er von seinem Schüler lerne und nicht der Schüler von ihm. Aber es hat schon viele Wunderkinder in dieser Welt gegeben, die doch nie den Anspruch erhoben, ein Offenbarer zu sein.

3 Um die Erscheinung dieses jungen Mannes aus S̲h̲íráz vollkommen würdigen und verstehen zu können, muss man die persische Gedankenwelt dieser Zeit etwas näher betrachten. Es gab eine große und mächtige Gelehrtengruppe, die davon unterrichtet worden war, dass alle Zeiterscheinungen, die allgemeine Weltlage und die prophetisch verkündeten Zeitpunkte darauf hinwiesen, dass das Ausströmen geistiger Kraft in die Welt bevorstehe. Sie wollten sich zu ihrem Empfang vorbereiten und wachsam sein, damit sie das Wesen, das ihr Kanal sein würde, nicht verfehlten. Diese Menschen nannten sich nach dem Namen ihres Begründers S̲h̲ayk̲h̲ Aḥmad-i-Aḥsá'í und waren als S̲h̲ayk̲h̲ís bekannt.

4 Im Mai 1844 lebte Siyyid 'Alí-Muḥammad ruhig in Seinem Haus, nachdem Er von Bús̲h̲ihr in Seine Geburtsstadt zurückgekehrt war. Er war jetzt 25 Jahre alt, schlank, mittelgroß, mit einer feinen Adlernase, großen braunen Augen, schöngeschwungenen Brauen und dunkelbraunem Haar und Bart. Da Er besonnen und geistig gesinnt war, wurde Er von allen wegen Seiner Weisheit, Ergebenheit, Aufrichtigkeit und Seinem vornehmen und edlen Charakter geachtet. Er hatte bis dahin kein schweres Leben. Seine Familie war begütert und sehr angesehen; gleich allen Einwohnern von S̲h̲íráz waren sie geistreiche, eifrige Leute. Sie liebten Poesie, Blumen, Bäche und die angenehmeren Seiten des Lebens. Der junge Kaufmann wohnte in einem bescheidenen, aber hübschen Haus; seine Räume öffneten sich nach dem klei-

nen Innenhof des Hauses, wo Orangenbäume um einen Springbrunnen wuchsen, der mit Schalen voll wohlriechender Blumen umgeben war; der Fußboden war mit den wundervollen Teppichen Seines Heimatlandes belegt; kristallene Lampen und Kronleuchter spendeten ihr Licht; die Wände und Decken waren geschmackvoll und reich mit Stuckarabesken verziert. Er Selbst trug Kleider aus feinstem Taft und Seidenstoffen, meist lieblich grün und mit den äußerst feinen handgedruckten Baumwollstoffen umsäumt, die in Persien eine so hohe Vollkommenheit erreicht haben. Die Welt meinte es gut mit Ihm; Er hatte eine zärtliche Mutter, eine liebe und geistesverwandte junge Frau und einen Onkel, der Ihn wie seinen eigenen Sohn betrachtete.

Eines Abends ging Er vor den Stadtmauern spazieren. Gegen Sonnenuntergang sah Er, wie sich ein müder Reisender dem Stadttor näherte. Er ging auf diesen Fremden zu, grüßte ihn freundlich (sehr zum Erstaunen dieses Mannes) und lud ihn ein, mit Ihm zu kommen und sich nach seiner Reise zu erfrischen. Der Reisende, zu höflich und zu überrascht, es Ihm abzuschlagen, folgte Ihm zu Seinem Hause. Siyyid 'Alí-Muḥammad reichte Seinem Gast Tee, den Er mit eigener Hand als ein Zeichen Seiner Achtung bereitet hatte. Auf Einwendungen, dass sein Bruder und sein Neffe auf ihn in einer Moschee der Stadt warteten und dass er eilen müsse, um sie dort zu treffen, sagte Er unerschütterlich: »*Du musst die Stunde deiner Rückkehr vom Willen und Belieben Gottes abhängig machen ...*« [16] Eine so fromme und bestimmte Feststellung machte allen Protesten von Seiten des Gastes ein Ende, der sich verwirrt und erstaunt den Wünschen seines Gastgebers fügte, den seine Augen nie zuvor erblickt hatten.

Der Reisende, ein junger Geistlicher, der zwei Jahre älter als Siyyid 'Alí-Muḥammad war, sprach ungezwungen zu seinem neugefundenen Freund. Tatsächlich war seine Seele in Unruhe, und er war froh, sich vor einem mitfühlenden Menschen aussprechen zu können. Er war ein Shaykhí; kurz vorher war sein Führer gestorben, nachdem er ihm gesagt hatte, dass sein Tod die Einleitung des Erscheinens des Einen sei, Den sie alle so sehnsüchtig erwarteten, den Träger der ferneren Erleuchtung der Welt. Er, Mullá Ḥusayn, hatte seit dieser Zeit Wochen in Zurückgezogenheit und Gebet verbracht mit der demütigen Bitte, dass Gott ihn zum Ursprung dieses neuen Lichtes in der

Welt führen möchte. Schließlich war er, von einem unwiderstehlichen inneren Drang getrieben, den ganzen Weg von Karbilá im 'Iráq nach Shíráz in Süd-Persien gewandert.

Siyyid 'Alí-Muḥammad zeigte großes Interesse an der Erzählung Seines Gastes und fragte ihn schließlich, welches die Erkennungszeichen des ›Verheißenen‹ seien. Inzwischen war die Sonne untergegangen. Die beiden jungen Männer saßen sich auf dem Boden gegenüber, wie es üblich war, und waren völlig in ihre Unterhaltung vertieft. Mullá Ḥusayn, ein Geistlicher und ein hochgelehrter Mann, ragte so über die Shaykhís hinaus, dass ihm viele versichert hatten, dass, wenn er erklären würde, der ›Verheißene‹ zu sein, sie bereit seien, ihn anzuerkennen. In der Tat war er der gegenwärtige Führer der Sekte. Aber da er der Wahrheit leidenschaftlich ergeben war und erfüllt von dem Glauben, dass die Stunde gekommen und der Offenbarer gegenwärtig sei, dachte er mit keinem Gedanken an persönliches Ansehen oder Macht und war gänzlich von seiner Aufgabe erfüllt.

Mit einer Sicherheit, die aus Überzeugung und Erfahrung geboren war, führte er weiter in aller Kürze aus, was den Shaykhís an Zeichen gelehrt worden war, um den Einen, Den sie suchten, zu erkennen. Er würde ein Nachkomme des Offenbarers sein (wie es aus der Überlieferung hervorging), Er würde zwischen zwanzig und dreißig Jahre alt und mittelgroß sein und nicht rauchen; Er würde von jedem körperlichen Gebrechen oder Makel frei sein und angeborenes Wissen und Weisheit besitzen. Er sprach diese Worte voller Begeisterung.

Der junge Kaufmann aus Shíráz schaute auf ihn mit Seinen schönen und gedankenvollen Augen und sagte ruhig: »Siehe, alle diese Zeichen sind in Mir verkörpert!«[17] Er fuhr dann fort, Punkt für Punkt, sie auf Sich anzuwenden und zu zeigen, dass sie alle vollständig auf Ihn zutrafen. Mullá Ḥusayn war ermüdet. Er war einen weiten Weg zu Fuß gewandert. Seine Gedanken hatten sich beständig in der angespannten Überzeugung bewegt, dass er das neue Licht finden würde, ja finden müsse. Diese kühne Erklärung, die so plötzlich und unerwartet von dem ihm gänzlich Fremden ausgesprochen wurde, verwirrte und reizte ihn. Er beeilte sich, seinem jugendlichen Gastgeber, Der so inhaltsschwere Worte mit ruhiger Sicherheit aussprach, zu versichern, dass der Eine, Den er und seine Shaykhí-Brüder erwarteten, ein

Mensch von äußerster Heiligkeit, dass Seine Botschaft von unüber-
windlicher Kraft getragen sein würde und dass Er großes, intuitives
Wissen besitze. Kaum waren diese Worte in der Form eines sanften
Tadels über seine Lippen gekommen, als Mullá Ḥusayn ein starkes
Gefühl der Reue verspürte. Eine große Furcht beschlich sein Herz:
angenommen, dieser junge Mann sei wirklich durch ein Wunder der
Eine, Den er suchte? Aufrichtig in seinem Suchen nach Wahrheit und
in dem Wunsche, jede andere Regung auszuschließen, gelobte er sich
innerlich, seinen Ton zu mäßigen, wenn sein Gastgeber den Gegenstand weiter verfolge. All die Beweise gingen ihm durch den Kopf,
durch die er in der Lage sein würde, die Rechtmäßigkeit der Ansprüche des Einen, Den er suchte, festzustellen. Er hatte eine Abhandlung
vorbereitet, die sich mit vielen schwer verständlichen Dingen befasste,
an denen er schon lange herumgerätselt hatte; der ›Verheißene‹ würde
sie ihm sicher alle beantworten können. Auch hatte ihm sein Führer
erzählt, dass der Eine, Den sie erwarteten, unaufgefordert eine Erklärung einer Sure des Qur'án geben würde, die die alte biblische Geschichte von Josef und seinen Brüdern behandelt.

   Aber Siyyid 'Alí-Muḥammad zeigte keine Neigung, das Thema
fallen zu lassen; im Gegenteil, Er ermahnte Mullá Ḥusayn, aufmerksam zu forschen, ob all die Dinge, die über den ›Einen‹ gelehrt wurden, nicht tatsächlich in Ihm gefunden werden könnten. Dadurch ermutigt, zog der Gast, ehrerbietiger als zuvor, die Abhandlung, die er
vorbereitet hatte, heraus, neigte sich zu seinem Gastgeber und bat Ihn,
mit nachsichtigen Augen darauf zu schauen. Ein flüchtiger Blick ge-
nügte, um Siyyid 'Alí-Muḥammad den Hauptpunkt offenbar zu machen. Augenblicklich erklärte Er die darin angeführten Themen sorgfältig und offenbarte die Bedeutung gewisser Lehren und Aussprüche
in so glänzender Weise, dass Mullá Ḥusayn erstaunt und entzückt war.
Siyyid 'Alí-Muḥammad bedeutete Seinem Gast, dass es nicht Sache
der Geschöpfe Gottes sei, ihre unzulänglichen Prüfungen anzustellen,
um Seine Lehren zu beurteilen, dass es vielmehr Sache Gottes sei,
ihre Aufrichtigkeit zu prüfen. Wäre er nicht Sein Gast gewesen, wäre
seine Lage in der Tat bedrückend geworden, aber Gott ist gnädig, und
Er hatte ihm verziehen. Die Menschen wurden erschaffen, Gott zu
erkennen und Ihn zu lieben! Lasst sie darum zu dieser Schwelle eilen,

um die Gnade Gottes zu empfangen. So wie er, Mullá Ḥusayn, vollen Herzens ausgezogen war, um die Wahrheit zu finden, mit der gleichen Beständigkeit und Festigkeit sollten alle Menschen ausziehen und danach suchen!

Was hatte sich mit dem Kaufmann aus <u>Shíráz</u> zugetragen? Wo war der sanfte junge Mann, Der so demütig und ergeben war, dass Er Sich Selbst als unwürdig ansah, die Schwelle des inneren Schreines am Grabe eines der Imáme zu überschreiten? Wo war der nachdenkliche und fromme junge Mensch, immer liebevoll, immer ruhig und bescheiden? Dieser Mensch hatte die Stufe eines Offenbarers erreicht. Das Feuer hatte das Eisen durchdrungen und geschmolzen, die Seele, die all die Jahre sanft in der Brust dieses jungen Persers geruht hatte, erblühte plötzlich. Das war kein gewöhnliches Blühen, sondern ein plötzlicher Frühling für die Welt. Jetzt regneten die Frühlingsschauer herab, und die Sonne der Frühlingswende schien. Jetzt wurde die Seele des Menschen von den ersten Strahlen der Dämmerung berührt, und die Welt wurde durch das Wehen des neuen Lebenshauches erregt. Warum so plötzlich? Was war geschehen? Nichts Unnatürliches hatte sich ereignet. Es gibt ›Scheidepunkte‹ im Universum, und ein Punkt ist zum Beispiel, wenn nach einem allmählichen Dämmern plötzlich die Sonne über dem Horizont aufgeht und in einem Zeitraum von Minuten den glänzenden Tag bringt.

Nun sprach Siyyid 'Alí-Muḥammad nicht mehr für Sich Selbst; die Tür war aufgestoßen worden; nun verkündete Er den Menschen die Worte, die die Anweisungen ihres Schöpfers enthielten. Wir müssen erzogen werden, wir haben es nötig; die Ideen der Vergangenheit hatten sich verbraucht; die strahlenden Impulse, die Abraham, Moses, Christus, Muḥammad und andere Offenbarer vor Ihnen verkündeten, hatten sich erschöpft. Hier war dieselbe ewige Stimme, die die Menschen rief; nur die Lippen des Sprechers waren andere.

Vor langer Zeit wanderte Christus an den Ufern eines Sees; plötzlich rief Er zwei stämmige Fischer, die mit ihren Netzen an der Arbeit waren: *»Kommt mit Mir, und Ich will euch zu Menschenfischern machen.«* [18] So unvermittelt ist es ein sehr anmaßender und ungewöhnlicher Ausspruch! Aber Petrus und sein Bruder beachteten Ihn ohne Zweifel, weil die Augen ihrer Herzen offen waren. Petrus wurde der erste Jünger, der geliebte Apostel Christi, der Fels, auf den Er Seine Kirche baute.

Auch die Augen des Herzens von Mullá Ḥusayn waren weit ge- 14 öffnet. Er schaute mit neuem Verständnis auf seinen Gastgeber. Ein überwältigendes Entzücken durchströmte seine Brust. Siyyid ʿAlí-Muḥammad nahm Seine Rohrfeder und Blätter von feinem, glatten Papier. Er sagte, dass nun die Zeit gekommen sei, die Erklärung der Josefsure zu geben, und indem Seine Hand auf Seinem Knie ruhte, schrieb Er ohne Pause, geschwind und ohne zu stocken, das ganze erste Kapitel Seines Kommentars. Während Er die Seiten mit Seiner feinen Schrift füllte, sang Er die Worte, die Er schrieb, wie es bei den arabisch und persisch sprechenden Völkern üblich ist. Mit Freude hörte Mullá Ḥusayn viele Worte, die eine verborgene Bedeutung erklärten, Worte, die den Königen ob ihrer Gottlosigkeit Vorwürfe machten, Worte, die die sogenannten Führer der Menschen aufrüttelten, Worte, die die Herzen zu neuen Reichen der Weisheit und des Verstehens riefen.

So erhob sich, ruhig und ohne Aufhebens, eine neue ›Weltreligi- 15 on‹ am Horizont des 19. Jahrhunderts.

Grenzenlose Liebe, Freude, Kraft und Begeisterung müssen das 16 Herz des jugendlichen Offenbarers erfüllt haben. In den Adern jedes jungen Mannes von 25 Jahren fließt das Blut mit Kraft, Stärke und Vitalität, und hier stand Er, Der gerade die Schwelle der Reife überschritten hatte. Hier war Sein Land, das Hilfe und Reform bitter nötig hatte, das korrupt, abergläubisch und rückständig war, und darüber hinaus die weite Welt, die ebenfalls Erleuchtung brauchte: und Er hatte eine solche Botschaft zu verkünden! Es gab kaum einen Bereich im Leben des Menschen, der nicht einen Heiler unbedingt nötig hatte. Die Gesellschaft war krank, ihr Körper verfaulte unter Schmerzen. Doch Er hatte das Heilmittel in Seiner Hand. Würden die Menschen auf Ihn hören? Würden sie nicht begierig sein, es zu ihrem eigenen Besten einzunehmen? Würden sie sich nicht drängen, die Wahrheit zu empfangen, die ihnen neues, geistiges Leben brachte? Es gab eine Gruppe vorbereiteter, frommer Seelen, die an Sein Kommen glaubten und Sein Erscheinen täglich erwarteten, und hier stand vor Ihm der erste Gläubige, ein edler junger Geistlicher, mit Augen gleich Sternen, gelehrt, zuverlässig und von Eifer erfüllt! Gewiss lag die Welt, zu deren Hilfe Gott Ihn gesandt hatte, zu Seinen Füßen, bereit, erobert zu werden.

17 Persien versank regelrecht in seiner eigenen moralischen Verkommenheit. Der ganze Bau der Gesellschaft war durchsponnen und verwoben mit Furcht, Betrug und Bestechung. Es wurde durch verkommene, habgierige Könige und ihren Anhang männlicher Nachkommen beherrscht. Nichts, absolut nichts konnte ohne Geschenke erreicht werden; selbst Minister erlangten ihre Posten mit Hilfe von ansehnlichen Geschenken an ihren Herrscher; niedere Beamte bestachen höhere auf der ganzen Linie; ohne Trinkgelder, die Einräumung von Vorrechten oder eine andere Art der Bestechung konnte keine einzige Sache in irgendeinem Lebensbereich erreicht werden. Die Menschen waren in ihrer Religion so fanatisch, dass sich selbst Gelehrte und Lehrer als verunreinigt ansahen, wenn sie mit der Hand die Bibel berührt hatten. Einige fassten dieses Buch lieber mit Zangen an, als damit in Berührung zu kommen, oder sie gingen nach Hause, um zu baden und die Kleider zu wechseln, die durch die Berührung mit einem ›verfluchten‹ Christen oder einem ›Hund‹ von Juden verunreinigt worden waren. Die Frau stand auf einer so niedrigen Stufe, dass manche Priester behaupteten, sie hätte keine Seele; man ließ ihr mit Bedacht keine Bildung angedeihen, und ein schnelles Pferd oder ein guter Teppich waren für seinen Besitzer oft von größerem Wert und mehr gepflegt. Die Menschen waren von Natur aus ebenso wild und grausam wie fanatisch. Die Regierung war in Wirklichkeit ein Kirchenstaat; die Geistlichkeit besaß fast uneingeschränkt die Oberherrschaft über das Leben der Massen. Eine hündische Unterwürfigkeit durchdrang den persischen Volkscharakter, und Heuchelei war zum tief eingewurzelten nationalen Wesenszug geworden. Das Land Xerxes' des Eroberers, das Geburtsland von Ḥáfiẓ, Rúmí und Sáʿdí – Dichter, die man mit Namen wie Shelley, Keats, Milton und anderen unsterblichen Poeten vergleichen kann – war zu einer unbedeutenden Nation jämmerlicher Fanatiker herabgesunken. Kein Land und kein Volk der Erde hatte eine vollständige Reform nötiger als das Vaterland und die Landsleute Siyyid ʿAlí-Muḥammads! Mit Hoffnung, Zuversicht, einem liebenden Herzen und einem entschlossenen Geist setzte Er Sich Selbst die ungeheure Aufgabe einer Erneuerung.

Wenn im Frühling der Saft steigt, öffnen sich die Knospen der
Bäume. So war es in jenen Tagen in Shíráz. Mullá Ḥusayn traf anschließend mit seinem Bruder und seinen Freunden zusammen. Er
hatte zuvor geschworen, niemandem von der Zusammenkunft mit seinem neu gefundenen Führer zu erzählen. Er erstaunte jeden durch sein
ruhevolles und zufriedenes Wesen. Er, der beinahe einem Wahnsinnigen in seinem Verlangen, den ›Verheißenen‹ zu finden, geglichen hatte, bewegte sich jetzt ganz ruhig unter ihnen und lehrte. Einige seiner
Begleiter vermuteten, dass nur das Finden des Gegenstandes seines
Verlangens einen solchen Wechsel verursacht haben könne. Sie frag-
ten ihn. Er sagte: »Jeder muss die Wahrheit selbständig finden.«[19] Verwirrt und bestürzt suchten viele von ihnen durch Gebet und Medita-
tion die Tür zu öffnen, durch die er offensichtlich schon gegangen war.
In der Zwischenzeit besuchte Siyyid ʿAlí-Muḥammad einige Male
ihre Versammlungen und bewegte Sich in ihrer Mitte unterschiedslos
mit Ausnahme Seines erhabenen Charakters und Seiner edlen Miene.
Er gab Mullá Ḥusayn kein Zeichen des Erkennens. Dies hatten sie
untereinander verabredet, bevor sie in jener denkwürdigen Nacht aus-
einandergingen, in der Er Sich Seinem ersten Jünger erklärt hatte. Er
hatte ihm gesagt, dass Er der ›Báb‹ sei (wörtlich: das Tor), Der die
Menschen zu einer größeren Wahrheit führen würde, dass Ihn 18
Menschen aus eigenem Antrieb und ohne äußere Führung annehmen
müssten; Mullá Ḥusayn war der erste, und andere würden in den kommenden Tagen folgen. Mittlerweile traf Er Mullá Ḥusayn oft des
Nachts in Seinem Hause, machte ihn mit Seiner Lehre bekannt und
schrieb weitere Kapitel Seines Kommentars nieder.

Diese ersten Wochen der neuen Sendung lesen sich wie ein schönes Märchen. Einer nach dem anderen – manche durch einen Geistes-
blitz, einige in der Tiefe ihres Gebetes und wieder andere durch Träume – erkannten Ihn die 17 noch fehlenden Jünger; sie vervollständigten
die Gruppe von 19 – der Báb Selbst war der Erste –; sie anerkannten
Ihn als ihren gottgesandten Führer und schlossen sich der wachsenden
Gruppe, die sich in Seinem Hause traf, an. Nur die einzige Frau in
dieser Gruppe, die der Báb ›Buchstaben des Lebendigen‹ nannte, sah
Ihn niemals. Sie glaubte an Ihn durch einen Traum und erklärte sich in
einem Brief.

125

20 Wir wollen uns hier nicht mit der Geschichte der nächsten sechs Jahre befassen. Uns geht es darum, unmittelbar das Bild eines Offenbarers der heutigen Zeit zu erhalten, Dessen Leben in jeder Einzelheit so verbürgt bewahrt wurde, dass Seine Persönlichkeit weder ein Gegenstand der Mutmaßung oder ein Gewebe von Volkserzählungen ist, noch einer ›Verschönerung durch Aberglauben‹ bedarf oder selbst durch wohlmeinende, aber einsichtslose Künstler gemalt werden müsste. Ein echtes Gemälde Seiner Gesichtszüge ist vorhanden, verbürgt und wohlverwahrt. Die Geschichte Seines Lebens, von Zeitgenossen geschrieben, existiert ebenfalls, und viele Seiner Originalhandschriften sind vorhanden.

21 Er sandte 17 dieser ersten ›Buchstaben‹ nach Persien und in die Nachbarländer, damit sie Seine Botschaft lehrten. Den letzten, einen jungen Mann von 22 Jahren namens Quddús, nahm Er mit nach Mekka, wohin Er eine Pilgerfahrt machte. Es war Sein Plan, Sich zu den Heiligen Plätzen des Islám zu begeben, dem Grabe des Offenbarers Muḥammad Seine Huldigung zu erweisen und dort einige Führer der islámischen Religion mit Seinen Lehren und Seiner Sendung bekanntzumachen. Auf der Rückreise würde Er Seine treuen Freunde und Jünger an einem vorher bestimmten Ort treffen und einen Plan für die Zukunft festlegen. Er würde lehren; Er würde das greisenhafte, verknöcherte Persien verjüngen, und Sein Glaube würde Seine Erneuerungsbotschaft in andere Länder tragen. Das war Sein Plan.

22 Aber der höchste religiöse Würdenträger von Ḥijáz war nicht im geringsten an dem Neuen interessiert, das ihm durch Quddús vom Báb und Seinen Lehren verkündet wurde; er hatte für junge Menschen mit neuen, von Gott inspirierten Botschaften keine Zeit, denn er war ein sehr bedeutender und beschäftigter Mann. Die Umstände verhinderten ein Zusammentreffen mit Seinen Anhängern, das der Báb so sehr gewünscht hatte. Er kehrte nach Shíráz zurück. Er wurde weder von dem begeisterten Beifall der Menschen Seiner Stadt noch durch die Anerkennung der Größe Seiner Lehre begrüßt oder von Seinen Anhängern bewillkommnet. Im Gegenteil, am Tore Seiner Heimatstadt fand Er Sich durch die offenen Arme des Gesetzes begrüßt und von einer Gruppe Soldaten vor den Gouverneur geführt. Er wurde vor diesem und den höchsten Beamten der Stadt angeklagt wegen Seiner

126

anmaßenden Unverschämtheit, etwas Neues zu lehren und Anhänger zu werben, und wurde beschimpft, weil Er das Interesse des Volkes für Seine ketzerischen Ideen wachrief. Er wurde so heftig ins Gesicht geschlagen, dass Sein Turban zu Boden rollte. Anschließend wurde Er der Aufsicht Seines Onkels unterstellt, der wie ein Vater zu Ihm gewesen war, und wie ein streng bewachter Gefangener in Seinem eigenen Hause gehalten.

Nur wenig mehr als ein Jahr war seit der glücklichen Nacht vergangen, in der Er mit Freude und Zuversicht Mullá Ḥusayn die Art der Aufgabe erklärt hatte, die Ihm Gott anvertraut hatte. Seine Botschaft, die wie der Wind durch Seine treuen Anhänger verbreitet wurde, verursachte einen Aufruhr in Persien. Männer von nationalem Ansehen und religiöse Führer von höchstem Rang nahmen öffentlich Seinen Glauben an. Aber sowohl politische als auch religiöse Persönlichkeiten von großem Einfluss wandten sich gegen Ihn, der bedeutendste und entschiedenste von allen war der Ministerpräsident des Sháh.

Schließlich erreichten diese Feinde, dass Er gesetzlich aus Seinem Heim und aus Shíráz verbannt wurde. So war bereits der Schatten des Unheils auf Ihn gefallen – wie er zweitausend Jahre vorher auf den jugendlichen Offenbarer aus Galiläa fiel, als die Priester Seines Volkes mit ränkevollen Augen auf Ihn sahen. Der Báb sagte Seiner Frau und Seiner Mutter Lebewohl. Es war Ihm bewusst, dass dies ein Abschied für immer sei. Der jüngeren Frau, der Gefährtin Seiner glücklichen Tage, die an Seine Lehre und Seinen Anspruch mit ganzem Herzen geglaubt hatte, vertraute Er an, dass Er wisse, es gebe nur Eines für Ihn – den baldigen Tod. Seiner Mutter ersparte Er barmherzig die schwere Last dieses Wissens.

Er ging nach Iṣfáhán, dem sonnigen Iṣfáhán mit seinen Gärten und Moscheen mit blauen Kuppeln, dem großen religiösen Mittelpunkt Persiens. Hauptsächlich durch den Einfluss des Gouverneurs der Stadt, der zuerst Sein Freund und dann Sein Anhänger wurde, erfreute Er Sich zunächst eines großen Ruhmes und guten Rufes. Rechtsgelehrte saßen Ihm zu Füßen, und graubärtige Priester von nationalem Ruf küssten Seine Hände. Die Bevölkerung folgte Ihm fanatisch und trank selbst das Wasser, in dem Er gebadet hatte, in dem Glauben, die Berührung mit Ihm hätte es mit heilenden Kräften ausgestattet. Der Sháh bewilligte Ihm eine Unterredung in der Hauptstadt, und für einige kurze Wochen schien es, als stünden Seine Hoffnungen für Sein Heimatland dicht vor der Verwirklichung. Die Menschen waren wohl doch nicht so blind für die Wahrheit, nach der sie so sehr suchten. Sie würden hören, annehmen und geführt werden.

26 Aber der Ministerpräsident fürchtete sich vor diesem jungen Mann, Dessen Lehren sich wie ein Lauffeuer verbreiteten, Der schon die Unterstützung so vieler berühmter Männer gefunden hatte – worunter auch jener Weise war, den Seine Majestät von seinem Hof abgesandt hatte, um in seinem Auftrag die Ansprüche des Báb zu prüfen, und der nach wenigen kurzen Unterredungen von der Wahrheit dieser Ansprüche völlig überzeugt war und sich selbst aufmachte, sie im Lande zu verbreiten. Wer konnte wissen, was sich ereignen würde, wenn der Sháh von den Keimen dieses neuen Glaubens beeinflusst würde? Das erste, das wusste er sicher, würde ein Tag der Abrechnung für seine eigene Gewaltherrschaft sein. Seine Majestät, ein unentschlossener Mann, hatte ihm die Macht gegeben, sie über das ganze Land auszuüben. Was auch geschehen mochte, der Báb durfte nicht in die Hauptstadt kommen und dem Sháh von Angesicht zu Angesicht gegenübertreten. Boten wurden nach Iṣfáhán gesandt. Die kriecherischen, Speichel leckenden Priester, die schnell verstanden, woher der Wind wehte, begannen von den Kanzeln der Moscheen herunter den Báb als einen öffentlichen Feind, einen Wahnsinnigen, einen vom wahren Glauben des Islám Abgefallenen zu brandmarken. Die Situation wurde so ernst, dass der Gouverneur gezwungen war, Ihn in seinem eigenen Hause zu verbergen, indem er überall verbreitete, dass Er die Stadt verlassen habe. Aber der Schutz dieses guten Freundes wurde bald unwirksam. Er starb plötzlich. Sein Nachfolger sandte den Báb unter Bewachung angeblich nach Ṭihrán, aber unterwegs kam der Befehl des Ministerpräsidenten, dass der Gefangene in der Festung Máh-Kú, von der Hauptstadt so weit entfernt wie nur irgend möglich, eingekerkert werden sollte. Die Festung lag in einer Grenzecke der Türkei, Russlands und Persiens, in den wilden und einsamen Bergen von Ádhirbáyján.

27 Ich weiß nicht, warum wir immer denken, dass ein Mann, nur weil Er die seltene Stufe und die heroische Gestalt eines Offenbarers

128

besitzt, nicht die allen Menschen eigenen Gefühle haben soll. Im Gegenteil, da Er viel empfindsamer, mehr als alle anderen vervollkommnet und mit einer Seele ausgestattet ist, die die Notwendigkeiten des Zeitalters, die Erfordernisse der Menschen und die Geheimnisse der Herzen kennt, muss Er auch weit tieferen Schmerz und weit größere Freude als wir empfinden können.

Nur mit einem einzigen Jünger als Begleitung wurde Siyyid 'Alí-Muḥammad in Máh-Kú gefangen gehalten. Die Festung, teils aus dem gewachsenen Felsen des Berghanges gehauen, war öde, kalt und abschreckend. Von wilder und öder Landschaft umgeben, schaute sie über das schmutzige Dorf Máh-Kú hin, nach dem sie genannt wurde. Während der ersten Monate Seiner Gefangenschaft verweigerten Ihm Seine Kerkermeister, die vor Ihm gewarnt worden waren, Er sei ein aufrührerischer Feind des Staates und des Islám, selbst eine Lampe in Seinem Raum. Der Winter war so bitter kalt, dass sogar das Wasser in Seinem Krug gefror.

Vergangen waren die warmen, duftenden Nächte von Shíráz und das anmutige Heim Seiner Jugend. Weit weg waren die lieblichen und freundlichen Gesichter Seiner Familie und Seiner Verwandten. An solchen Dingen würde Er nie mehr Anteil haben. Vergangen waren Seine Träume, Seinen Herrscher von Angesicht zu Angesicht zu sehen, Seinen Landsleuten Selbst den rechten Pfad zu zeigen und sie auf den neuen Weg der Reform, den zu bahnen Gott Ihn gesandt hatte, zu führen. Er wusste gut, dass es für Ihn kein Entrinnen gab und dass Sein Weg, gleich dem Christi, nur zum Kreuz führte. Doch selbst das unfruchtbarste Land zeigt ein wenig Grün, wenn der Frühling auf dem Sonnenpfad munter hüpfend herankommt. So fühlten auch die groben Dörfler von Máh-Kú einen wohltätigen warmen Schein von dem Gefangenen hinter den Festungswällen ausgehen. Der Grenzoffizier, der die Festung befehligte, der nie etwas Schlechtes und keine Auflehnung von dem edlen jungen Menschen ausgehen sah, Der ihm als eine allgemeine Bedrohung geschildert wurde, war über die Strenge, mit der er Ihn behandeln musste, beunruhigt. Nach einer Zeit der härtesten Beschränkung und Bedrückung hatte er eine außerordentliche Vision. Er eilte daraufhin zu seinem Gefangenen, um Seine Vergebung zu erbitten und Ihm Erleichterungen zu verschaffen. Spaziergänge

129

wurden erlaubt; Pilger, die mit wunden Füßen und erschöpft von allen Enden des Landes zu den Toren von Máh-Kú kamen, um ihren jugendlichen Führer zu sehen, wurden nicht mehr abgewiesen, sondern es wurde ihnen erlaubt, in Seine Gegenwart zu treten. Die Dörfler selbst, wilde Kurden, die einer islámischen Sekte angehörten und den Islám und die Perser hassten, fühlten sich von Siyyid 'Alí-Muḥammad so angezogen, dass sie auf dem Weg zu ihrer Arbeit an die Festung kamen, um Sein Antlitz von fern zu sehen und Seinen Segen für ihre tägliche Arbeit zu erbitten; wenn Streitigkeit unter ihnen aufkam, pflegten sie sich sogar an eine Stelle unter Seinem Fenster zu begeben und sich einander in Seinem Namen zu versichern, die Wahrheit zu sprechen.

30 Das Licht, von dem der Ministerpräsident glaubte, er habe es völlig ausgelöscht, begann selbst aus dem Gefängnis strahlend zu scheinen. Die Boten des Báb wanderten geschäftig wie Bienen durch ganz Persien, um die Herzen ihrer Landsleute zu befruchten. Einige dieser Sendboten mussten die letzte Antwort kennenlernen, die Tyrannei und Orthodoxie für alle Neuerungen geben, die ihre Vorherrschaft bedrohen: den Tod. Das Kleid des neuen Glaubens begann mit einer Farbe gefärbt zu werden, die ihn für immer in der Geschichte kennzeichnen wird – rot. Jede Religion – ohne Ausnahme – wurde durch das Opfer ihrer Märtyrer blutbefleckt. Sie liebten ihre Religion mehr als ihr Leben. Aber nie wurde eine Religion so tiefrot gefärbt wie die des Offenbarers aus Shíráz.

31 Schließlich kam auch Mullá Ḥusayn zum Tor Seines Gefängnisses. Er hatte seinem Meister in der Tat wohl gedient! Er war während einer Zeitdauer von dreieinhalb Jahren rund 6.000 km zumeist zu Fuß gereist, indem er in ganz Persien die neue Botschaft verbreitete. Jetzt war es ihm wieder einmal vergönnt, dem Báb zu Füßen zu sitzen, Seine melodische Stimme zu hören und neue Anweisungen von Ihm zu empfangen. Voll und schwer muss diese Botschaft gewesen sein, denn der Báb sah deutlich den Spruch an der Wand vor Sich, der Ihm anzeigte, dass die Zeit, die Ihm zur Erfüllung Seiner Mission blieb, sehr kurz war. Er sammelte alle Kräfte Seiner Seele und Seines Geistes und diktierte in den schweren Monaten der Gefangenschaft, die Er in Máh-Kú verbrachte (insgesamt neun), das ganze Buch Seiner Gesetze

und viele wichtige Briefe und Abhandlungen Seinem Schreiber, dem einzigen Begleiter, dessen Gesellschaft Ihm in Gefängnis und Verbannung erlaubt war. Mullá Ḥusayn nahm nun endgültig von Seinem geliebten Führer Abschied und machte sich auf den Weg, Seine Lehren und Botschaften zu den wachsenden Scharen Seiner Anhänger zu bringen – Botschaften, die sie so tief beeinflussten und die Flamme ihrer Ergebenheit so anfachten, dass der Körper des Glaubens eine weit größere Kraft gewann, als er sie bis dahin besessen hatte und nun durch seine schnelle Ausbreitung dem gewaltsamen Höhepunkt seines Schicksals zueilte.

Der Báb Selbst wurde auf Befehl des Ministerpräsidenten in eine andere Festung in der Nähe der Stadt Chihríq (etwa 120 km von Máh-Kú entfernt) gebracht, da dieser mittlerweile entdeckt hatte, dass die Geisteskraft seines Gefangenen die Schwere seiner Befehle gemildert hatte und dass Er, weit davon entfernt, beleidigt oder geschmäht zu werden, das Ziel tiefer Verehrung und Liebe der ganzen Umgebung geworden war. In Chihríq wiederholte sich die Geschichte von Máh-Kú, aber in einem noch größeren Maße. Der Báb, zuerst rücksichtslos eingeschränkt, hart behandelt und bei der Bevölkerung der Stadt verleumdet, besänftigte durch Sein Wesen bald alle Herzen und war alsbald wieder der Gegenstand von Liebe und Achtung, der Schiedsrichter bei Streitigkeiten und der Magnet, der die Füße vieler Verehrer und Sucher zu den steinigen Wüsten, die Sein Gefängnis umgaben, anzog und sie in Seine Gegenwart brachte. Auch hier wurden sie wie in Máh-Kú nicht mehr abgewiesen, denn Seine Bewacher waren ebenfalls zu Seinen glühenden Bewunderern geworden, und der Beamte, der jetzt für Seine strenge Verwahrung verantwortlich war, war niemand Geringeres als ein Schwager des Sháh. Trotz der nachdrücklichen Anweisungen, die er erhalten hatte, verwehrte er dem Báb, zu Dem ihn eine starke Neigung hinzog, nicht einen Besucher; im Gegenteil, große Pilgerzüge, Sucher und Einwohner der Umgebung erhielten die Erlaubnis, mit Ihm zusammenzutreffen und gebannt auf Seine öffentlichen Reden zu hören. Seine Kerkermeister waren Ihm ebenfalls ergeben, und es ist mehr als wahrscheinlich, dass sie Ihm freudig zur Flucht verholfen hätten, wenn Er je eine solche Absicht gehegt hätte.

33 Doch jetzt kannte Er die Art Seiner Feinde. Er wusste, dass der Ministerpräsident und die geistliche Führerschaft Persiens Seine wachen und unversöhnlichen Feinde waren. Er wusste, dass Seine glänzenden Hoffnungen, die vor vier Jahren in Sein Herz eingezogen waren, sich während Seiner Lebenszeit nicht erfüllen würden. Damals fühlte Er zum ersten Male die volle Flut des prophetischen Kraftstromes von Sich zu Seinen Anhängern strömen, und Er richtete Sein Antlitz erwartungsvoll nach Mekka, um dort die erste Stufe Seiner Laufbahn zu erklimmen. Es war Ihm also doch nicht vergönnt, Seine Botschaft Selbst zu verbreiten. Es war Ihm nicht gestattet, mit eigener Hand die krebsartigen Krankheiten Seines Heimatlandes zu heilen. In Seinem Leben erreichten Ihn keine Siegesfanfaren. Aber man mag sich wohl fragen, ob Er Sich der scheinbar vollständigen Niederlage, die Seine Sache noch unter Seinen Augen hinnehmen musste, schon bewusst war.

34 Grausames Asien! Nicht nur einmal, sondern tausendmal haben die Wellen seiner fühllosen Herzen Unglück nicht nur in die Heime seiner eigenen Völker, sondern auch in die der fremden Länder getragen. Es hat sich mehr als eines Königs beraubt und dafür oft genug Hass geerntet. Der Báb wurde nicht geduldet, und wie es seit unvordenklichen Zeiten war: was nicht geduldet wurde, wurde niedergemetzelt. Die Perser machten sich auf, die Bábí – wie Seine Anhänger jetzt genannt wurden – zu vernichten. Aber diese Kinder des Islám, dessen Tradition sie gelehrt hatte, dass ihre Religion durch das Schwert zu verteidigen (damit sie nicht von der Erde verschwinde) keine Sünde sei, sondern eine selbstverständliche Handlung, die größer als bloße Selbstverteidigung sei, ließen sich nicht ohne Protest niederwerfen. An bestimmten Orten, an denen ihre Zahl groß genug war, schlossen sie sich zusammen. Sie griffen nicht an, sie reizten nie, aber sie weigerten sich, ihren neuen Glauben zu verleugnen. Sie wurden heftig angegriffen und fochten tapfer, um sich zu verteidigen. Aber der Kampf eines Fingers gegen den ganzen Körper ist von vornherein eine verlorene Schlacht. Obwohl sie in Zanján, in Nayríz und bei Shaykh-Ṭabarsí heldenhaft rangen, wurden sie nach monatelangen Belagerungen und nachdem sie furchtbare Hungersqualen durchlitten hatten – in einigen Fällen lebten sie von ihrem Schuhleder, den

Knochen ihrer Pferde und dem Gras, das noch auf ihren Festungswällen wuchs – am Ende zu Boden gezwungen. Aber durch die Kraft der Waffen wären sie nie überwältigt worden, sondern nur durch den Betrug ihrer Feinde, die ihnen feierlich versprachen – indem sie es in den Qur'án schrieben – dass sie nicht getötet würden, wenn sie sich ergäben. Kaum aber hatten sie in gutem Glauben ihre Bollwerke verlassen und ihre Waffen niedergelegt, da wurden sie auch schon von Soldaten, Priestern und Pöbel angegriffen und in öffentlichen barbarischen Schreckensszenen niedergemetzelt.

Aber die, die sich selbst verteidigten, waren nicht die einzigen, die leiden mussten; in der Hauptstadt, in großen Städten und in vielen Dörfern wurden Bábí, die keinerlei Widerstand leisteten, wie Schafe abgeschlachtet. Ihr einziges Verbrechen war, dass sie sich weigerten, ihrem neu gefundenen Glauben abzuschwören. Sie wurden in Öl getaucht und lebendig verbrannt; sie wurden unter die Handwerker der Stadt verteilt, die Metzger, die Maurer, die Schuhmacher, die Bäcker; jedes Handwerk empfing seine Trophäe, und jeder wetteiferte mit dem anderen im Ersinnen teuflischer Torturen, um seinem Opfer langsam das Leben zu nehmen; sie wurden in jeder denkbaren Weise verstümmelt; die Zuschauer waren so blutdürstig, dass oft ein armer Märtyrer zuerst mit Messern ermordet wurde, dann sein toter Körper gehängt, sein Leichnam angezündet und selbst die Knochen später ausgegraben und wieder entweiht wurden. Junge Bäume wurden heruntergebogen und ein Bein des Opfers an jedem Baum festgebunden; dann ließ man die Bäume wieder zurückschnellen, die so den Armen zum wilden Entzücken der vergnügten Menge in zwei Teile rissen. Manche Zuschauer gingen so weit, dass sie in der Ekstase des schrecklichsten Fanatismus das Blut ihrer verhassten Opfer auffingen und tranken. Mehr als einer Frau, Mutter oder Tochter wurde der Kopf oder Rumpf des ihr Teuersten von einem lachenden, brüllenden Mob als ein Zeichen seiner teuflischen Erfindungsgabe zurückgebracht. Die Antwort einer solchen Frau ist unsterblich geworden. Sie ergriff den Kopf ihres geliebten Sohnes, der in ihr Haus geschleudert worden war, und warf ihn in die schreiende Menge zurück: »*Was ich Gott gegeben habe, nehme ich nicht zurück!*«[20] Abgeschlagene Köpfe wurden als Fußbälle benutzt oder zierten Spieße; Körper wurden lange auf Markt-

35

133

plätzen ausgestellt, um angestarrt, beleidigt und entweiht zu werden – in der Tat: Persien gab zwischen 1844 und 1853 ein wirkliches Schauspiel der asiatischen Grausamkeit, mit dem es die zivilisierte Welt entsetzte.

36 Das schlimmste dieser wilden Massaker fand statt, während der Báb noch in <u>Ch</u>ihríq weilte. Schwarze Tage und schwarze Nächte waren es für Ihn, als immer neue Boten kamen, die Ihm die herzzerreißenden Nachrichten brachten, dass nicht nur jene, die Er persönlich liebte und Selbst belehrt hatte und die Ihm am nächsten standen und das meiste für Ihn getan hatten – wie Mullá Ḥusayn und Quddús und andere Seiner ersten Jünger, einschließlich des Onkels, der wie ein Vater zu Ihm gewesen war – sondern auch so viele Seiner Anhänger, selbst Frauen, Kinder, ja, selbst Säuglinge, hingemordet wurden.

37 Wir wissen alle, was persönliche Sorgen bedeuten: entweder haben wir Menschen durch den Krieg verloren oder wir kennen solche, die schwer gelitten haben; wir haben gesehen, was Kälte, Hunger, Furcht, Tod – unerwarteter, plötzlicher und verwüstender Tod – bedeuten. Auf die eine oder andere Weise haben die Sinnlosigkeit, der unwiederbringliche, bittere Verlust tief in unser Leben eingegriffen. Wie müssen dann die Gefühle des Báb gewesen sein, Der so viel stärker und mit so viel größeren Kräften begabt war als wir? Das Heim, Familie, Liebe, Bequemlichkeit, Freunde, Achtung und Sicherheit für eine bittere Verbannung aufzugeben, ist eine große Last für jeden, der sie zu tragen hat. Mit anzusehen, wie Seine Botschaft, Sein wichtiges, vom Himmel gesandtes Heilmittel aus Seiner heilenden Hand gerissen und zu Boden geschleudert wird, ist in der Tat für jedes einsichtige Wesen hart. Zu sehen, wie das schwache Licht der Hoffnung schwindet, zu wissen, dass der Weg unabwendbar in den Tod führt, wenn man noch in der ersten Blüte des Lebens steht, wenn der Verstand voll arbeitet und alle schöpferischen Kräfte nicht nur mit dem Gedankenreichtum eines Genies, sondern auch der Prophetenschaft wach sind – so schwierig es sein mag, solch einer Situation gegenüberzustehen, ein Mensch von unbeugsamen Grundsätzen kann sich doch damit abfinden. Aber zu wissen, dass alles, was man am meisten geliebt und für das man die größten Opfer dargebracht hat, in der grausamsten, unbarmherzigsten und hartherzigsten Weise verwüstet

wird, und eine Schreckensnachricht nach der anderen im einsamen Gefängnis erfahren zu müssen und zu hören, dass ein Freund, ein treues und vertrautes Herz nach dem anderen für den Glauben, die neugeborene Lehre und die kostbare Gabe des Lebens und des Fortschritts vor die Füße der Feinde gelegt wurde, das ist sicher selbst für ein so starkes Herz wie das von Christus, Muḥammad oder Moses zu viel. Wir haben allen Grund anzunehmen, dass dies das Herz des Báb brach. Er konnte weder essen noch schlafen, und Sein Gram kannte keine Grenzen.

Er beeilte Sich, der Welt das Beste, was Er ihr geben konnte, in sechs Jahren zu schenken. Das Schlimmste, das sie Ihm geben konnte, hatte sie ohne Zögern in der gleichen kurzen Zeit auf Ihn gehäuft. Es gab nichts anderes mehr, was Seine Landsleute Ihm antun konnten, als Ihn zu töten. Sie beeilten sich, auch das zu tun.

Er wurde nach Tabríz gebracht. Kurz zuvor war Er schon einmal dorthin vorgeladen und in Gegenwart des Thronerben und der höchsten religiösen Würdenträger der Stadt verhört worden. Aber Seine hochmütigen und Ihn verachtenden Richter waren in dieser Versammlung beschämt worden: der Báb betrug Sich wie ein König in Seiner Würde und Autorität; Er gab Seine Antworten glänzend und kühn und brachte so alle, die Ihm übelwollten, zum Schweigen und beschämte sie. Er hatte entschieden das Verhör abgebrochen, indem Er wegging, nachdem Er gesagt hatte, was Er für richtig hielt! Alle Begegnungen mit Ihm waren zu Seinen Gunsten ausgefallen; kein Mensch mit einem Funken gerechten Denkens konnte Ihn nach einer Aussprache ernsthaft verurteilen. Wie Pontius Pilatus, der, nachdem er Jesus gehört hatte, seine Hände vom schmutzigen Geschäft der jüdischen Doktoren reinwusch, lehnten sich in Persien die wenigen Menschen mit einem Gewissen, die Ihn gesehen oder gehört hatten, dagegen auf, dass dem Báb Unrecht zugefügt wurde. Daher gab es diesmal keine Vernehmungen mehr. Der Gefangene, barhäuptig, des grünen Turbans und der Schärpe beraubt, die die Kennzeichen Seiner erlauchten Abstammung waren, wurde in der Hitze eines Julitages schimpflich von Tür zu Tür der Häuser jener hohen religiösen Würdenträger geführt, deren Unterschriften für Sein Todesurteil notwendig waren. Nicht einer protestierte (O Echo von Jerusalem!) gegen dieses beabsichtigte

38

39

Verbrechen; im Gegenteil: Diener fertigten den Báb und den Ihn begleitenden Offizier an der Tür ab, händigten die notwendigen Papiere mit der Billigung des Todesurteils durch ihre Herren aus und sagten: *»Es ist nicht notwendig, Ihn hereinzubringen, Er ist Der, Der schon lange zuvor verurteilt war.«* [21] Keine Seele schrie auf, als die Ungerechtigkeit in ihrer schwärzesten Form ihren Lauf nahm, nur der Oberst des feuernden Regiments, das Ihn hinrichten sollte und das sich aus christlichen Armeniern zusammensetzte, besann sich. Dieser Offizier, der von der Erscheinung und Haltung des Báb stark beeindruckt war, teilte Ihm mit, dass er nicht wünsche, Sein Blut zu vergießen, da er den Zorn Gottes fürchte. Durch seltsame Umstände wurde er vor dieser schrecklichen Schuld bewahrt.

40   Am 9. Juli 1850 wurde Siyyid ʿAlí-Muḥammad, jetzt 31 Jahre alt, in den Kasernenhof von Tabríz geführt. Einer Seiner Anhänger, ein vornehmer junger Mann aus dieser Stadt, begleitete Ihn. Er hatte hartnäckig und leidenschaftlich trotz der Bitten und Vorstellungen seiner Familie und seiner Freunde darauf bestanden, dass es ihm erlaubt werde, mit seinem geliebten Herrn zu sterben. Tausende von Zuschauern versammelten sich auf den Dächern, in den Straßen und auf den offenen Plätzen und betrachteten neugierig die Szene, die im glänzenden Nachmittagslicht abrollte. Der junge Gläubige bat, dass sein Körper so gelegt werde, dass er den seines Herrn schütze. So wurden die beiden jungen Menschen gebunden und an der Mauer aufgehängt, wobei der Kopf des Schülers an der Brust des Meisters ruhte. Der Báb sprach zu der ungeheuren Menschenmenge, indem Er ruhig, aber ernst auf sie herabblickte: *»O eigensinniges Geschlecht! Hättest du an Mich geglaubt, so würde jeder von euch dem Beispiel dieses Jünglings, der im Rang hoch über den meisten von euch steht, gefolgt sein und sich gern auf Meinem Pfad geopfert haben. Der Tag wird kommen, an dem ihr Mich erkennen werdet, aber an jenem Tage werde Ich nicht mehr unter euch weilen.«* [22]

41   Die Kugeln aus 750 Gewehren durchlöcherten ihre Körper; nur eine zerrissene Masse aus Knochen und Fleisch blieb übrig, wobei nur der Kopf des Báb wunderbarerweise vor Entstellung bewahrt blieb. Die Körper wurden in der folgenden Nacht über den Rand des Stadtgrabens geworfen, den wilden Tieren zum Fraß. Aber treuen Freunden

gelang es, die kostbaren Überreste zu bergen, die dann 60 Jahre lang von einem Versteck zum anderen verbracht wurden, bis sie schließlich nach Palästina in Sicherheit gebracht und in einer geziemenden Grabstätte auf dem Berg Karmel in Haifa beigesetzt wurden.

Wie kurz, wie schauspielhaft und wirkungslos musste der fiebrige Verlauf dieser sechs Jahre und zwei Monate erscheinen, während der der Báb vergeblich mit Seinen jungen Flügeln gegen die Schranken der Korruption und Bigotterie, des Hasses und der blutdürstigen Rache schlug. Von dem Tage, da Er Seinen Mund öffnete und kühn sagte: »Ich bringe euch eine Heilsbotschaft, notwendige Neuerungen und neue stärkende Lehren und Gesetze; Ich spreche nicht aus Mir, sondern euer Gott sendet Mich zu euch, damit Ich euch auf den Pfad des Fortschrittes und des Glückes führe ...«, bis Er blutig und tot im Stadtgraben von Tabríz lag, hatte Er nie eine Belohnung für Seine Mühen, sondern nur bitteren Hass und Verfolgung geerntet. Doch die Gedanken, die Er brachte, schwangen wie der Wind, der in einer Harfe spielt, fern und weit in der Welt und bewegten die Gedanken der Menschen. Die gleiche Grausamkeit, die die christliche Lehre begrüßte, hatte Seine Lehre, Ihn Selbst und Seine Jünger niedergeworfen und scheinbar vernichtet. Aber Er war der Frühling – ein geheimnisvoller, organischer und an die Gezeiten des Universums gebundener geistiger Frühling. Materielles kann vernichtet werden, aber der Geist breitet sich über den Äther aus. Der Wille zur Freiheit, zur Anbetung, zum eigenen Ausdruck und zur Erkenntnis – diese Kräfte, die der wirklichen Natur des Menschen innewohnen, können niemals durch das Schwert oder durch Gesetze unterdrückt werden. Der Funke fliegt von Zeitalter zu Zeitalter, von Herz zu Herz, von Gemüt zu Gemüt.

Was der Báb der Welt gebracht hatte, konnte auch die heftigste Ablehnung nicht aufheben. Das Rad des Fortschrittes hatte sich gedreht und damit einen anderen Zahn in unser Leben auf diesem Planeten eingreifen lassen. Er hatte die Schleusentore der Geschichte zu einer neuen Ära der Entwicklung geöffnet. Es gab kein Zurückhalten mehr. Die Flut der Welterneuerung strömte mit den Lehren und dem Beispiel von Siyyid 'Alí-Muḥammad aus Shíráz über das rückständigste, verderbteste Volk der Welt, und dies zu einer Zeit, da die Lehren, die Er verkündete, selbst im erleuchteten Westen noch nicht vertreten wurden.

137

44 1853 hatte die allgemeine Verfolgung der Bábí die neue Bewegung fast vollständig vernichtet. Die wichtigsten und bedeutendsten Führer waren getötet worden; die mutigen Anhänger hatten den Tod der Verleugnung ihres Glaubens vorgezogen; es waren verhältnismäßig wenige übriggeblieben, und diese wenigen waren eine erschreckte, unterdrückte, führerlose und zerstreute Herde. Aber organische Vorgänge können nicht aufgehalten werden; sie leben, offensichtlich durch himmlische Kraft genährt, und wenn sie an einer Stelle unterbrochen werden, treiben sie kräftig an einer anderen weiter. Die Zeit des Knospens und Blühens für das geistige Leben dieser Erde war wiedergekommen und ging trotz der Hindernisse ihren Weg. Der wütende Sturm, der diese neue geistige Entwicklung erfasst hatte, hatte nur die ersten Blumen niederwehen können, die Wurzeln schlugen in der Erde aus, indem sie ihre Kräfte für ein noch mächtigeres Wachstum aufsparten. Dieses Mal sollten zwei Offenbarer erscheinen und nicht nur einer. Gleich wilden Zwiebeln, die in der trockenen Steppe wachsen und plötzlich das leuchtende Wunder einer zweiten Blüte hervorbringen, nachdem die erste vertrocknet ist, so gebar das 19. Jahrhundert aus seinem Schoß eine große Weltreligion, die durch zwei bedeutende Offenbarer begründet wurde; Sie waren Zeitgenossen, da der zweite nur zwei Jahre älter als der erste war. Beide Offenbarungen folgten aufeinander mit einem Zwischenraum von nur neun Jahren zwischen dem Märtyrertod des einen und dem prophetischen Erwachen des anderen. Der zweite war Mírzá Ḥusayn-ʿAlí, bekannter unter Seinem Namen Bahá'u'lláh.

45 Wir beschäftigen uns hier nicht so sehr mit den Lehren, die durch diese Offenbarer verkündet wurden, den Methoden, die Sie anwandten, und der Geschichte Ihres Lebens oder Ihrer Religion, sondern mehr mit Ihrer Persönlichkeit. Zum ersten Mal brauchen wir nicht mehr zu raten, wie ein Offenbarer aussah, was Er tat, wie Seine Neigungen, Sein Charakter und Seine Gewohnheiten waren, sondern wir werden in diesen Punkten durch Anschauungsmaterial voll zufriedengestellt. Das Leben ist eine lebhafte und begeisternde Erfahrung. So sehr wir Abstraktionen und Schwelgereien in unbestimmten Vorstellungen und hohen Idealen lieben: Leben ist Beziehung, Wirkung einer Sache auf die andere. Es besteht kein Zweifel darüber, dass dies ein

Grund ist, warum die alten Weltreligionen, Judentum, Buddhismus, zoroastrische Religion, Christentum und Islám, in solch großem Umfang ihren Einfluss auf das tägliche Leben ihrer Anhänger verloren haben. Ihre Gesetze, die einmal vollkommen den Notwendigkeiten ihrer Zeit angepasst wurden, sind jetzt veraltet, und der lebendige Impuls, der durch ein Gefühl des innigen Verstehens ihrer Begründer verliehen wurde, hat uns zum größten Teil verlassen. Offenbarer sind aus Fleisch und Blut; das ist Ihr großer Vorteil. Sie sind Menschen wie wir und können daher in unser Leben eintreten und in unserer Sprache zu uns sprechen. Andererseits sind Sie mehr als wir, denn sonst könnten Sie nicht die Brücke zwischen unserem kleinen begrenzten Sein und dem unendlichen Wesen, Das uns schuf, bilden. Wenn wir Ihre Persönlichkeiten uns nur noch nebelhaft vorstellen können, wenn wir Sie als große, heldenhafte Abstraktionen, gleich Figuren, die wir in einem Traum sehen, betrachten, auch wenn wir Sie noch lieben und verehren und Ihrem Weg zu folgen suchen, haben Sie viel von der ursprünglichen Macht, unser tägliches Leben und unser Handeln zu beeinflussen, verloren. Die Sonne des vergangenen Frühlings wird nie die Blumen dieses Frühlings wachsen lassen können; die Frühjahrssonnenwende muss kommen, wir müssen uns in ihren Schein begeben, um einen frischen Impuls aus ihrem Licht und ihrer Wärme zu erhalten. So brauchen wir auch von Zeit zu Zeit nicht nur neue Gesetze, sondern wir müssen auch den Offenbarer neu erkennen lernen, mit unseren eigenen Augen sehen, was für ein Mensch Er ist, und den vollen Einfluss Seiner Persönlichkeit auf uns wirken lassen.

Sehnsüchtig möchten wir manchmal wissen, ob Christus wirklich so war, wie Er in der Bibel geschildert wird – vollkommen, geduldig, weise und immer mutig. Vor 2.000 Jahren starb Er ... Könnte es nicht eine Übertreibung und Erweiterung der Wahrheit sein? War Muḥammad tatsächlich so unendlich gut, so mutig und bereit, alles für die Nöte der Menschen zu geben, Tag und Nacht, bis Er im hohen Alter Sein Haupt zur letzten Ruhe niederlegte? 1.300 Jahre sind verflossen; vielleicht ist das Bild mit der Zeit strahlender geworden und zeigt nicht mehr den wirklichen Menschen, sondern eine halb mythologische Figur?

Der Staub der Jahre fällt unvermeidlich auf alle Dinge. Er hat sich auch auf die Persönlichkeit der Offenbarer gelegt und hat Ihre Bilder etwas verdunkelt. Wir brauchen in der heutigen Welt nicht nur einen neuen geistigen Impuls, sondern wir müssen auch wieder einmal erfahren, dass es wirklich ein ›vollkommenes‹ menschliches Wesen geben kann, ein Wesen, das jene Tugenden des Geistes und des Fleisches aufweist, die in uns den Wunsch erwecken, mit uns selbst zu kämpfen und wirkliche und nicht nur tierähnliche Menschen zu sein.

48 In Báb und Bahá'u'lláh haben wir zeitlich nahe liegende Beispiele, die wir aus der Nähe betrachten können. Wir erwarten immer von anderen mehr als von uns selbst. Wir erwarten, dass andere eher ihre Pflicht tun, als wir dazu bereit wären. Der kritischste Beobachter kann sich nicht über irgendeine Inkonsequenz in den wichtigsten Charakterzügen von Christus oder Muḥammad beklagen (als den zwei zeitlich nächsten Begründern geschichtlicher Religionen vor dem 19. Jahrhundert). Christus enttäuschte niemanden; die heftigste Kritik an Ihm könnte nicht leugnen, dass Er nicht nur lebte, was Er lehrte, sondern schließlich auch in einer edlen und aufrichtigen Weise dafür starb. Das gleiche gilt für Muḥammad. Er war fest bis zum Ende. Er behauptete die Kraft und den Antrieb Seiner Ideale und Seiner Führerschaft bis zum letzten Atemzug. Aber wenn man mit Ihrem Leben nicht sehr vertraut ist, könnte man behaupten, Sie seien nicht grundverschieden von anderen Menschen oder ihnen überlegen, sondern nur bedeutende, mutige Reformer und besäßen ebenfalls die Unvollkommenheiten, mit denen wir alle reichlich behaftet sind.

49 In Báb und Bahá'u'lláh haben wir Beispiele von Offenbarern, Deren einzelne Lebensereignisse belegte, zeitgenössische und geschichtliche Tatsachen sind. Was sind die kennzeichnenden Züge dieser Lebensgeschichte? Erstens Ihr großes Selbstvertrauen, die Sicherheit, die wir so sehr bei einem Menschen bewundern, der immer sein eigenes Herz zu kennen scheint, der niemals in irgendeiner Situation in Verlegenheit zu sein und sich nie selbst zu widersprechen scheint: eine Ihnen im höchsten Maße innewohnende Eigenschaft. Vom Anfang bis zum Ende Ihrer prophetischen Laufbahn wankten oder schwankten Sie niemals, und nie wichen Sie von dem Weg, den Sie Sich Selbst gesetzt hatten, ab. Wir erkennen, dass Ihr innerer Kompass fest eingestellt war, so dass Sie ohne Abweichungen Ihren Weg steuerten. Zweitens Ihre Güte, die aus der göttlichen Liebe geboren ist, die Art der

Güte, von der wir träumen, die keinerlei Beimischung von Selbstsucht enthält und keine Grenzen kennt, sondern sich mächtig ergießt wie das volle Sonnenlicht im Zenit. Freunde und Feinde bestätigen es. Viele Ihrer Freunde starben, weil sie dies erkannt hatten, mit dem Glauben, dass solch ein Opfer lieblicher sei als das Leben selbst, während Ihre Feinde gleich Fledermäusen das Licht scheuten und dadurch immer erregter wurden. Drittens Ihr Wissen: nicht nur das tiefe Wissen eines klugen und fähigen Gehirns, das Wahrheit und zu ergründende Probleme mit Einsicht und Vernunft erfasst, sondern das seltsame, in sich gründende und umfassende Wissen, das logischerweise der Begleitumstand einer Seele sein muss, die ihr Wasser aus der großen universalen Quelle, dem Geiste des Schöpfers, erhält. Sie besaßen die Fähigkeit, die Sie immer und immer wieder unter Beweis stellten, nicht nur in die Gedanken, sondern auch in die Herzen derjenigen zu schauen, die Sie zu sehen wünschten. Gleich einem Chirurgen, der aus dem Innersten unseres Körpers ein krankes Organ entfernt, von dem wir nicht einmal wussten, dass es vorhanden ist, so prüften Sie die Persönlichkeiten anderer und heilten, erklärten oder tadelten, wie es der Fall erforderte. Um zum Schluss zu kommen: der Baum wird an seinen Früchten erkannt; die Lehren des Báb und Bahá'u'lláhs, die den Notwendigkeiten unserer modernen Welt so vollkommen angepasst sind, sind der beste Beweis Ihres wahren, prophetischen Charakters.

12. Der Keim

Da es im Weltall keine zwei vollständig gleichen Dinge gibt, sind auch die Offenbarer voneinander verschieden. Sie haben Ihre eigene Persönlichkeit und besonderen Kennzeichen, während Sie doch gemeinsame Wesenszüge, die wir göttlich nennen, aufweisen wie Diamanten, die rosa, blau oder weiß sein können, und doch alle aus dem gleichen kostbaren Stoff bestehen. Wenn man die Persönlichkeit des Báb betrachtet, erkennt man als ein besonderes Kennzeichen Seine alldurchdringende und herzerfrischende Anmut. Sein Geist war in der Tat scharf, tiefgründend und geheimnisvoll. Er besaß großen Mut, Ausgeglichenheit und eine ruhige, zurückhaltende Würde, die bei einem so jungen Menschen besonders anziehend wirkte. Er war sehr mild, doch unerschütterlich in Seiner Entschlossenheit. Er besaß das Wesen eines gerecht Denkenden, war wählerisch in Kleidung und Nahrung und hatte einen feinen Geschmack. Er schrieb einen auserlesenen Stil, war sanft und zärtlich zu Seinen Freunden und hart in der Bewahrung Seiner Lehren Seinen Feinden gegenüber. All diese Wesenszüge waren durch eine bezaubernde Anmut, die Ihn so sehr auszeichnete, zusammengefasst. Er war klein von Gestalt und schlank, Seine Hände waren feingliedrig, Er hatte braune Augen, einen braunen Bart, trug einen Turban im Grün des Offenbarers Muḥammad und hatte des Öfteren grüne Kleider an. Er stammte aus einer ehrbaren, kultivierten Kaufmannsfamilie. Das ist das Bild, das wir von Ihm haben, und das sich aus Seinem Porträt, aus den Berichten Seiner Zeitgenossen und auch aus den Überresten, die wir von Seinen persönlichen Habseligkeiten besitzen, ergibt.

Seine Redlichkeit und Seine Grundsätze waren berühmt: Bei einer Gelegenheit bat Ihn ein Kunde, etwas für ihn zu verkaufen. Er zahlte Seinem Kunden einen Betrag, der den Marktwert der Ware überstieg. Der Mann fragte den Báb, warum er mehr erhalte, als ihm zustehe, und der Báb erwiderte, dass Er eine Gelegenheit versäumt habe, die Ware zu diesem Preis zu verkaufen, Er sähe aber nicht ein, weshalb Sein Kunde durch Sein Verschulden des höheren Betrages beraubt sein solle. Alle Einwände des Kunden blieben ohne Erfolg, denn der Báb bestand darauf, dass es so gerecht sei. Ein anderes Beispiel für Seinen strengen Gerechtigkeitssinn ergab sich, als einer Seiner Anhänger etwas für Ihn zu einem außerordentlich hohen Preis kaufte. Er bestand darauf, dass es sofort zurückgebracht und das Geld zurückerstattet werde, da Er nicht zulassen könne, dass Er Selbst betrogen oder andere zur Unredlichkeit ermutigt würden.

3 Hinter Seiner Güte und Liebenswürdigkeit stand eine unbeugsame Entschlossenheit. Als Er in Tabríz vor den Thronerben, den Gouverneur der Provinz und die höchsten religiösen Würdenträger der Stadt und deren Rechtsgelehrte geladen wurde, wusste Er sehr genau, dass es in Wirklichkeit um Sein Leben ging. Trotzdem ging Er, ihr Gefangener, gegen Den sich der ganze Staat erhoben hatte, allein in ihre Mitte und setzte Sich ruhig auf den leeren Platz, der für den ältesten Sohn des Sháh als dem Haupt der Versammlung bestimmt war. Seine Persönlichkeit war so machtvoll, dass niemand Einwände machte. Als Er gefragt wurde, was Er zu sein beanspruche, erklärte Er ruhig und kühn, dass Er der Eine sei, auf Den sie gewartet und um Dessen Kommen sie seit 1.000 Jahren zu Gott gebetet hatten. Als einer der wütenden Geistlichen sagte, dass Er nichts anderes sei, als ein unreifer Junge aus Shíráz, ein Anhänger des Teufels, der zu schweigen habe, erwiderte der Báb ruhig, dass Er jedes Wort, das Er gesagt habe, aufrechterhalte. Nachdem Er einige weitere Fragen beantwortet hatte, löste Er die Zusammenkunft auf, indem Er Sich erhob und sie verließ. Dieses Betragen führte, nachdem die Würdenträger der Stadt wieder zur Besinnung gekommen waren und die Ungeheuerlichkeit Seines Tuns begriffen hatten, zur Bastonade des Báb, die Er von der Hand des obersten Richters des religiösen Gerichtshofes selbst erhielt, da dieser niemand finden konnte, der es getan hätte.

4 Diese unbeugsame Moral und körperliche Standhaftigkeit zeigte Er beständig während der sieben Jahre Seines Amtes. Als der Gouverneur von Shíráz bei Seiner Rückkehr von Mekka eine bewaffnete Es-

korte aussandte, die Ihn finden und zu seinem Palast führen sollte, näherte Sich dem Wachoffizier ein froher und anmutiger junger Mann auf einem Pferd, Der ihn lächelnd ansprach: *»Der Gouverneur hat dich ausgeschickt, um Mich gefangen zu nehmen. Hier bin Ich, tue mit Mir, was du willst.«*[23]

Diejenigen, die in der Nacht vor Seinem Märtyrertod um Ihn waren, einschließlich einiger Bábí, die Ihm Gesellschaft leisteten, bezeugten, dass sie Ihn niemals heiterer und glücklicher gesehen hatten als in jener Nacht. Er befahl den Bábí, ihren Glauben am folgenden Tag nicht zu enthüllen, da Er wünschte, dass sie Ihn als Zeugen überlebten und Seiner Sache dienten. In der Tat, Seine Haltung dem bevorstehenden Tod gegenüber und die königliche Art Seines Betragens beunruhigten das Gewissen und erschütterten den Hochmut vieler Offiziere um Ihn, einschließlich des Obersts des Regiments, das bestimmt war, Ihn hinzurichten.

Das sind nur winzige Bruchstücke aus Seinem Leben, aber gleich den leuchtenden Flächen eines Edelsteines strahlen sie das Licht und Feuer aus, die die Beschaffenheit eines Steines anzeigen. Fast jeder Mensch strahlt zu irgendeinem Zeitpunkt seines Lebens einen Hauch von Größe wider und wird, wenn auch kurz, vom Licht des Edlen getroffen. Aber in Bahá'u'lláh und dem Báb sehen wir etwas ganz anderes: Ihr Leben bedeutete gleichmäßige Größe. Was für uns eine Ausnahme ist, war für Sie die Regel, für die es keine Ausnahme gibt. Niedrigkeit berührte niemals auch nur den Saum Ihres Gewandes und obgleich Ihr äußeres Leben von Anfang bis Ende wie ein Fehlschlag erscheinen mag, da Sie Ihre Stellung, Geld, Bequemlichkeit, Familie, Freunde und Sicherheit verloren – Ihr Innenleben und das, was den Charakter ausmacht und aufbaut, zeigte ständigen Fortschritt, der nie durch ein Abgleiten von der Stufe der erhabenen Vollkommenheit, die Sie auszeichnete, getrübt wurde.

Bahá'u'lláh war im Vergleich zum Báb ein ganz anderer Menschentyp. Er wurde 1817 in die Familie eines Beamten von hohem Rang, nämlich in die des Gouverneurs der Hauptstadt Ṭihrán, geboren. Sein Vater hatte gleich den meisten Persern seiner Zeit viele Frauen und Kinder. Bahá'u'lláh hatte Brüder und Schwestern von Seiner eigenen Mutter und viele Halbbrüder und Halbschwestern, die sowohl

145

jünger als auch älter als Er Selbst waren. Die Familie war alt und angesehen und gehörte zum Adel der Provinz Núr; sie führte ihre Abstammung auf eine frühe Dynastie persischer Könige zurück. Ihre Mitglieder waren vermögend, gebildet, hatten gute Sitten, bewegten sich in Hofkreisen und waren hochgeschätzt. Bahá'u'lláh Selbst war mittelgroß, Sein Antlitz zeigte große Charakterstärke und Willenskraft, die Ihn auf den ersten Blick auszeichnete. Er hatte schwarze Augenbrauen über durchdringenden, wunderbar schwarzen Augen, eine starke, gutgeformte Nase, einen festen Mund, einen üppigen schwarzen Bart und Schnurrbart und lange, sich kräuselnde schwarze Locken, die in verschwenderischer Fülle über Seine Schultern fielen, wie es bei den Männern jener Zeit Sitte war. Von Seiner frühen Jugend an entfaltete Er eine selbstlose Denkweise und ein tiefes Mitgefühl für die Armen und Leidenden, wie es nur selten bei einem Menschen Seines Landes und Seiner Klasse zu finden war. Bevor Er von den Lehren des Báb hörte, führte Er ein verhältnismäßig ruhiges und zurückgezogenes Leben, beschäftigte Sich mit Seiner Menschenliebe und Seiner Familie. Man schenkte Ihm Beachtung, weil sich Seine Neigungen in bemerkenswerter Weise von denen anderer junger Menschen Seiner Umgebung unterschieden, deren Ehrgeiz einzig und allein auf Ruhm, hohe Stellungen und Reichtum gerichtet war. Sein Vater, ein Mann von Einsicht, erkannte in Bahá'u'lláhs frühester Jugend, dass Seine Gaben und Charakterzüge weit über dem Durchschnitt lagen. Er hatte Ihn daher immer als ein Kind mit einer in Seiner Art einzigen Zukunft angesehen und ließ Ihn Sich ganz in Seiner eigenen Weise entwickeln.

8 Als Bahá'u'lláh 27 Jahre alt, verheiratet und Sein ältester Sohn nur wenige Monate alt war, kam Mullá Ḥusayn nach Ṭihrán und brachte Ihm die frohe Nachricht, dass ein Nachkomme Muḥammads mit einer neuen, göttlich inspirierten Botschaft aufgetreten sei. Bahá'u'lláh nahm die Lehren des Báb augenblicklich an. Gleich einer Lösung, in die ein chemisches Element gegeben wird, was einen sofortigen Niederschlag verursacht, verband sich Sein Leben von diesem Tage an vollständig und unwiderruflich mit dem neuen Glauben und verlief in einer neuen Bahn. Er erhob Sich augenblicklich, für ihn einzutreten und ihn zu lehren. Die Stellung Seines Vaters, dessen Freunde und Bekannte die ersten Beamten und Würdenträger des

Landes einschlossen, brachten Ihn mit der höchsten Gesellschaft Persiens in Berührung. Zuerst betrachtete man Seinen begeisterten Einsatz zugunsten der sich mühenden Bewegung, derer Er Sich angenommen hatte, mit sanfter Anteilnahme und Belustigung. Aber als der Báb Seine leuchtende und unglückliche Laufbahn weiterverfolgte, begann Bahá'u'lláhs offene und kühne Verteidigung Seiner Sache einen immer mehr sich vertiefenden Bruch zwischen Ihm und den Kreisen, in denen Er verkehrte, hervorzurufen.

Keine geschichtliche Beziehung zwischen zwei zeitgenössischen Personen ist schwieriger zu erkennen als die, die zwischen dem Báb und Bahá'u'lláh bestand. Von dem Tage an, da Bahá'u'lláh die Ansprüche des Báb bestätigte, gab es einen ständigen Austausch von Botschaften und Meinungen zwischen Ihnen. Sie trafen Sich niemals, dieses in Seiner Art einzige Paar – der augenblickliche und der kommende Offenbarer. Aber der Báb brachte eine tiefe Verehrung und Achtung für Bahá'u'lláh zum Ausdruck, selbst bevor zwischen Ihnen eine direkte Fühlungnahme zustande gekommen war. Als Mullá Ḥusayn Shíráz verließ, gab ihm der Báb zu verstehen, dass er in der Hauptstadt ein »Geheimnis«[24] finden würde und als Er Mullá Ḥusayns Bericht über Bahá'u'lláhs Hinwendung zu Seinem Glauben empfing, brach Er augenblicklich auf – wobei Seine Seele offensichtlich erleichtert und beruhigt war –, um Seine lange und gefährliche Pilgerfahrt nach Mekka zu machen.

Ohne dass es der Worte bedarf, lesen Liebende einander im Herzen. Wer weiß, welche Schwingungen von Gedanken und Gefühlen zwischen diesen beiden geistigen Sonnen hin- und hergingen? Welche Bande waren um diesen seltsamen Doppelstern geschlungen, der den Weg der Menschheit seit der Mitte des vergangenen Jahrhunderts erleuchtet? Bahá'u'lláh war zweifellos der größte Trost im Leben des Báb. In jenen dunklen Tagen der Verbannung in Máh-Kú und Chihríq, als die ersten Kämpfe ihre Grausamkeiten über Seine Anhänger ausschütteten, bewegte Sich Bahá'u'lláh ruhig und bescheiden unter den Bábí und inspirierte, leitete und tröstete sie und fachte die Flamme ihres Glaubens und Eifers an. Zu Seinen Füßen saß der bedeutendste Jünger des Báb, der wohl wusste, dass dieser Mann mehr als nur ein Jünger wie sie selbst war und dass ihr Meister Ihn in einer Weise schätzte, die nur eine Schlussfolgerung zuließ, nämlich, dass Er das *»Geheimnis«* – obgleich noch nicht enthüllt – und gleichzeitig die Frucht des Bábí-Glaubens sei.

Die Lehren des Báb drehten sich nur um einen Punkt: Er war das Tor; so groß Seine eigene geistige Kraft und die Möglichkeiten Seiner eigenen Botschaft waren, so waren sie doch nur ein Horizont, an dem die größte geistige Sonne, die die Welt bis dahin gesehen hatte, aufgehen sollte. Immer wieder hatte der Báb sowohl durch Handlungen als auch durch das geschriebene Wort feine Andeutungen gemacht, die auf Bahá'u'lláh hinwiesen. Wie weit Bahá'u'lláh Selbst zu dieser Zeit Seine eigene Bestimmung voraussah, können wir nicht wissen. Aber aus Seinen Aussprüchen und den schriftlichen Berichten jener Zeit spüren wir, dass die Wellen der göttlichen Eingebung in einem immer steigenden Maße an Sein Bewusstsein anzuschlagen begannen – besonders während der Jahre, die dem Märtyrertod des Báb unmittelbar vorangingen und folgten.

Als das Schicksal des Bábí-Glaubens an seinem schwärzesten Punkt angelangt und der Báb Selbst hingerichtet worden war – Seine letzte Handlung war, Seinen Federkasten und Seine Siegel, die Symbole Seiner prophetischen Eigenschaft und Seiner Autorität, an Bahá'u'lláh zu senden –, als der Widerstand Seiner Anhänger durch die übermächtige Waffengewalt, die sich gegen sie wandte, erlahmt war und die Bábí zum größten Teil getötet worden waren, nahm ein letztes großes Trauerspiel für den Glauben seinen Anfang. Einige verantwortungslose junge Männer, verwirrt durch die brennende Trauer und das Gefühl des Unrechtes, das der Anblick ihres zerschlagenen, blutigen, fast ausgerotteten Glaubens hervorrief, versuchten, den S͟háh zu ermorden. Ein Chaos war die Folge. Während bisher die Bábí niemals einen Grund zu gerechtfertigten Angriffen ihren mutwilligen und grausamen Feinden gegeben hatten, setzten sie sich nun selbst der schwersten Anschuldigung aus, nämlich Anarchisten zu sein, die die Absicht hegten, den Herrscher aus dem Wege zu räumen. Es nützte nichts, darauf hinzuweisen, dass die drei Fehlgeleiteten, die nie eine Rolle innerhalb des Glaubens gespielt hatten, einen solchen verbrecherischen Angriff nur aus persönlichen Motiven unternommen hatten; es war ebenfalls vergebens, in aller Bescheidenheit – weit weni-

148

ger noch im Namen der Gerechtigkeit – zu verlangen, dass die für die Tat Verantwortlichen bestraft würden. Das Tor der Grausamkeit ward weit aufgerissen, und die Straßen der Hauptstadt waren vom Blut der Bábí gerötet. Praktisch alle führenden Männer des Bábí-Glaubens wurden getötet. Als der Blitz des königlichen und staatlichen Zornes aufflammte, blieb nur *ein* großer Baum stehen – Bahá'u'lláh. Er wurde augenblicklich in Haft genommen, obwohl Er zu der Zeit, als der Anschlag stattfand, (der im Übrigen vollkommen fehlschlug; die Meuchelmörder hatten ihren Irrsinn hinreichend bewiesen, da sie ihre Pistolen mit Schrot geladen hatten!) als Gast im Landhaus des Ministerpräsidenten selbst weilte; und obwohl daher an Seiner Unschuld kein Zweifel sein konnte, fiel man über Ihn her als dem einzigen übriggebliebenen Bábí, Der von hohem Stand sowohl als Bábí als auch als Mensch war. Er sollte ein billiges Opfer für den öffentlichen Zorn und die private Habsucht verschiedener hoher Beamter werden, deren Bestreben es war, Seinen Besitz einzuziehen und zu plündern.

Bahá'u'lláh und der Báb haben beide bei verschiedenen Gelegenheiten die Bastonade erhalten. Der Báb war in das Gesicht geschlagen, wiederholt und bösartig beleidigt, fünf Jahre gefangen gehalten und schließlich erschossen worden. Auf Bahá'u'lláh waren bisher nur wenige Schimpfworte während Seiner verschiedenen Verteidigungsreden für Seine Mitanhänger gehäuft worden. Aber jetzt wurden Seine Füße auf jenem alten Pfad, der ›via dolorosa‹, festgehalten. Barfuß, barhäuptig und verschiedene Male Seiner Gewänder beraubt, wurde Er unter der gnadenlosen Sonne eines Augusttages von den Außenbezirken Ṭihráns, wo der Anschlag auf den S̲h̲áh verübt worden war, zum großen Kerker der Hauptstadt geführt. Die spottenden Schreie und Beleidigungen eines verderbten Pöbels, der Ihn mit Steinen und Schmutz bewarf, begleiteten Ihn bei jedem Schritt. Hier nun offenbarte sich Sein großes Herz, ein Herz, das in einem so einzigartigen und unerschöpflichen Maße Liebe über alle Menschen ausströmen sollte, und es zeigte einen Hauch Seines unschätzbaren Wesens: Ein hässliches, altes Weib bestürmte die Ihn begleitenden Soldaten, einen Augenblick einzuhalten, damit sie sie einholen könne, so dass auch sie ihren Stein auf den gemeinen Abtrünnigen, den sie durch die Straßen führten, werfen dürfe. *»Duldet nicht, dass dieses Weib enttäuscht werde«*, sagte

13

149

Bahá'u'lláh, *»und verweigert ihr nicht, was sie als eine verdienstvolle Handlung in den Augen Gottes ansieht.«* [25] Er ertrug geduldig den zusätzlichen Schmerz, um ein altes und blindes Herz zu erfreuen.

14 Er war ein gesunder Mann in der Blüte Seines Lebens, als Er in das ›Schwarze Loch‹ von Ṭihrán kam. Dies war ein unterirdischer Kerker, der früher als Zisterne gedient hatte. Als Er vier Monate später herauskam, war Er ein ausgemergelter Schatten Seiner Selbst. Er trug Sein Leben lang die Narben des schweren eisernen Kragens, den Er getragen hatte. Seine Gesundheit war gebrochen, aber nicht Sein Geist. In der immerwährenden, übelriechenden Dunkelheit dieses überfüllten, unterirdischen Raumes, in dem Er mit Seinen Füßen im Stock und den Rücken mit Ketten beladen saß, wo jeden Tag einer Seiner Leidensgenossen von seinen Fesseln gelöst und zur Hinrichtung geführt wurde, geschah es, dass das Licht in Seiner eigenen Seele zu leuchten begann. Er erkannte in wunderbaren Augenblicken der Seligkeit, Kraft und Wirklichkeit, dass der Mantel der Prophetenschaft jetzt auf Seine Schultern gelegt worden war und dass der große Impuls der Wahrheit, der dem modernen Leben durch den Báb verliehen worden war, durch Ihn und allein durch Ihn vorwärtsgetragen und in der Welt fest begründet werden sollte.

15 Durch die beharrliche Intervention des russischen Gesandten, Seines Freundes und Bewunderers, und die unaufhörlichen Bemühungen verschiedener wohlhabender Mitglieder Seiner eigenen Familie, die viel von ihrem Reichtum um Seinetwillen opferten, wurde Er schließlich freigelassen. Er kam krank, gebeugt, gealtert wieder an das Licht des Tages und fand Sein Eigentum geplündert, beschlagnahmt oder verbrannt, Seine Frau hilflos, Seine drei kleinen Kinder in Not, die zwei ältesten – ein mutiger Junge im Alter von neun und seine Schwester im Alter von sieben Jahren – durch die Misshandlungen und die Angst, die sie ausgestanden hatten, traurig und verstört. Er wurde augenblicklich aus Seinem Heimatland verbannt, aber Er konnte Sich Selbst das Land Seines Exils wählen. Er bestimmte Baghdád, das zu jener Zeit zu der ottomanischen Provinz des 'Iráq gehörte. Im Januar machten Bahá'u'lláh, Seine Frau, Seine zwei ältesten Kinder, ein Bruder und verschiedene Verwandte und Beamte, einschließlich eines Vertreters der russischen Gesandtschaft, die beschwerliche Rei-

se durch Sturm und Schnee quer durch die gebirgigen Engpässe West-Persiens. Aber das Geheimnis Seines Herzens, das Ihm kurz vorher in Seinen bittersten Leidensstunden im ›Schwarzen Loch‹ offenbart worden war, behielt Er für Sich.

Es ist in der Tat schon immer für einen Offenbarer schwer gewe- 16 sen, einen Platz zu finden, um Sein Haupt niederzulegen. Die Wahrheit ist nicht neutral, sie ist explosiv, sie ruft die wildeste Feindschaft und den unerschöpflichsten Hass und Groll hervor. Da die neu geoffenbarte Wahrheit unvermeidlich allem alten Abklatsch genau entgegengesetzt ist und ständig die bestehende Ordnung der Dinge angreift, wird sie ohne Gnade auf Feindschaft und Verfolgung stoßen. Weder der Báb noch Bahá'u'lláh waren Ausnahmen. Bahá'u'lláh hatte Sich kaum in Baghdád niedergelassen, als Sein Halbbruder Mírzá Yaḥyá, auch ein Bábí, erschien. Dieser, fast zwanzig Jahre jünger, war von Ihm erzogen worden; er war ein Mensch mit vielen guten Charaktereigenschaften, aber der Charakter selbst war schwach. Wenn Bahá'u'lláh in Seinem Mut und Seiner Kraft einem Löwen gleichkam, so ähnelte Sein Bruder in seiner Furchtsamkeit einer Maus. Er war ängstlich, verwöhnt und ein wenig eitel. Seit Kain und Abel miteinander stritten – das liegt so weit zurück, dass nur ihre Namen und ihr Kampf durch die Jahrhunderte überliefert wurden – hat es Uneinigkeit zwischen Brüdern gegeben, und der Grund war meist Eifersucht. Mírzá Yaḥyá hatte unter den Anhängern des Báb eine sehr hohe Stellung eingenommen. Er verstand dieses Vorrecht und diese Ehre falsch und meinte, dass nach dem Tode des Báb niemand eine höhere Stellung als er einnehmen könne, am wenigsten aber sein ältester Bruder Bahá'u'lláh.

In der furchtbaren Zeit, als Bahá'u'lláhs Glaubensgenossen in 17 Ṭihrán und anderswo den quälendsten Torturen unterworfen wurden a);

---

a) Ein österreichischer Offizier, Hauptmann von Goumoens, schrieb darüber in einem Briefe an seine Freunde zu Hause wie folgt: „Aber folge mir, mein Freund, der Du Anspruch auf ein Herz und europäische Ethik erhebst, folge mir zu den Unglücklichen, die, mit ausgestochenen Augen, auf dem grauenhaften Schauplatz ihre eigenen abgeschnittenen Ohren essen müssen, deren Zähne mit unmenschlicher Gewalt durch die Hand des Scharfrichters herausgerissen werden, oder deren Schädel einfach durch Hammerschläge zerschmettert werden; wo der Bazar von unglücklichen Opfern erleuchtet wird, denen die Leute in Brust und Schultern tiefe Löcher schnitten und brennende Kerzen in die Wunden steckten. Ich sah, wie einige Bábí in Ketten durch den Bazar geschleift wurden; eine Militärkapelle zog voran. In den als Bahá'u'lláh Selbst krank und mit eisernen Ketten beladen in einem unterirdischen, von Ungeziefer wimmelnden Kerker und in Grabesfinsternis lag; als Seine Frau, verlassen von ihren furchtsamen Freunden und Verwandten und von ihren Feinden verachtet, allein zu Hause zurückblieb und oft ihre Kinder mit Mehl, das mit Wasser angerührt wurde, ernähren musste; als Sein kleiner Sohn 'Abdu'l-Bahá mit Steinen beworfen und von Straßenjungen verspottet wurde, wenn Er Sich aus dem Hause wagte, um eine Botschaft weiterzutragen, und damit weit über die Grenzen Seiner Jahre hinaus belastet wurde – in dieser Zeit, als seine Mitgläubigen und nächsten Verwandten solche Bedrückung und Verfolgung aushalten mussten, schlich Mírzá Yaḥyá in Verkleidung und in tödlicher Lebensangst durch die Berge, um dem Kampfplatz ferne zu sein.

18   Doch war seine Stellung so hoch gewesen, dass viele der Bábí bei der Suche nach geistiger Hilfe und Trost in dieser dunkelsten Stunde

Wunden der Bábí waren die Kerzen so tief heruntergebrannt, daß bereits das Fett wie ein gerade verlöschendes Licht aufflackerte. Nur allzu oft führt die unermüdliche Erfindungskraft der Orientalen zu neuen Torturen. Sie ziehen die Haut von den Fußsohlen der Bábí, sie tauchen die Wunden in siedendes Öl, beschlagen die Füße wie den Huf eines Pferdes und zwingen das Opfer zu laufen. Kein Schrei entflieht der Brust des Opfers; die Marter wird in stiller Ruhe, die aus der betäubten Empfindung des Glaubenseifers fließt, erduldet. Jetzt muß es laufen; der Körper kann nicht ertragen, was die Seele aushält; das Opfer fällt nieder. Gebt ihm den Gnadenstoß! Erlöst ihn aus seiner Qual! Nein! Der Scharfrichter schwingt die Peitsche, und — ich kann es selbst bezeugen — das unglückliche Opfer der hundertfältigen Quälereien läuft. Das ist der Anfang vom Ende. Bald hängen sie den versengten und durchlöcherten Körper an Händen und Füßen an einen Baum, den Kopf nach unten; jetzt kann jeder Perser seine Schießkunst nach Herzenslust aus einer festgesetzten, nicht zu unmittelbaren Entfernung an dem edlen Wild, das zu seiner Verfügung steht, versuchen. Ich sah Körper, die von etwa 150 Kugeln zerrissen waren ... Wenn ich das, was ich hier geschrieben habe, wieder lese, überkommt mich der Gedanke, daß die, die mit Dir in dem teuren Österreich sind, an der vollen Wahrheit des Geschilderten zweifeln mögen und mich der Übertreibung beschuldigen. Wollte Gott, ich hätte nie gelebt, um das zu sehen. Aber durch die Pflichten meines Berufes war ich unglücklicherweise oft, nur zu oft, Zeuge dieser Greuel. Gegenwärtig verlasse ich mein Haus nie, um nicht neuen Schreckensszenen zu begegnen. Nach ihrem Tod werden die Bábí in zwei Teile zerhackt und entweder an das Stadttor genagelt oder auf das freie Feld als Nahrung für die Hunde und Schakale geworfen. So übersteigen die Bestrafungen noch die Grenzen dieser traurigen Welt, denn unbeerdigte Muḥammadaner haben keinen Zutritt zum Paradies des Offenbarers. Da sich meine ganze Seele gegen solche häufigen Schändlichkeiten und Scheußlichkeiten, wie es Dir alle Anwesenden bezeugen können, auflehnt, will ich meine Verbindung mit dem Schauplatz solcher Verbrechen nicht länger aufrechterhalten." (29. August 1852, vgl. *Nabíls Bericht* 26.14 – A.d.H.)

besonders auf ihn schauten. Hier vor dem alten Hintergrund Baghdáds
entfaltete sich das eigentliche Lebensdrama Bahá'u'lláhs. Er wusste
um Seine Stellung. Jedes Atom Seines Wesens erbebte in dieser neu-
gewonnenen Kraft, die sich in Seine Seele ergossen hatte, als Er in
jenem schwarzen Loch lag. Aber Er fühlte noch nicht den Antrieb,
Sich offen anderen gegenüber zu erklären, und dennoch leuchtete diese gesteigerte Kraft des Geistes und Wissens aus Seiner Seele und in
Seiner Gegenwart. Immer schon war Er ein Hort der Stärke gewesen,
der Sicherheit und Führung mit Sich brachte, wo immer Er in die
Versammlungen der Bábí trat. Diese Eigenschaften wurden nun noch
durch die Blume des prophetischen Glanzes vermehrt, jener Liebe,
Einsicht, Weisheit und Herrschaft, die Millionen und Abermillionen
von Menschen jahrhundertelang dazu bewogen hat, sich nach dem
Namen *eines* Menschen zu nennen – eines Buddha, Christus, Moses
oder Muḥammad.

Überlebende des zerschlagenen Bábí-Glaubens wandten sich
nach Baghdád, um dort in Mírzá Yaḥyá Führung und Trost zu finden.
Aber dieser Mann ermangelte so sehr der Tugenden, die notwendig
waren, um ihre Nöte zu lindern, dass sich die meisten in bitterer Enttäuschung von ihm abwandten, um in dem älteren Bruder eine Kraft
der Überzeugung und des Charakters zu finden, die sie mitriss. Wenn
sie früher gedacht hatten, dass Er ein mutiger Mann sei, als Er in die
Festung bei Shaykh-Ṭabarsí ritt (wo die Bábí durch eine Abteilung der
persischen Armee sieben Monate lang belagert wurden) und dabei Seinen Kopf mit den strahlenden, kühn und furchtlos blickenden, schwarzen Augen männlich aufrecht hielt, als Er sie mit furchtloser Miene
und Worten des Rates anfeuerte; wenn sie Ihn bisher geehrt und geachtet hatten, als Er in der wichtigsten Zusammenkunft, die die Anhänger des Báb abhielten, den Vorsitz führte und geschickt, doch bescheiden die ganze Angelegenheit vom Beginn bis zum Ende
durchführte, vom Platzmieten, der kühnen Befreiung von den veralteten Gewohnheiten und Gesetzen des Islám bis zu den Anordnungen
für die Sicherheit der Bábí, als das ganze Nachbardorf sie angriff;
wenn sie Seinen Mut bewundert hatten, als Er nach dem Anschlag auf
das Leben des Sháh den Schutz des Hauses des Ministerpräsidenten
gegen den Rat dieses mächtigen Freundes verließ und geradewegs auf

die Gefahr zuritt, indem Er Sich in die Nähe des Lagers des S͟háh und seiner Armee begab, wo eben die schlimmsten Gewalttätigkeiten verübt worden waren, und nie daran dachte, Schutz zu suchen oder das Land zu verlassen; wenn sie Ihn ehemals liebten, weil Er Sich kühn und entschlossen zu ihrem Glauben während seiner dunkelsten Tage und selbst wenn Sein Leben bedroht war, bekannte – was mussten sie jetzt fühlen, da sie sich in der größten Not und Enttäuschung befanden? Der Zauber Seiner Persönlichkeit begann sie zu beeinflussen. Der Glaube des Báb, fast ausgerottet, begann sich wieder auszubreiten.

20 Aber Bahá'u'lláh sah eine große Gewitterwolke vor Sich. Die Eitelkeit Seines Bruders war nicht gegen diese Stiche gefeit; während er furchtsam und ängstlich ein zurückgezogenes Leben in der Maske eines Kaufmanns führte, musste er sehen, wie die Bábí und viele neue Freunde und Bekannte gleich Bienen um Bahá'u'lláh schwärmten. Es gab noch ein anderes und in dieser Lage am unheilvollsten sich auswirkendes Gift. Es zeigte sich in einem Manne von üblem Charakter, der vor Ehrgeiz und bitterer Eifersucht brannte, der Bahá'u'lláh hasste und unter dessen Einfluss Mírzá Yaḥyá vollständig geraten zu sein schien. Die Bosheit und Falschheit, die seine eigene Natur nicht kannte, wurden in ihm durch diesen Mann hervorgerufen, der schnell Zutritt zu seiner Seele erlangte, indem er seinen Eigendünkel anstachelte und ihm Bahá'u'lláh als Feind und Rivalen hinstellte, Der bemüht sei, ihm die Ehre und den Ruhm zu stehlen, die ihm durch die Stellung, die der Báb ihm verliehen hatte, zustünden. Bahá'u'lláh sah dies alles. Da Er aber bereits erkannt hatte, dass ein Versuch, die Seele Seines Bruders eines Besseren zu belehren und jene giftigen Verdächtigungen zu widerlegen, sinnlos sei, suchte Er den drohenden Sturm abzuwenden, indem Er Sich ganz zurückzog. Er brach in aller Heimlichkeit als Derwisch verkleidet und mit der schwarzen Bettelschale jener Sekte in der Hand von Bag͟hdád auf und ging zu Fuß zu den ungefähr dreihundert Kilometer entfernten Bergen von Kurdistán in die Gegend von Sulaymáníyyih.

21 Wenn der Báb von Seinem Gefängnisfenster in Máh-Kú in das Tal hinabschaute und mit den Augen Seiner Seele Persien und seine großen Städte vor Sich ausgebreitet sah, die für Ihn unerreichbar waren, und darüber nachdachte, was hätte werden können, was war und was

sein würde, und die Torheit der Menschen, ihre Blindheit und Undankbarkeit und die Verderbtheit des menschlichen Herzens betrachtete –
welche Gedanken müssen dann erst Bahá'u'lláh bewegt haben, wenn
Er nach Baghdád schaute und an den Bruder dachte, den Er so mit
Liebe überhäuft hatte und für dessen Erhebung zu einer so hohen Stellung Er durch Seine Schilderung, die Er dem Báb gegeben hatte,
mitverantwortlich war? Was musste Er gedacht haben, wenn Er aus
der einsamen, verlassenen Steinhütte, in der Er ganz allein lebte, nach
Osten auf die Wildnis blickte und Sich an Persien erinnerte, das Heimatland, das Er liebte, und an alle Seine Leidensgenossen, die so mut-
willig erschlagen worden waren, und an die wenigen übriggebliebenen Bábí, die, eingeschüchtert und hoffnungslos, immer noch für das
eine kämpften – die Erfüllung der Verheißung des Báb, dass ein Größerer folgen werde?

Sicher müssen die Blindheit der Menschen und die Nichtigkeit
des Lebens Ihn stark bewegt haben, und die Worte Christi, als Er aus-
rief: »*O Jerusalem, Jerusalem, die du die Propheten tötest, und die
steinigst, die Ich zu dir gesandt habe, wie oft wollte Ich deine Kinder
zusammenführen, so wie eine Henne ihre Küchlein unter ihre Flügel
nimmt, und du wolltest nicht!*«,[26] müssen ein Echo in Seinem eigenen
Herzen gefunden haben.

Zwei Jahre lang war Er für Seine Familie und Seine Freunde ver-
schollen. Er lebte ein einfaches und primitives Leben, bereitete Sich
Seine Nahrung Selbst und war den wenigen Bauern, die an Seiner
Hütte vorbeikamen, wenn sie ihre Schafe hüteten oder ihre Ernte ein-
holten, nur als Derwisch Muḥammad bekannt. Allmählich jedoch
lernten Ihn manche der umwohnenden Menschen näher kennen und
gewannen Ihn lieb; die Kunde von einem heiligen Mann, der in der
Einsamkeit der Wildnis lebte, begann sich auszubreiten und führte
dazu, dass einer der führenden Geistlichen von Sulaymáníyyih Seine
Bekanntschaft machte. Auf die dringenden Bitten dieses Mannes
nahm Er Seine Wohnung in jener Stadt in einem Raum eines der religiösen Seminarien. Das Licht ist gut für die Menschen und kann nicht
verborgen werden, und selbst in der Einöde dieses Hochlandes zog
Bahá'u'lláhs Seele und Geist alle an, die mit Ihm mehr oder weniger
zufällig zusammenkamen, und veranlasste sie, Ihn wieder aufzusu-

chen, Ihn zu lieben und den Worten, die von Seinen Lippen kamen, zu folgen.

24 Von dem Tag an, da Bahá'u'lláh die Botschaft des Báb annahm, bis zu der Nacht, da Er starb, ist wohl die einzige Zeit, in der Er Sich eines bescheidenen Maßes an Seelenfrieden erfreute und nicht von dauernder Sorge oder beinahe täglicher Gefahr oder irgendeiner ernsten Lage heimgesucht wurde, die Zeit Seines Aufenthaltes in Kurdistán. Er lehrte die, die um Ihn waren, mit der Weisheit des Offenbarers, aber in der Maske eines gewöhnlichen Gelehrten, und schrieb auf ihre Bitte eines Seiner berühmtesten Gedichte und viele Gebete und Abhandlungen. Aber das Gerücht von einem weisen Mann aus Sulaymáníyyih kam nach Baghdád. Seine Familie fühlte sofort, dass sie Ihn endlich gefunden hatte, und sandte eilig einen Boten, der Ihm die Lage in Baghdád schildern und Ihn bitten sollte zurückzukehren.

25 Es zeigte sich, dass sich die Gewitterwolke noch nicht vom Horizont Seines Lebens verzogen hatte; sie hatte sich eher schwarz und groß zusammengeballt. Er hatte gehofft (vielleicht gegen Seine eigene Überzeugung – wer weiß?), dass Seine Zurückgezogenheit die Lage bessern würde, dass der verwundete Stolz heilen würde, wenn das Reizmittel entfernt sei, dass die angefachte Eifersucht Seines Bruders nachlassen und die Lage sich normalisieren würde; aber in Mírzá Yaḥyá hatten Stolz und Eifersucht den gefährlichsten aller Verbündeten gefunden – Torheit. Eifrig bemüht, seine Stellung zu festigen, hatte er ein Verbrechen nach dem anderen verübt und Schande über Schande auf den Glauben des Báb gehäuft, der schon durch seine Feinde so erniedrigt worden war. Auf alle Fälle hatte sich klar seine völlige Unfähigkeit, die Führerschaft der Bábí-Bewegung zu übernehmen, offenbart.

26 Als Bahá'u'lláh zurückkehrte, gab es keine andere Möglichkeit und keine andere Wahl, als das Steuer Selbst in die Hand zu nehmen. Ruhig und bescheiden wie immer, nahm Er nun die Angelegenheiten des Glaubens in Seine sicheren Hände. Obwohl Er noch nicht öffentlich den Anspruch erhob, der Zwilling des Báb, der Andere, der Riesenstern dieses wunderbaren Sternbildes zu sein, schien Sein Licht strahlender und strahlender. Von Seiner Feder begann ein Strom von Ermahnungen, Betrachtungen, juwelengleichen Epigrammen von

moralischer Weisheit, Gebeten, Abhandlungen und Briefen zu fließen
– ein Strom, der bis zum Ende Seines Lebens nie versiegte. So wie
Sich der Báb einer kurzen Zeit des Ruhmes und reinen Glückes erfreut hatte, während Er in Iṣfáhán weilte, erfreute Sich Bahá'u'lláh
über sieben Jahre lang unvergleichlicher öffentlicher Hochschätzung
und Huldigung. Die kirchlichen und staatlichen Führer Baghdáds
wurden Seine Freunde und Bewunderer; Prinzen Seines Heimatlandes
saßen bewundernd zu Füßen ihres verbannten, aber erhabenen Lands-
mannes; von Kurdistán kamen jene, die Ihn nur als ›Derwisch Muḥammad‹ kannten, und besuchten ihren Freund. Die Armen kannten
Ihn gut, denn Er wandelte auf ihren Wegen, und die mitleidvollen
Augen, die die Seele zu durchdringen schienen, blickten auf sie. Sie
fühlten Seine Liebe, die dem Regen gleicht, nach dem das Herz des
Menschen lechzt, die Liebe Gottes, die sie umgab, und obgleich Er in
reichem Maße Seine Gaben verteilte, bedeuteten sie nur wenig gegenüber den geistigen Wohltaten, die Er den Armen und Niedrigen erwies.

Die meisten von uns wissen, was eine Persönlichkeit bedeutet,
wie wir durch einen glänzenden Geist, ein leuchtendes Beispiel oder
einen heiligen Charakter angefeuert werden: Wie sehr liebt der Soldat
einen Helden! Unendlich dankbar ist ein Mensch, auf den herunterge-
schaut und der wegen seiner Rasse oder Klasse gedemütigt wird, für
einen Beweis der menschlichen Gleichheit, der ihm durch einen gerechten und unparteiischen Menschen erwiesen wird!

Wie lieblich ist Gerechtigkeit für den Unterdrückten und zu Unrecht Leidenden! Was musste daher Bahá'u'lláh denen bedeuten, die
Ihn kannten? Ein Held war Er gewisslich bei jedem Streit mit den
Feinden Seines Glaubens. Er pflanzte Gerechtigkeit inmitten unserer
verderbten Gesellschaft und machte sie zum Prüfstein allen menschlichen Handelns. Seine Güte überstieg das, was wir Heiligkeit nennen,
denn sie lag in Seiner Natur wie das Licht in der des Feuers. Alle
Menschen waren für Ihn die Sphäre, die Ihm von Gott zugewiesen
worden war, damit Er in ihr Seinen wohltätigen Einfluss geltend mache. In Baghdád erreichte Seine Persönlichkeit in den Augen der Menschen Ihre volle Größe, und der prophetische Baum breitete seinen
mächtigen Schatten aus, bereit, die ganze Welt zu umfangen und sie
mit seinen köstlichen Früchten zu erquicken.

29 Bahá'u'lláh war jetzt 48 Jahre alt. Es war nicht notwendig, die Bábí zu fragen, wer ihr Führer sei! Das Beispiel, die Lehren, alle Handlungen Bahá'u'lláhs bezeugten, dass Er der verheißene Nachfolger des Báb war. Begeisterung strömte wieder durch die Adern eines besiegten Glaubens. Zu ihrem Schrecken mussten seine politischen und religiösen Feinde feststellen, dass das, was sie als vernichtet ansahen, noch blühte, und schlimmer noch, dass es neue und größere Kraft von dem Manne empfing, Den sie durch ihre Finger hatten schlüpfen lassen, weil sie meinten, dass der Glaube eine verlorene Sache sei und dass Er in der Verbannung sterben würde. Persien wirkte mit Nachdruck auf die Türkei ein, und Bahá'u'lláh wurde durch einen Befehl des Sulṭáns aufgefordert, Baghdád zu verlassen und Sich nach Konstantinopel zu begeben.

30 Der gefangene Báb hatte von dem Tag an, da Er von Mekka in Seine Heimatstadt zurückkehrte, bis zu dem Tag, da Er in Tabríz öffentlich hingerichtet wurde, obwohl Ihm jeder Verkehr mit Seinen Anhängern untersagt wurde und Er eingesperrt war und im Hintergrund blieb, auf das Leben Seiner Anhänger einen so anziehenden und durchdringenden Einfluss ausgeübt, dass mehr als zehntausend Seelen ihr Blut für Ihn und Seine Lehren vergossen. Welch großen Einfluss muss dann das Wesen Bahá'u'lláhs auf die vielen Tausenden von Menschen gehabt haben, die während Seines Aufenthaltes in Baghdád in vertrauter oder mittelbarer Berührung mit Ihm waren? Als der Tag der Abreise kam und den Gefährten die Verwirklichung der bevorstehenden Trennung bewusst wurde, lehnten sie sich heftig gegen das Schicksal auf. Viele von ihnen drohten mit Selbstmord, wenn sie Ihn nicht begleiten dürften. Sie weinten und ließen sich nicht beruhigen. Nur Bahá'u'lláh gelang es schließlich, sie durch liebende Ermahnung und Trostworte zu beruhigen. Die ganze Stadt schien laut zu weinen, als Er zum letzten Male durch ihre Straßen ging. Einst starrten Tausende unbeteiligt, neugierig, verächtlich und hasserfüllt auf den jungen Báb, als Er vor dem feuernden Regiment stand. Jetzt schaute in einer fernen Stadt eine andere riesige Menge auf Seinen Nachfolger, aber mit ganz anderen Gefühlen. Aufrichtige Bewunderung, Achtung und tiefe Zuneigung bewegten die Herzen. Viele weinten, als sie dieser majestätischen, edlen und kraftvollen Gestalt folgten; besonders

die Armen, die durch Seine Güte so viele Jahre beschützt worden waren und in Ihm ihre einzige Zuflucht erkannt hatten, fühlten die Schwere dieser Trennung und weinten über den baldigen Verlust. Nachdem Er zwölf Tage in einem Garten der Stadt unweit des Tigris verbracht hatte, wo Zelte aufgeschlagen waren und genügend Platz war, damit Seine Freunde und Anhänger kommen konnten, um Ihm ein letztes Lebewohl zu sagen, reiste Er mit Seiner Familie und einigen Seiner Anhänger in einer Karawane von etwa siebzig Menschen nach Westen.

Während Seines Aufenthaltes in diesem Garten fühlte Er Sich innerlich dazu getrieben, zum ersten Male auf das, was Er in Sich Selbst zehn Jahre lang verborgen hatte, öffentlich anzuspielen: dass Er und nur Er allein es war, von Dem der Báb gesprochen und Den Er Seinen Anhängern als den Einen verheißen hatte, Der Ihm folgen und größer als Er Selbst sein und von dem gleichen göttlichen Wesen abstammen würde. Der erste unter den vielen, die sich dieser offenen Bestätigung dessen, was sie bereits in ihrem Innersten gewusst hatten, erfreuten, war Sein ältester Sohn 'Abdu'l-Bahá, ein schöner junger Mann von neunzehn Jahren, der größte Beistand und Trost Seines Vaters und Seiner Familie. 31

Die Ehre und das Ansehen ihres Aufenthaltes in Baghdád warfen ihren letzten rosigen Schimmer auf die Reisenden, als sie sich auf ihren Weg nach Konstantinopel zu den fernen Küsten des Schwarzen Meeres begaben. Auf dem ganzen Weg wurden sie gemäß den schriftlichen Anweisungen des Gouverneurs von Baghdád – eines großen Bewunderers Bahá'u'lláhs – von freundlichen und gastfreien Beamten empfangen, und es wurde ihnen jedes Zeichen von Achtung und Wertschätzung entgegengebracht. Aber das war die letzte Gunst, die man ihnen erwies. Persien hegte in seinem Herzen einen wilden Hass gegen diesen neuen Glauben, dem es das Leben geschenkt hatte, einen Hass, der in der Religionsgeschichte einzig dasteht. Es streckte den langen Arm seiner Rache selbst über seine eigenen Grenzen hinaus und veranlasste seinen Verbündeten, die Türkei, den Plan, ihn zu vernichten, ebenfalls zu verfolgen. Bahá'u'lláh hatte noch keine vier Monate in Konstantinopel zugebracht, als die Anschläge der Regierung Seines Heimatlandes zur Auswirkung kamen. Plötzlich, ohne irgend- 32 welche Rechtfertigung oder Ankündigung befahl Ihm der Sulṭán kategorisch, sofort nach Adrianopel, dem politischen Sibirien des türkischen Reiches, aufzubrechen.

33 Die Annahme, dass das Wesen eines Gottgesandten in einer weltabgewandten Heiligkeit bestünde, einer nie endenden Bereitschaft, jede Ungerechtigkeit ohne den geringsten Protest auf sich zu nehmen und sich vor der Tyrannei ohne die leiseste Anklage zu beugen, ist ein Irrtum. Christus trieb in ehrlichem Zorn die Geldwechsler aus dem Tempel; Moses schmolz wutentbrannt das goldene Kalb. Muḥammad warf eigenhändig die Götzen in der Kaaba zu Boden. Bahá'u'lláh schrieb einen Brief an den Sulṭán, in dem Er ihm unmissverständlich mitteilte, welche Stellung er und seine Minister in den Augen des Gottgesandten einnähmen. Der Text ist, soweit bekannt ist, nicht überliefert, aber der Ministerpräsident wurde aschfahl, als er ihn las; Bahá'u'lláh Selbst bekannte später offen, dass nach diesem Brief das Vorgehen des Sulṭáns gegen Ihn zu verstehen und zu entschuldigen sei, aber dass die Verbannung nach Adrianopel unverzeihlich sei, hatte Er doch nie der ottomanischen Regierung das geringste Übel oder Unrecht zugefügt.

34 Hier sehen wir einen neuen Charakterzug Bahá'u'lláhs. Vom rein menschlichen Standpunkt aus war es kein unerfahrener, unbedeutender Mensch, mit Dem es der türkische Herrscher zu tun hatte. Von Seiner frühesten Kindheit an hatte Er Sich unter Ministern, Höflingen und hohen Beamten in Persien bewegt. Er war ein Mann von Welt, was Bildung und Kultur anbelangt; Er erkannte sehr wohl die Intrige, die unnötige und mutwillige Herzlosigkeit hinter diesem Befehl des Sulṭáns. In hohem Maße fühlte Er die bittere Ungerechtigkeit und Grausamkeit dieses Befehles, denn er bedeutete, dass in der härtesten Zeit eines außergewöhnlich kalten Winters Frauen und Kinder auf Ochsenkarren und Packeseln verschneite Gebiete durchqueren mussten und somit der vollen Gewalt der wilden Stürme ausgesetzt waren. Die Verbannten waren verarmt, mangelhaft gekleidet und in keiner Weise den Unbilden einer solchen Reise gewachsen. Für uns ist es ermutigend, dass dieser Offenbarer des 19. Jahrhunderts, unser Offenbarer, der Zeitgenosse unserer eigenen Großeltern, obwohl Er ganz ohne Verteidigungsmöglichkeit war und Sich mit dem Kopf im Rachen des Löwen befand, nicht verzagte und sogar die Gelegenheit er-

griff, dem Löwen in treffenden Worten das zu sagen, was Er von ihm dachte. Der Großwesir, der den Brief las, bemerkte: *»Es klingt, als ob der König aller Könige seinem niedersten Vasall Befehle erteile und ihn zur Rechenschaft ziehe.«*[27] Offensichtlich hatte Bahá'u'lláh Seine Gefühle in unmissverständliche Worte gefasst.

Aber diese anmaßende und vernichtende weltliche Tyrannei war die geringste von Bahá'u'lláhs Beschwernissen. Es war auch keineswegs Seine schwerste Bürde, dass Er Gefangenschaft, Entbehrung und Verfolgung vor Sich sah, dass die liebenden Freunde der Baghdáder Tage nicht mehr um Ihn waren und Er jetzt das Ziel öffentlicher Verurteilung geworden war. Seine tiefste Sorge galt Mírzá Yaḥyá.

Er hatte diesen Mann seit seiner Kindheit geliebt und behütet. Seine Sorge muss in der Tat groß gewesen sein, als Er die Entartung in seinem Charakter feststellte; größer noch war Sein Zorn und Seine Scham, als Er von Sulaymáníyyih zurückkehrte und die volle Auswirkung dieser Verderbtheit erkannte. Mírzá Yaḥyá hatte das Andenken des Báb in einer Weise entehrt, die kein aufrechter Mensch hinnehmen konnte, und, was noch schlimmer war, er war zum unmittelbaren Anstifter des Mordes an einer Anzahl Seiner frühesten Anhänger, unter ihnen einer Seiner Verwandten, geworden. Ohne Zweifel dachte er, dass er der höchste von allen und ohne Nebenbuhler bleiben würde, wenn alle führenden Köpfe in den Staub geworfen wären. Um der Einigkeit des Glaubens willen, der erst durch eine solche Zeit der Dezimierung durch Feuer und Schwert hindurchgegangen war, vielleicht aber auch in der Hoffnung, dass in letzter Minute doch noch eine Umkehr stattfände, hatte Bahá'u'lláh ihn noch geduldet und versucht, ihm zu helfen und ihn zu führen. Er hatte Sich auch beharrlich bemüht, ihn von seinem bösen Geist, dem schlechten Freund, zu trennen, der seinen Eigendünkel beständig nährte und seine Einbildungskraft nutzte, um ihn mit Bildern des Glanzes zu täuschen, wenn er nur Bahá'u'lláh aus dem Wege schaffen würde. Alle diese Anstrengungen waren vergeblich gewesen; sowohl Mírzá Yaḥyá als auch sein Freund waren den Verbannten gegen den ausdrücklichen Wunsch Bahá'u'lláhs nach Konstantinopel gefolgt und wurden mit ihnen nach Adrianopel verbannt. Hier wurde schließlich das größte Verbrechen verübt und dadurch die endgültige Trennung herbeigeführt.

37 Mírzá Yaḥyá versuchte dreimal, Bahá'u'lláh zu töten; beim dritten Male hatte er fast Erfolg, denn sein Bruder trank tatsächlich aus dem vergifteten Glas, das er Ihm reichte, und lag für einige Wochen auf den Tod krank danieder. Unter den Folgen dieses Anschlages, einem dauernden Zittern Seiner Hände und zerstörter Gesundheit, hatte Bahá'u'lláh bis zum Ende Seines Lebens zu leiden.

38 Einen ehrenhaften Menschen belasten schändliche Handlungen seiner Verwandten schwer. Wie schwer muss Bahá'u'lláh, mit der Last Seiner neuen Weltreligion auf Seinen Schultern, verbannt, verfolgt, der Überlebende so vieler Sorgen, so vieler Angriffe und so vieler großer Schicksalswechsel, diesen krönenden Schlag gefühlt haben, nachdem Er mehr als 20 Jahre lang unaufhörlich Unruhe und Gefahr ertragen hatte? Von nun an trennten sich die Brüder, und die Anhänger Bahá'u'lláhs nannten sich Bahá'í, um ihre vollständige Übereinstimmung mit Seiner Stellung und Seinen Ansprüchen zum Ausdruck zu bringen.

39 Die Geschichte von der Gefangenschaft des Báb wiederholte sich jetzt bei Bahá'u'lláh, denn wohin Er auch kam, wie gemein die Anschuldigungen auch waren, die Ihm vorausgingen und die man öffentlich gegen Ihn erhob, die Anmut Seines Charakters, die Tiefe Seiner Gedanken, Sein Adel, Seine Liebe, Seine Großmut und der Glanz Seiner Lehren ließen bald jeden Verdacht dahinschmelzen und gewannen Ihm die Herzen der Beamten und der Bevölkerung. Wenn wir uns noch einmal den Weg des Báb von Iṣfáhán nach Máh-Kú und von Máh-Kú nach Chihríq vergegenwärtigen, wo stets Verbannung auf Seine Beliebtheit unter dem Volke gefolgt war, so wurde auch Bahá'u'lláh zuerst von Baghdád, wo Sein Ruhm groß gewesen war, nach Konstantinopel und anschließend nach Adrianopel a) gesandt. Nach fünf Jahren, als Sein Ansehen in dieser neuen Heimat wieder gestiegen war und abermals die Eifersucht und den Zorn Seiner Feinde in Ṭihrán und ihrer Verbündeten in Konstantinopel erregt hatte, wurde Er nach 'Akká verbannt.

40 Wenn Adrianopel das Sibirien des türkischen Reiches war, so war die Strafkolonie von 'Akká, in Palästina an der Küste des Mittelländi-

---

a) Heute Instanbul bzw. Edirne – A.d.H.

schen Meeres gelegen, eine wahre Teufelsinsel. Als eine schmutzige und verseuchte Festungsstadt stellte sie das Schlimmste, das die ottomanische Regierung einem ihrer Gefangenen antun konnte, dar. Die Kluft zwischen den beiden Brüdern war nun eine feststehende Tatsache. Mírzá Yahyá und seine Familie wurden nach Zypern verbannt, während Bahá'u'lláh, Seine Familie und Seine Anhänger in 'Akká gefangen gehalten wurden. Mit der typischen List des orientalischen Geistes wurde aber bestimmt, dass zwei oder drei Personen von jeder Gruppe ausgetauscht werden sollten. Mit anderen Worten, Mírzá Yahyás Hauptstütze, der größte Feind Bahá'u'lláhs, wurde gezwungen, Ihn nach 'Akká zu begleiten, um als Spion zu dienen, für Bahá'u'lláhs Unbeliebtheit zu sorgen und das Leben Seiner Begleiter zu erschweren. Einige unglückliche Bahá'í mussten dafür nach Zypern gehen und mit dem Mann, der versucht hatte, ihren geliebten Meister zu töten, in derselben Stadt leben,

Bahá'u'lláh lebte 24 Jahre lang in 'Akká und seiner Umgebung. Obwohl Sein wichtigster Beitrag zur menschlichen Gesellschaft, Sein Buch der Gesetze, in dieser Gefängnisstadt geschrieben wurde, obwohl Er hier fortsetzte, was Er schon in Adrianopel begonnen hatte, nämlich Seine denkwürdigen, einzigartigen und bedeutenden Briefe an die größten Könige und Herrscher der Welt, an Sultan 'Abdu'l-'Azíz, Königin Viktoria, Náṣiri'd-Dín Sháh, Napoleon III., Alexander II. von Russland, Papst Pius IX. und andere, und obgleich bis zu den letzten Monaten Seines Lebens Seine Lehren aus Seinem Munde und von Seiner Feder flossen, sehen wir einen bemerkenswerten Wandel in Ihm. Zu viele Schläge hatte eine undankbare Generation gegen dieses edle Wesen geführt, und zu wild und zu pausenlos hatten Seine Feinde einerseits und Seine Verwandten andererseits Ihm Hass und Undankbarkeit entgegengebracht. Der Kelch des Leides war der einzige, der Ihm im Verlaufe der Schicksalswechsel Seines langen Lebens gereicht wurde; in den ersten Jahren Seiner Haft in 'Akká fiel ein geliebter Sohn vom Dach der Kaserne, in der sie alle gefangen gehalten wurden, und starb an seinen Verletzungen; der unversöhnliche Feind, der in Seine Gruppe gezwungen worden war, hetzte die Beamten unaufhörlich gegen Ihn auf; Bahá'u'lláh erduldete Beleidigungen von äußeren Feinden und Unrecht von unvernünftigen und fanati-

163

schen Freunden; Seine Anhänger und die wieder belebten und jetzt anwachsenden Glaubensreste der Bábí wurden erneut verfolgt und im fernen Persien zu Tode gemartert. Auch zu Ihm kamen jetzt Berichte von ihren Leiden, so wie einst Nachrichten von dem Tod und den Qualen Seiner Freunde zum Báb nach Chihríq gelangt waren, und Seine Gefängnisräume waren voller Schreckensszenen, die sich fern von Ihm abgespielt hatten, wie es auch beim Báb ein Vierteljahrhundert zuvor gewesen war.

42 Als bessere Tage kamen, nachdem Er neun lange Jahre in strengster Haft innerhalb der Stadtwälle gehalten worden war, während der Er nur selten die Schwelle Seines Hauses überschreiten durfte, wurde die Schärfe Seiner Gefangenschaft schließlich gemildert. Nun, da Er wieder der Mittelpunkt der liebenden Verehrung aller Stadtbewohner geworden war, wurde es Ihm erlaubt, Seinen Wohnsitz in einem Haus in der Ebene von 'Akká zu nehmen, wo endlich das Grün der Natur Seine müden Augen wieder grüßte. Aber nun war es bereits zu spät.

43 Es war nicht mehr der Bahá'u'lláh mit den blitzenden Augen aus den ersten Jahren der Bábí-Bewegung, Der immer in der vordersten Reihe war, keine Grenzen Seiner Energie kannte, von Dorf zu Dorf ritt und stets die treibende Kraft aller Tätigkeit Seiner Anhänger gewesen war. Es war nicht mehr die bekannte Gestalt in ihren fließenden Gewändern und dem hohen kegelförmigen Hut der Baghdáder Tage, Er, Der an den Ufern des Tigris oder durch die Straßen schritt und immer ein paar persönliche Worte, ein Lächeln und milde Gaben austeilte, Der ein täglich offenes Haus hatte und stets der Mittelpunkt eines Schwarmes von Bewunderern, Suchern und Gelehrten war. Schon in Adrianopel wollte Er Sich stärker von der allgemeinen Tätigkeit und dem Gemeinschaftsleben Seiner Anhänger zurückziehen. Mehr und mehr hatte Er Sich an den jungen, starken und feinen Baum, Der aus Seiner Wurzel entsprungen war, Seinen ältesten Sohn, 'Abdu'l-Bahá, angelehnt. Die überwältigende Bürde des Leides, die das Herz des Báb gebrochen hatte, belastete mit der Zeit auch Sein Herz. Kurz vor Seinem Tode vertraute Er einem Seiner ältesten Begleiter an, dass es oft Sein einziger Wunsch gewesen sei, fortzugehen und Sich in einem dunklen Raum einzuschließen, um die Übermacht Seiner Leiden zu beweinen! Wie tief muss Sein Herz verwundet gewesen sein!

Fleisch und Knochen ermüden, und das menschliche Herz und   44
Gehirn schmerzen vor Seelenqual. Das ist die Natur des Menschen.
Der Offenbarer ist ein Mensch wie wir, wie groß auch Sein Geist, der
aus ganz anderem Stoff als der unsere geschaffen ist, sein mag. Was
der Báb nur sechs Jahre lang erleiden musste, was Christus drei Jahre
erlitten hatte, erduldete Bahá'u'lláh gleich Moses und Muḥammad bis
zum Ende eines langen Lebens.

Wenn der Báb in Seinen letzten Tagen auf alles zurückblicken   45
konnte, was Er getan hatte, wie Er dem Sháh geschrieben hatte, wobei
Er Seine Botschaft des Fortschritts und der Reform sorgfältig ausgeführt hatte; wie Er Sich an den Ministerpräsidenten, an all die Größen
der islámischen Geistlichkeit in Persien gewandt hatte; wie Er nach
Mekka gereist und bereit gewesen war, dem höchsten religiösen Würdenträger der muslimischen Welt die neuen göttlichen Wahrheiten
Selbst zu lehren; wie Er durch Lehre und Beispiel stets nur das Beste,
Notwendigste und Vernünftigste gepredigt hatte – und wie alles seinen unmittelbaren Zweck verfehlt hatte und nur schändliche Beleidigungen und teuflische Verfolgungen Seine Anstrengungen belohnt
hatten – wenn Er Sich an all dies erinnern konnte, so konnte Bahá'u'lláh auf noch größeres Leid zurückblicken. Er musste das grausame Schicksal Seines geliebten Freundes, Der zugleich Sein Herold,
Sein Führer und Sein geistiger Zwilling war, mit ansehen; Er hatte
miterlebt, wie ein Blutmeer die Bábí verschlang; Er konnte Sich nur
zu gut daran erinnern, was Er Selbst erlitten hatte – der beständigen
Opfer, nicht nur der äußeren Dinge des Lebens wie Heimat, Vaterland,
Stellung, Reichtum und Verwandtschaft, sondern auch der Opfer des
inneren Wesens, das im Feuer eines täglichen, stündlichen Verausga-
bens hinwegschmolz; des unaufhörlichen Liebesstromes, der von Ihm
ohne Unterschied auf alle Menschen ausgeströmt war und der weisen,
gerechten, duldsamen und heilenden Lehren, die für die Ohren derjenigen bestimmt waren, die durch die Größe ihrer Macht in der Lage
gewesen wären, den Lauf unseres Lebens zu ändern, das Los der
Menschheit zu bessern und den Krieg verschwinden zu lassen.

Bahá'u'lláh ermahnte als erster die Menschen, zusammenzukom-   46
men und über den Frieden zu beraten, eine internationale Körper-
schaft zu bilden, die die Angelegenheiten der Welt regeln soll, die

Rüstung zu beschränken und allmählich völlig abzubauen, die Lebenshaltung der Arbeiter zu verbessern, den Frauen die Gleichberechtigung mit den Männern zuzugestehen, eine internationale Hilfssprache einzuführen, um Missverständnisse und Misstrauen unter den Völkern zu beseitigen, die Sklaverei abzuschaffen und Reformen auf jedem Gebiet des menschlichen Lebens und Lernens einzuführen. Er war nicht vor ein feuerndes Regiment gestellt worden; Seine Lehren, die die Lehren des Báb begleiteten und erfüllten, wurden noch zu Seinen Lebzeiten in andere Länder des Ostens getragen; die Zahl Seiner Anhänger wuchs beständig und in einem solchen Maße, dass ein berühmter Professor der Universität Cambridge (E. G. Browne) sich so sehr für den Glauben interessierte, dass er kam, um Bahá'u'lláh zu sehen, und dabei außerordentlich tief von Ihm beeindruckt war – aber nur Er konnte mit der universalen Sicht Seiner gottverliehenen Stellung den Unterschied zwischen dem, was hätte sein können, und dem, was war, erkennen.

47 Überall seufzen heute die Menschen und beklagen sich über ihre eigene Torheit: Wenn sie nur dies oder jenes getan hätten, hier einen Vertrag verpflichtender gemacht und dort weniger Schadenersatz gefordert hätten, wenn sie sich nur zehn Jahre früher um eine andere Sache bemüht hätten oder zusammengekommen wären, bevor es zu spät war und sich alle bekämpften, wenn sie größere oder kleinere Zugeständnisse nach der einen oder anderen Seite gemacht hätten, würden wir nicht so furchtbar gelitten haben, hätten wir nicht so sinnlose, nie verheilende Wunden geschlagen und nie unser Leben so sehr zerstört, wie wir es gründlichst seit 1939 getan haben! Wir wissen nur zu gut, dass es zu spät und dass das Zerstörungswerk vollkommen ist. Jetzt müssen wir die lange Straße des Haders, Kampfes und allmählichen Wiederaufbaues gehen, weil wir zu selbstsüchtig, zu träge und zu blind waren, den kürzeren Weg einzuschlagen, als es noch Zeit dazu war. All dies erkannte Bahá'u'lláh. Er sah die Art unseres Unglücks voraus, weil wir so wenig der heilenden Wahrheit, die Er uns gebracht hatte, entsprachen, und prophezeite es uns mit einer Genauigkeit und Klarheit, die uns unser Haupt in Scham verhüllen lässt. Er hatte alles bis ans Ende Seiner Kraft, bis zum letzten Tage Seines Lebens getan, was Er für die Menschheit tun konnte. Er hatte Sich, gleich

Denen, Die Ihm vorausgegangen waren, der Generation von Nattern, die Ihn umgab, Selbst geopfert, hatte von ihr das Schlimmste empfangen und ihr Sein Bestes gegeben. Wenn Er irgendwelches Bedauern bei Seinem Tod empfand, so muss es bei dem Gedanken gewesen sein, dass die Kräfte des Guten und des Bösen, die so beharrlich von Anfang an um Seinen und den Glauben des Báb gekämpft hatten, jetzt ihren Kampf mit Seinem geliebten Sohn 'Abdu'l-Bahá, Den Er allein im Mittelpunkt des Strudels zurückließ, fortsetzen würden.

Im Jahre 1892 schloss Bahá'u'lláh Seine Augen für immer. Der lange Opfergang war vorüber. Das entschlossene königliche Antlitz, tief von den Linien des Denkens und Fühlens gezeichnet, von den noch schwarzen, üppigen Locken Seiner Jugend umrahmt, war nun im Tod ruhig, und still lagen die starken, feinen Denkerhände, die so viele Wahrheiten und veredelnde Gesetze und Verordnungen niedergeschrieben hatten. Dieses große unergründliche Herz, dessen Sanftmut sich in unaussprechlicher Schönheit über die Menschen ergossen hatte, war jetzt ruhig. Tausend vergangene Bilder schwebten über der ruhenden Gestalt: Seine eindrucksvolle Erscheinung zu Pferde, wie sie durch so manche Gegend reitet ... inmitten der Bábí, Seinen frühesten Gefährten, wenn sie sich trafen, um sich zu beraten oder den Angriffen ihrer Feinde zu widerstehen; die Straße nach Ṭihrán entlang, dem rasenden Zorn des Sháh nach dem Attentat entgegen; aus Baghdád, wo eine Menge weinender und jammernder Freunde sich hinter Seinem Pferd reihte, bis das Pferd auf den Leibern der Menschen zu schreiten und sein Reiter über ihren Köpfen zu schweben schien; auf Seinem Weg nach Konstantinopel über die frühlingshaften Berge von Anatolien zum Schwarzen Meer. Auch Seine wunderbare Güte fand sich in diesem Raum; die Ihn so kennzeichnende Güte, die sich darin kundtat, dass Er Sich sogar einmal tief herunterbückte, um einer alten Dame ihren Herzenswunsch, Seine gesegnete Wange zu küssen, zu erfüllen, da sie selbst zu klein war, um sie zu erreichen. Selbst das Heer Seiner geduldig ertragenen Entbehrungen umschwebte Ihn: Als Er in den Baghdáder Tagen nur ein Hemd besaß, so dass Er warten musste, bis es gewaschen und getrocknet war, um es wieder anziehen zu können; oder als Er als Derwisch Muḥammad in einer feuchten Höhle oder einer verlassenen Schäferhütte für Sich Selbst kochen und

48

167

von einem kleinen Reispudding mit etwas Milchquark und trockenem Brot leben musste. Es gab in der Tat vieles, um sich an Bahá'u'lláh zu erinnern, als Er nun zum letzten Male in Seinem Zimmer lag: Seine Ruhe und Geistesgegenwart im Verkehr mit Menschen, die sich so recht an dem Tage zeigte, an dem ein bezahlter Attentäter mit einem Revolver auf Ihn zielte, als Er mit einem Seiner Brüder durch eine verlassene Straße von Baghdád ging, und jener, von der Persönlichkeit Bahá'u'lláhs überwältigt, nicht imstande war abzudrücken und die Waffe aus seiner Hand fallen ließ. Bahá'u'lláh bat daraufhin Seinen Bruder, sie aufzuheben und den ›Herrn‹ nach Hause zu begleiten, da er zu verwirrt schien, um seinen Weg allein zu finden. Sein Humor, der oft in Seinen ernsten Abhandlungen aus einer Anspielung oder Redensart hervorschaute, aber oft noch freier im Kreise Seiner Familie zum Ausdruck kam, wenn Er lachte und mit ihnen beim Morgen- oder Nachmittagstee scherzte. Vierzig Jahre lang war der Glanz Seines Wesens als Offenbarer auf die Welt geströmt; jetzt war die Sonne untergegangen. Obwohl Seine Botschaft, Seine Bücher und Sein Beispiel blieben, konnten doch die Augen der Menschen nicht mehr das Antlitz sehen, das das Gotteslicht ausgestrahlt hatte.

49 Aber Er ließ unter den Menschen eine Erinnerung an Sich zurück. 'Abdu'l-Bahá, jetzt Selbst 48 Jahre alt, wurde die Führerschaft des Glaubens von Bahá'u'lláh anvertraut. Alle Tugenden des Vaters schienen in diesem Sohn verkörpert zu sein. Wie wir manchmal in der Natur eine reiche, verschwenderische Ausgießung der Vollkommenheit sehen, die alle früheren Offenbarungen ihrer Kräfte zu übertreffen scheint, so schien es, als ob im 19. Jahrhundert den Menschen durch den Báb, Bahá'u'lláh und 'Abdu'l-Bahá die göttliche Schatzkammer aufgetan würde, aus der die drei makellose Edelsteine hervorrollten.

50 Obgleich 'Abdu'l-Bahá nie die Eigenschaft eines Offenbarers besaß, niemals auch nur für einen Augenblick vorgab, mehr als ein sterblicher Mensch zu sein, und fest die unbegründeten und überbegeisterten Ansichten einiger Bahá'í ablehnte, dass Er an den prophetischen Kräften des Báb und Bahá'u'lláhs teilhabe, war 'Abdu'l-Bahá dennoch in Seiner Tugend einzigartig und unvergleichlich. Von dem Tage an, da Sein Vater in das ›Schwarze Loch‹ von Ṭihrán geworfen wurde, und Er, noch ein Kind, allein zu jenem Kerker ging, um Sich nach

Seinem Wohlergehen zu erkundigen oder um zu hören, ob Er noch lebe, hatte 'Abdu'l-Bahá eine Hingabe zu Seiner Religion, eine Männlichkeit und einen Edelmut des Charakters gezeigt, die die Aufmerksamkeit und Bewunderung aller, die Ihn kannten, selbst Seiner Feinde, anzogen. Als Bahá'u'lláh für zwei Jahre gegangen und Sein Aufenthaltsort unbekannt war, hatte dieser Sohn, ein Junge von 11 Jahren, die Verantwortung für die ganze Familie und dazu für die Gemeinschaft der Bábí, die in Baghdád lebten, auf Sich genommen. Jahr um Jahr war Seine Kraft gewachsen, bis Bahá'u'lláh nach Seiner Rückkehr aus Seiner selbstgewählten Verbannung in immer steigendem Maße dazu überging, Sich auf Ihn zu verlassen und Ihm wichtige Aufgaben und Unterredungen zu übertragen. Er war ein hübscher Junge mit blauen Augen, welligem, schwarzem Haar und Bart und größer als Sein Vater. Er besaß eine fesselnde und bezaubernde Natur, einen klugen Kopf und eine unermüdliche Tatkraft. Als Seine Fähigkeiten wuchsen, wurde Er mehr und mehr der Schild zwischen Seinem Vater und der Welt, dieser so oft lästigen, feindlichen, zudringlichen und immer unwürdigen Welt! Während der Gefangenschaft in 'Akká war es meist 'Abdu'l-Bahá, Der mit den Beamten zusammenkam, Der mit den vielen Armen Umgang hatte und mit Seinen eigenen Händen und mit solcher Regelmäßigkeit den mildtätigen Strom, der von Bahá'u'lláhs Tür floss, verteilte, dass Er als *»der Vater der Armen«* a) bekannt wurde. Er ruhte nicht eher, bis Er die Tore der Stadt geöffnet hatte und Seinen geliebten Vater noch einmal in die grüne Natur, die Frische einer unverdorbenen Luft und zum Rauschen des Wassers führen und Ihm für die wenigen verbleibenden Jahre Seines Lebens ein verhältnismäßig ruhiges und bequemes Heim einrichten konnte.

Die Liebe zwischen beiden war tief und rührend; der Sohn lebte nur für den Vater, für Dessen Glauben, Wünsche und Interessen; der Vater liebte Seinen Sohn, wie nur Er es vermochte. Jeder kannte die Gedanken des anderen. Lange vor Seinem Tod war es allen klar, dass 'Abdu'l-Bahá der Nachfolger Bahá'u'lláhs würde. Nachdem Er gestorben war, wurde der erste große Schmerz durch die Mitteilung beruhigt, dass Bahá'u'lláh in Seinem Testament 'Abdu'l-Bahá dazu bestimmt

---

a) Vergl. Shoghi Effendi, *Gott geht vorüber* 17.12 – A.d.H.

hatte, die Führung Seiner Religion zu übernehmen, und auch erwähnt hatte, dass Dieser Seine Aufgabe mit einer Weisheit, einem Mut und einer Fähigkeit weiterführen werde, die beweisen würde, dass Er in jeder Beziehung Seinem hohen Amt gewachsen sei.

52 Gleich den Umdrehungen eines Rades, die sich in der Bewegung nur wiederholen, scheint das Leben von Bahá'u'lláh und 'Abdu'l-Bahá einander gleich zu sein – so sehr ähnelten Sie Sich in Ihren Grundzügen. Die wechselnde Ebbe und Flut der Verfolgungen und Ehren, die ungeheure Verzehrung der Energie durch das stetige Ausströmen des inneren Lichtes und der inneren Kraft, Tag für Tag, Jahr für Jahr, für alle, die zu Ihm kamen, hoch und niedrig; der tiefe innere Riss zwischen den beiden Brüdern, der sich im Leben von 'Abdu'l-Bahá mit einer solchen Parallelität der Einzelheiten des Leidens und der Gefühle wiederholte, erscheint fast unglaublich.

53 Denen, die niemals den Offenbarer gesehen hatten, die aber Seinen Sohn kannten, schien es unmöglich zu sein, dass Bahá'u'lláh größer als 'Abdu'l-Bahá gewesen sein konnte. Die immer fließende Weisheit, das intuitive Verstehen, die umfassende Liebe und das tiefe Mitgefühl, die heilenden Kräfte der Seele und die täglichen Einzelheiten eines Lebens in der vollen Blüte der edelsten menschlichen Eigenschaften waren in 'Abdu'l-Bahá offenbar – aber dennoch war Er nicht so bedeutend wie Sein Vater. Er war ein Abbild von Bahá'u'lláh, Sein Charakter ein Abdruck der Prophetenschaft und Seine Seele ein Spiegel, der die Lehren dieses universalen Geistes vollkommen widerspiegelte. Er war der Mond, der nach der Sonne aufgegangen war, um ihre Strahlen auf die Menschen einer anderen Generation zu werfen.

54 Wenn die Schilderung der Eigenschaften und Kräfte, die die Persönlichkeit von Bahá'u'lláh und dem Báb auszeichneten, bei skeptisch eingestellten Menschen Zweifel erregen könnte, wenn sie sie als ein Märchen aus dem Osten – dem Land der Märchen und der ewigen Geheimnisse – zurückweisen, können sie nun nicht mehr das gleiche mit der Persönlichkeit von 'Abdu'l-Bahá tun, da Er im Gegensatz zu Seinen Vorgängern, Die kaum von westlichen Augen gesehen wurden, Sich nicht nur über 20 Jahre lang unter Abendländern bewegte, sondern auch den Westen aufsuchte. Er kam bis nach San Franzisko während einer langen Reise durch die Vereinigten Staaten und hielt Sich

auch in Frankreich und England auf. Seine ausgezeichneten Vorträge, die Er im Laufe von vielen Monaten, während Er in Europa und Nordamerika reiste, hielt, die Veröffentlichungen, die über Ihn in der Presse erschienen, das Tagebuch eines Seiner Begleiter, verschiedene Bücher und Erinnerungen von Bahá'í und Nicht-Bahá'í bezeugen alle das gleiche: dass Sein Charakter tatsächlich so vollkommen war, dass wir es uns kaum vorstellen können.

Von 1892 bis zu Seinem Tode im Jahre 1921 widmete Sich 'Abdu'l-Bahá zwei Hauptaufgaben: der Verbreitung, Auslegung und Erklärung der Lehren Seines Vaters und der Menschheit. Es ist schwer zu sagen, ob Er mehr sprach oder mehr tat. Er besaß eine Energie und einen Eifer, ein Pflichtgefühl und eine Selbstaufopferung, die jeden erstaunten, der Ihn kannte. Buchstäblich Tag und Nacht, selbst in der letzten Woche Seines Lebens, sogar noch am allerletzten Tage, diente Er Seinen Mitmenschen. Er verteilte Almosen, besuchte persönlich die Kranken und Bedürftigen, erkundigte Sich nach ihrem Befinden, gab ihnen Medizin, Rat, Trost, Geld und was sie brauchten. Er bewegte Sich unter den Bettlern auf den Straßen und den adligen Engländern oder Orientalen, die Ihn aufsuchten, mit der gleichen Ruhe, liebenden Sympathie und dem gleichen Verständnis. Er hörte die ungebildete alte Bekannte, die ihr geschwätziges Herz zu entlasten wünschte, und den Thronerben gleichermaßen an. Seine klugen, milden und blauen Augen schauten auf alle mit gleichgroßem Interesse und dem tiefen Verständnis für ihre inneren Nöte. Kein Wort könnte Ihn vielleicht besser beschreiben als ›Heiler‹, denn Er heilte vergiftete Seelen, kranke Herzen und kranke Körper. Er hatte bis zur Vollkommenheit entwickelt, was Er Selbst so wunderbar in Worten ausgedrückt hat: »Das Geheimnis der Selbstbeherrschung ist Selbstvergessen.«[28]

Durch das Beispiel Seines wunderbaren Lebens rief Er die Menschen zu einer Stufe, die höher und schwieriger zu erreichen ist als irgendetwas in der heutigen Welt, denn es ist die Stufe des »Sei edel, rein in deinen Beweggründen, wahrhaftig, rechtschaffen und aufrichtig; opfere dich auf für das Wohl der anderen; rechte nicht mit deinen Mitmenschen, damit Gott nicht mit dir um deines törichten und eitlen Stolzes willen rechte; sei liebevoll und nachsichtig. Richte nicht, damit du nicht gerichtet werdest«. Der Name, den Er für Sich Selbst

171

wählte, war ›der Diener der Diener Gottes‹, und er kennzeichnete Seinen ganzen Charakter und jede Seiner Handlungen. Seit Seinem neunten Lebensjahr konnte wahrhaftig von Ihm gesagt werden, dass dies das Vorbild Seines Lebens war, ein Vorbild, das im Laufe der Jahre immer stärker und strahlender erreicht wurde.

57 Die Spuren der Ketten am Körper Seines geliebten Vaters, die drei Verbannungen, die Er überlebt hatte, der bösartige Hass, den Sein Onkel entfaltete, die Armut und das Elend, die Er und Seine Familie erfahren hatten, und die überreichen persönlichen Leiden und Verfolgungen hatten 'Abdu'l-Bahá niemals verbittert. Er wurde immer milder, geduldiger, liebender und aufopfernder. Er war getreulich in den Fußstapfen Seines Vaters gewandelt und hatte dem einzigen und unschätzbaren Phänomen einer neuen Weltreligion, die von zwei göttlichen Offenbarern errichtet worden war, den strahlenden Glanz Seines Wesens hinzugefügt.

58 Das Hauptanliegen dieser kurzen Skizzen vom Leben des Báb, Bahá'u'lláhs und 'Abdu'l-Bahás und Ihrer Charaktereigenschaften ist: wie hochtönend die Ideen und Prinzipien eines Menschen, wie groß sein Geist und wie wahr die Dinge, die er predigt, sein mögen, so haben sie doch nichts zu bedeuten, wenn sie mit Worten beginnen und mit Worten enden und wenn sie nicht aus innerster Überzeugung kommen und Teil seines Charakters werden. Wie unterscheiden wir einen Philosophen von einem Offenbarer? Ein Philosoph redet viel und tut bestenfalls ein Mindestmaß von dem, was er sagt – ein Offenbarer spricht im Verhältnis zu Seinen Taten sehr wenig, aber Er gibt in einem unfehlbaren Vorbild die wahre Wirklichkeit Seiner Lehre.

59 »Alles kann getan werden!«: Welch hallender Ruf war dies durch die Zeitalter hindurch von den Tagen an, da der erste Mensch vor den Augen seiner erstaunten Mitmenschen ein Feuer entzündete, bis zu der Zeit, da – es liegt noch nicht sehr lange zurück – ein motorgetriebenes Flugzeug sich von der Erde erhob. Taten, nicht Worte sind die Grundlagen unseres Lebens auf dieser Erde! Wir lieben es, uns in Träumen zu wiegen, uns dies und jenes im Geiste vor Augen zu halten, aber in der Zwischenzeit ist unser Leben mit einer Reihe von Ereignissen vergangen. Bevor sich etwas in dieser Welt nicht bewährt, ist es uns nicht viel nütze.

Bahá'u'lláh, der Báb und 'Abdu'l-Bahá zeigten erneut, dass der 60
Mensch wirklich ein herrliches Wesen und dem Tier weit, weit überlegen ist; dass er, wenn er nach seinen eigenen Gesetzen lebt, die in
ihrem Ursprung göttlich und seinem unsterblichen Wesen angepasst
sind, die Erfüllung seiner eigenen Möglichkeiten erreichen kann und
sich zu einem gesunden, glücklichen, edlen und normalen Menschen
entwickeln wird. Das war der alleinige Lehrinhalt Ihres Lebens, und
das ist der Kern Ihrer Botschaft.

Wir mögen uns die Frage gestatten und einwenden: »Ja, aber Sie 61
waren Ausnahmen, was sollen wir armen, gewöhnlichen Menschen
tun?« Sehr viel! Sie waren Ausnahmen hinsichtlich Ihrer Stufe und
inneren Größe, aber Ihre Handlungen wurden von Menschen nachge-
ahmt, die genauso gewöhnlich aus Fleisch und Blut waren wie du und
ich. Aber sie wünschten, Ihnen gleichzukommen, und wandten die
Spiegel ihres Herzens im treuen Eifer, Ihnen zu folgen, Ihrem Vorbild
zu. Das Leben vieler Ihrer Anhänger zeigte außergewöhnlichen Reichtum in allen edlen menschlichen Charakterzügen. Die Geschichten
sind Legion: von reichen Menschen, die nicht nur in einem Augenblick und für immer ihre Häuser und ihren Wohlstand zurückließen,
um wegzugehen und sich mit ihren Glaubensgenossen auf dem Felde
des Märtyrertums zu vereinen, sondern die sich auch von ihrem weltlichen Überfluss freimachten, indem sie Edelsteine und Geld verächtlich in den Straßengraben warfen, um zusammen mit ihren Landsleuten ihrem Schicksal entgegenzueilen; von den Bábí, die ihre wenigen
übriggebliebenen Münzen oder Habseligkeiten ihren Scharfrichtern
zum Geschenk machten; oder von jenen, die wie die christlichen Märtyrer in der Arena von Rom sangen, als sie zum Schauplatz ihres Todes zogen; von den Frauen, die Heim, Kinder und Leben für ihren
Glauben dahingaben oder von dem rührendsten von allen Ereignissen,
von den Kindermärtyrern, die kühn ihren Glauben bekräftigten und
fest entschlossen Quälerei und Tod die Stirn boten.

Das Leben der Vorbilder und Ihrer Nachfolger ist für uns ge- 62
schichtlich belegt. Aber von uns wird nicht das Opfer des Lebens und
aller weltlichen Bindungen gefordert, tatsächlich wird es in diesen
ruhigeren und weniger fanatischen Zeiten kaum jemals von uns gefordert werden. Aber etwas wird von uns verlangt: wenn diese einfachen

Männer, Frauen und Kinder aus dem rückständigen Osten, von einem Volk, das in keiner Weise für solch außergewöhnliche Qualitäten bekannt ist, sich zu dieser edlen Höhe erheben konnten, warum können dann nicht du und ich, jeder seiner Möglichkeit entsprechend, den Notwendigkeiten dieser kritischen Stunde, in der die Welt sich augenblicklich befindet, begegnen? Unsere Anstrengungen ständen nicht allein da; die glorreiche Tradition jener Menschen lebt und wird bis zum heutigen Tage weitergetragen. Bahá'í sind öffentlich vor Nazigerichtshöfe zitiert und ihres Glaubens wegen angeklagt worden. Sie sind in Burma ermordet worden, starben im Dienste ihres Glaubens in Süd- und Mittelamerika und sind innerhalb der letzten wenigen Jahre in Írán den Märtyrertod gestorben, in dem Lande, das niemals müde zu werden scheint, sie zu verfolgen.

13. Du

Weltverbesserung bedeutet individuelle Besserung. Die alten Weisheiten: »Wasser kann nicht über seinen eigenen Spiegel steigen«, »eine Kette ist so stark wie ihr schwächstes Glied«, sind die reine Wahrheit. Wenn dir die Umstände, wie sie dich umgeben, nicht gefallen, wenn du die Gemeinschaft ändern möchtest, beginne mit dir selbst. Das ist etwas, was dir immer zur Hand und unter deiner Kontrolle ist und was in neunundneunzig von hundert Fällen wirklich notwendig ist! Denn es steht außer Frage, dass die Welt besser sein wird, wenn *du* besser bist; im Metall der Menschheit wird mehr Gold enthalten sein, wenn eines ihrer Teile reiner ist.

Wir alle wissen, dass das Leben ein Kampf ist, dass wir arbeiten müssen, um zu essen, um in einem gewissen Komfort zu leben oder ein kleines Maß an Sicherheit zu haben. Aber fast alle unsere Anstrengungen gehen in der Linie des geringsten Widerstandes. Wir arbeiten, um unseren Lebensunterhalt zu verdienen, wir studieren, um unseren Verstand zu schärfen, aber immer entweder um der Freude willen, die uns das Wissen vermittelt, oder um ein höheres Einkommen auf einem Spezialgebiet zu erlangen. Wenn es sich darum handelt, uns für die Entwicklung unseres eigentlichen Selbstes anzustrengen, haben wir eine Unmenge von Entschuldigungen. Wir sind geistig träge und nachlässig. Die Folge davon ist, dass wir geistig krank und unentwickelt sind.

Auf dieser Erde stehen uns heute zwei große, grundlegende Probleme gegenüber. Alle anderen – Arbeitslosigkeit, gerechter Ausgleich des Reichtums, Handelsabkommen und Zollgrenzen, Kriege, Kolonien, der Kampf der verschiedenen politischen Ideologien usw. usw. – all diese werden zu verhältnismäßig geringfügigen Einzelheiten, wenn sie mit den grundlegenden Aufgaben verglichen werden, nämlich: dem

175

Verhalten des Menschen als Einzelwesen und der Menschen als Gemeinschaft, als Bewohner des Erdballs. Zwei parallel verlaufende Bahnen des Fortschritts und der Erneuerung müssen eingeschlagen werden, damit die Welt zu einer herrlichen Stätte des Lebens wird: die eine bezieht sich auf den Charakter jedes Einzelnen, die andere betrifft die herrschenden Gesetze und die Haltungen, die die Massen der Menschheit zueinander einnehmen, seien es Gruppen, Nationen oder Rassen. Gerade auf letzterem Gebiet hat man schon einiges unternommen, vielleicht weil es leichter ist und weniger Arbeit unsererseits erfordert. Sich über Demokratie, Kommunismus, Sozialismus oder eine andere Regierungsform zu ereifern und laut nach sozialer Sicherheit, Altersversorgung, freiem Handel, den Vereinten Nationen, einer internationalen Sprache, allgemeinem Wahlrecht usw. zu schreien, erfordert keine besondere innere Anstrengung von unserer Seite. Wir wälzen die Last auf die Allgemeinheit ab. Es bleibt uns dann noch genug Raum, über die Stränge zu schlagen, den kleinen Hans zu hauen, weil wir unsere Launen nicht zügeln wollen, vorurteilsvoll, gemein und heuchlerisch zu sein. Mit anderen Worten, wir sind eine Art zivilisierter Affenmensch oder ein typisches Beispiel eines innerlich asozialen Taugenichts. Aber es hilft uns nichts. Wahre Liebe fängt zuhause an. Für ›zu-hause‹ lies ›in dir‹. Jede große und notwendige Reform, die heutzutage eingeleitet wird, wird schließlich ihren Zweck verfehlen, wenn die Einzelmenschen sich nicht selbst zu ändern beginnen. Nach dem großen Krieg, Weltkrieg Nr. 1, wurde in jedem Bereich des menschlichen Gemeinschaftslebens Großes geleistet. Vieles, was wir gegenwärtig zu vollbringen versuchen, wurde damals begonnen, wir führen nur aus, was unsere klügsten Köpfe schon früher sahen, und wir erneuern unsere Entschlossenheit, diese Ziele zu verwirklichen. Aber diese Ansätze genügten nicht, den Krieg von 1939 bis 1945 zu verhindern. Sie werden auch nicht einen nächsten, noch schrecklicheren Krieg verhindern können – nichts wird helfen als eine innere Erneuerung eines jeden Menschen: in sich selbst, durch sich selbst und für sich selbst.

Bahá'u'lláh sagte sehr bündig: *»Wisse, dass für den, dessen Worte seine Taten übertreffen, wahrlich der Tod besser wäre als sein Leben.«*[29] Wir sollten lieber damit aufhören, den anderen zu sagen, was sie tun sollen, und ihnen zeigen, wie wir es selbst tun, denn nichts anderes kann uns

vor der Macht der physikalischen Kräfte retten, die die Wissenschaft
jetzt hervorbringt und die unsere zivilisierte Welt zu zerstören drohen,
wenn sie nicht durch unser Gewissen gezügelt werden. Wir haben
Frankenstein zum Leben gebracht, und er schaut abwägend und dro-
hend auf uns. Unser Verstand, unsere große menschliche Auszeichnung, der von keinem geistigen Leben erleuchtet wird, führt uns ins
Unglück und zur Selbstzerstörung. Keine Fessel ist stark genug, den
Verstand in den rechten Grenzen zu halten und uns vor seinem Amok-
lauf zu bewahren, außer den Ketten unseres eigenen Charakters. Wenn
es irgendeine Hoffnung auf dieser Erde geben soll, dass die Früchte,
die die Blüte uns angezeigt hat, geerntet werden können, dann muss
diese Hoffnung im Inneren gründen; denn all die großen, über das Tier
hinausreichenden Kräfte des Menschen sind innere Kräfte; sein Wille,
seine Vorstellungskraft, seine Fähigkeit zur schöpferischen Tat, seine
Kraft zur selbstlosen Liebe und zum Ideal, sein Glaube an sich selbst
und an den unsichtbaren Gott, Den er instinktiv hinter sich und hinter
dem Universum wirken fühlt – diese inneren Kräfte müssen gepflegt,
beherrscht und gelenkt werden.

Wie schon zu Beginn dieser Seiten festgestellt wurde, ist diese
Aufgabe nicht so schwer, wie es scheinen mag. Es muss nicht gleich
jeder über Nacht zum Engel mit Flügeln, Heiligenschein und Harfe
werden. Ein starker, guter Chor genügt, um das Interesse der Zuhörer-
schaft zu gewinnen. Ein Sauerteig und eine Hefe des Beispiels sind in
dieser passiven, moralisch versumpften und zerfallenen Generation
nötig. Wenn sich einmal das Wort »Alles kann getan werden! Befasse
dich mit dir selbst, es ist nicht so schwer, wie es sich anhört, und du
fühlst dich wohler!« ausgebreitet hat, dann wird die Schlacht gewonnen sein, und in all die großen, notwendigen und zumeist zur Anwendung bereitliegenden Reformen in jedem Bereich des menschlichen
Lebens wird die Kraft strömen, die sie allein zum Erfolg führen und
ihre Dauer sichern kann – die Kraft des menschlichen Charakters.

Wir haben alles, was uns heute nottut. Die Bühne ist aufgestellt.
Wir müssen nur noch den Vorhang aufziehen, damit das Spiel beginnen kann.

Im letzten Jahrhundert empfingen wir in unserer Mitte zwei erleuchtete Boten, die von der Quelle unseres Seins, die wir so treffend

unseren »*himmlischen Vater*«[30] nennen, ausgesandt wurden. Alle Pläne zur Reform unserer Welt, auf die wir so stolz sind und die wir so sehr bewundern und in Kraft gesetzt wissen möchten, wurden von Bahá'u'lláh und dem Báb verkündet, ausführlich dargelegt, wieder aufgegriffen oder erläutert. Bessere Wege, die Probleme zu lösen, und moderne Gesetze für die Errichtung einer Weltgemeinschaft wurden uns von Ihnen vorgegeben. Das Rahmenwerk ist vorhanden und wird heute von Ihren Nachfolgern tatkräftig ausgefüllt. Die Arbeit wird vom ersten Hüter des Bahá'í-Glaubens, Shoghi Effendi, dem Urenkel von Bahá'u'lláh und dem ältesten Enkel von 'Abdu'l-Bahá, geleitet. [a] Was Persien, später von der Türkei unterstützt, mit solch teuflischem Eifer zu vernichten suchte, ist kräftig gewachsen, und hat, mit dem besten Wasser, dem Blut von Märtyrern, bewässert, starke Zweige und Blätter in der ganzen Welt, in einigen hundert Ländern, getrieben.

8   Der Zweck dieses Buches ist nicht, die vielfältigen Lehren darzustellen, die diese beiden Offenbarer des 19. Jahrhunderts für die Führung der Gemeinschaft und die allgemeine Verbesserung der Welt gegeben haben. Nur Ihr persönliches Beispiel und was man Ihre ›Lebensregeln‹ nennen könnte, ist ausführlich behandelt worden. Wir benötigen dringend Hilfe, vertraute, persönliche Hilfe. Bevor der äußere Friede in der großen Arena des menschlichen Zusammenseins auf diesem Planeten errichtet wird, muss erst ein guter Teil davon im Inneren verwirklicht sein. Wie können wir neue Gesetze durchsetzen, weitreichende internationale Beziehungen anstreben und gemeinsam auf unser Ziel der Weltzusammenarbeit und Welteinheit, der Freiheit von Not und Furcht hinwirken, ohne unseren eigenen Kompass auf etwas Feststehendes einzustellen? Wir müssen uns bemühen, das zu erkennen, was die wirkliche Stellung des menschlichen Wesens im Plan der Dinge ausmacht! Was sind seine Möglichkeiten, was wird von ihm verlangt? Jeder Einzelne muss sich selbst fragen: »Was kann ich selbst dazu tun?«

9   Wenn du dir diese Frage vorlegst, halte dir die heutige Rechnung vor Augen, die der ganzen Welt in einer sehr einfachen mathematischen Formel gegenübersteht:

---

a) Shoghi Effendi starb im November 1957, nachdem er 36 Jahre lang die Belange des Glaubens wahrgenommen hatte.

Haben: Eine neue Weltreligion, voll aufbauender Kräfte, ge- 10
schichtlich, erprobt, vorrätig und einsatzbereit.

Soll: Eine neue Weltwaffe, voll zerstörender Atomkraft, ge- 11
schichtlich, erprobt, vorrätig und einsatzbereit.

Mit allen Folgen, die daraus entstehen, liegt die Wahl ganz allein bei 12
DIR.

Quellenangaben

1. *Neues Testament, Matthäus* 17.20 – a.d.H.
2. *Neues Testament, Matthäus* 6.12 – das ›Vaterunser‹ ist das einzige uns von Christus überlieferte Gebet – a.d.H.
3. *Neues Testament, Johannes* 13.34 – a.d.H.
4. Dr. Alexis Carrel, M. D., in *Reader's Digest*, Pleasantville, Juli 1939. Abdruck mit Erlaubnis.
5. 'Abdu'l-Bahá, in *Selections from the Writings of 'Abdu'l-Bahá* 12.1 – a.d.H.
6. Dr. Alexis Carrel, M. D., in *Reader's Digest*, Pleasantville, Juli 1939. Abdruck mit Erlaubnis.
7. *Neues Testament, 1 Corither* 13.11 – a.d.H.
8. *Neues Testament, Johannes* 14.5 – a.d.H.
9. *Qur'án* 33.40 – a.d.H.
10. Vergl. *Psalm* 51.5 – a.d.H.
11. *Neues Testament, Matthäus* 10.34 – a.d.H.
12. *Neues Testament, Matthäus* 22.20 – a.d.H.
13. *Altes Testament, 5. Buch Mose* 19.21 – a.d.H.
14. Vergl. *Qur'án* 2.87, 3.3, 33.7, 42.13 – a.d.H.
15. *Neues Testament, Matthäus* 16.18 – a.d.H.
16. Báb, zitiert von Mullá Ḥusayn, vgl. *Nabíls Bericht* 3.11 – a.d.H.
17. Báb, zitiert von Mullá Ḥusayn vgl. *Nabíls Bericht* 3.12 – a.d.H.
18. *Neues Testament, Matthäus* 4.19 – a.d.H.
19. Vgl. Mullá Ḥusayn in *Nabíls Bericht* 3.21 – a.d.H.
20. Berichtet u.a. in *The Diary of Juliet Thompson* – a.d.H.
21. Mullá Muḥammad-i-Mamaqaní, vgl. *Nabíls Bericht* 23.13 – a.d.H.
22. Báb, vgl. *Nabíls Bericht* 23.22 – a.d.H.
23. Báb, vgl. *Nabíls Bericht* 8.8 – a.d.H.
24. Báb, vgl. *Nabíls Bericht* 3.41 – a.d.H.
25. Bahá'u'lláh, vgl. *Nabíls Bericht* 26.16 – a.d.H.
26. *Neues Testament, Matthäus* 23.37 – a.d.H.
27. 'Alí Pashá, zitiert von Shamsí Big in Shoghi Effendi, *Gott geht vorüber* 9.19 – a.d.H.
28. 'Abdu'l-Bahá in *Bahá'í Scripture* 992 – a.d.H.
29. Bahá'u'lláh, *Worte der Weisheit* in *Botschaften aus 'Akká* 10.13 – a.d.H.
30. Vergl. *Neues Testament, Lukas* 11.11 – a.d.H.

Bibliographie

'Abdu'l-Bahá, *Briefe und Botschaften*, Bahá'í-Verlag,
   Hofheim 1992

Bahá'í Scripture, Bahá'í Publishing Committee, 1928

Bahá'u'lláh, *Botschaften aus 'Akká*, Bahá'í-Verlag, 1. Auflage,
   Hofheim 1982

Bodley , R. V. C. - *The Messenger*, Book-of-the-Month Club,
   New York

Carrel M. D., Dr. Alexis - *Reader's Digest*, Pleasantville, Juli 1939

Nabíl-i-A'ẓam, *Nabils Bericht*, Bahá'í-Verlag, 1. Auflage,
   Hofheim 1975

Shoghi Effendi, *Gott geht vorüber*, Bahá'í-Verlag, 3. Auflage,
   Hofheim 1997

Thompson, Juliet - *The Diary of Juliet Thompson,*
   Kalimát Press, 1983